AF341544

DES RETRAITS

LEUR ORIGINE ET LEUR HISTOIRE SPÉCIALE

DANS LE NORD DE LA FRANCE

THÈSE POUR LE DOCTORAT

L'ACTE PUBLIC SUR LES MATIÈRES CI-DESSUS

Sera présenté et soutenu le Jeudi 7 Juin 1900, à 2 heures 1/2.

PAR

Edouard GIARD

Lauréat de l'Université de Lille

Président : M. LEFEBVRE, *professeur.*
Suffragants { MM. ESMEIN, *professeur.*
CHÉNON, *professeur.*

PARIS

LIBRAIRIE DE LA SOCIÉTÉ DU RECUEIL GÉNÉRAL DES LOIS ET DES ARRÊTS

ET DU JOURNAL DU PALAIS

Ancienne Maison L. LAROSE et FORCEL

22, *rue Soufflot*, 22

L. LAROSE, Directeur de la Librairie

1900

THÈSE

POUR

LE DOCTORAT

DES RETRAITS

LEUR ORIGINE ET LEUR HISTOIRE SPÉCIALE

DANS LE NORD DE LA FRANCE

THÈSE POUR LE DOCTORAT

L'ACTE PUBLIC SUR LES MATIÈRES CI-DESSUS

Sera présenté et soutenu le Jeudi 7 Juin 1900, à 2 heures 1/2.

PAR

Edouard GIARD

Lauréat de l'Université de Lille

Président :   M. LEFEBVRE, *professeur.*
Suffragants { MM. ESMEIN, *professeur.*
              CHÉNON, *professeur.*

PARIS

LIBRAIRIE DE LA SOCIÉTÉ DU RECUEIL GÉNÉRAL DES LOIS ET DES ARRÊTS

ET DU JOURNAL DU PALAIS

Ancienne Maison L. LAROSE et FORCEL

22, *rue Soufflot,* 22

L. LAROSE, Directeur de la Librairie

1900

BIBLIOGRAPHIE

I

Sources

§1. *Manuscrits* (1).

Boulé. — Introduction pour l'intelligence des chartes générales du pays et le comté de Hainaut (Bibliothèque publique de Douai).

Desmazures. — Remarques et observation générale sur la coutume générale d'Artois, Bibliothèque municipale de Lille, n°s 189, 193. 5 vol. in-f⁰, XVIIIe s.

Petit. — Commentaire de la Charte générale du pays et comté de Hainaut (Bibl. Mons, 313, 268-9). De ce manuscrit nous rapprocherons le n⁰ 667 de la bibliothèque de Valenciennes donné comme œuvre de M. de Hazoir et qu'il serait bon de rapprocher du commentaire de Petit car nous avons cru découvrir beaucoup de passages communs.

Recq. — Annotations avec chartes de 1619, bibliothèque royale de Bruxelles, n⁰ 21.445.

Anonymes. — Coutumes du Hainaut, n⁰ 869 de la bibliothèque municipale de Valenciennes. (Catalogue Molinier, n⁰ 650 de l'ancien catalogue). L'écriture permet de la dater du XVe siècle.

— Coutumes de la ville et de la Salle de Lille, n⁰ 214, bibliothèque de Lille. L'ouvrage remonte au XIVe siècle.

— Un commentaire manuscrit des coutumes de la Salle de Lille du XVIIe siècle qui est en notre possession.

Parmi les registres nous avons consulté un recueil de jurisprudence de la cour souveraine de Mons aux archives de l'Etat à Mons.

A Lille, le plus ancien recueil des titres de la ville qui est de 1404.

et le registre A B C du xve siècle.

      S du xvie siècle.

      D D du xviie siècle.

§ 2. *Imprimés.*

Nous n'avons pas l'intention d'énumérer les différentes éditions qui ont été données de Chartes et Coutumes du Nord. Pour le Hainaut la revue a été faite et d'une façon à peu près complète par M. Dournes en tête de son étude sur « les successions dans le Hainaut ». Nous donnons seulement à leur ordre alphabétique les différents recueils de coutumes qu'il est plus facile de consulter :

Anciens usages d'Amiens. édt. Marnier, Paris, 1840, in-8°.

Anciens usages d'Anjou, édit. Marnier, Paris, 1833, in-8°.

Assises de Jérusalem, édit. Beugnot, 1841-43, 2 vol. in-f°.

Assises de Jérusalem, édit. Foucher, 1839. 2 vol. in-8°.

Bacquet — Traité des droits de justice, Paris, 1688, 1 vol. in-f°.

Baluze. — Capitularia regum Francorum, Paris, 1780, in-f°.

Bauduin. — Notes sur la coutume d'Artois dans l'édition de Maillard.

Beaumanoir. — Coutumes de Beauvaisis, édit. Salmon, 2 vol. Paris, 1900, in-8°.

Boulé. — Introduction au droit coutumier du Hainaut, Mons, 1780, in-4°.

Boutillier. — Somme rurale, édit. Charondas, 1621, in-8°.

Brequigny Pardessus. — Diplomata chartae, etc., 2 vol. 1842, in-f°.

Brodeau. — Coustumes de la prevosté et vicomté de Paris, 1659, 2 vol. in-f°.

Brunet. — Observations notables sur les règles et principes du droit coutumier, St-Omer, 1724, in-4°.

1. Nous avons examiné tous les manuscrits juridiques de la bibliothèque de Valenciennes et beaucoup des bibliothèques de Mons et de Lille. La plupart sont du xviie et xviiie s. c'est-à-dire récents et sans aucune valeur. Le plus souvent ils se copient. Nous ne les mentionnerons donc pas.

Brussel. — Nouvel examen de l'usage général des fiefs, Paris, 1739, 2 vol. in-4⁰.

Chartes générales du Hainaut, voy. Faider.

Cartulaires divers.

Code théodosien de Godefroy, édit. Bitter, 1737-41. Leipsick, 6 vol. in-f⁰.

Cogniaux. — Pratique du retrait, Mons, 1643, in-4⁰.

Conseil de Pierre de Fontaines, édit. Marnier. 1846, in-8⁰.

Coutumes locales du bailliage d'Amiens, Bouthors, Paris, 1853, 2 vol.

Coutumes de Ponthieu et Vimeu, édit. Marnier, 1840.

Coutumes générales d'Artois. édit. Maillard, 2 t. en 7 vol. in-f⁰, 2ᵉ édit. 1739.

Coutumier d'Artois, éd. Tardif, Paris, 1883, in-8⁰.

Coutumier de France (le grand), Ed. Laboulaye et Dareste, 1868, in-8⁰.

Coutumier général de Bourdot de Richebourg, Paris, 1724, 4 vol. in-f⁰.

Cotumier de Picardie avec les commentaires de plusieurs auteurs, Paris, 1726, 2 vol. in-f⁰.

Coutumier de Vermandois avec commentaires, Paris, 1728, 2 vol. in-f⁰.

Desmares. — Décisions à la suite du commentaire de Bordeaux, Paris, 1669

Du Cange. — Glossarium mediae et infimae latinitatis, Paris, 1840, in-4⁰.

Dumées. — Jurisprudence du Hainaut français, Douay, 1750, in-4⁰.

Dumoulin. — Traité des fiefs, édit. Henrion de Passey.

Etablissements de Saint-Louis, édit. Viollet. Paris, 1881-86, 4 vol. in-8⁰,

Faider. — Coutumes du pays et comté de Hainaut, Bruxelles, 1883, 3 vol,

Ghewiet (de). — Institutions du droit belgiq., in-4⁰.

Gosson. — Commentaire sur la coutume d'Artois dans Maillart.

Guyot. — Répertoire universel, Paris, 1784, 17 vol. in-4⁰.

Henrion de Pansey. — Dissertations féodales, Paris, 1789, 2 vol.

Legrand. — Les coustumes, lois des villes et des chastelleines de Flandre, Cambrai, 1719, 5 vol. in-f⁰.

Le livre de justice et de plet. édit. Rapelli, 1850, in-4⁰.

Le livre des droiz et commandemens, édit. Beautemps-Beaupré, 1865.

Leges. — Pertz, 5 vol. in-f⁰, Collection des Monumenta Germaniae. Collection in-4⁰, 4 vol.

Lex Salica. — Edit. Pardessus, Paris, 1843, in-4⁰.

Libri. — Feudorum à la suite de corpus de Galisset.

Loysel. — Institutes coutumières. édit. Dupin et Laboulaye, Paris, 1846, in-12.

Maillart. — Coutumes générales d'Artois, 1739, 2ᵉ édit.

Martène et Durand. — Collectio veterum scriptorum et monumentorum amplissima, Paris, 1723-33.

Masuet. — Ractica forensis, Lyon, 1577. Trad. Fontanon, 1600.

Migne. — Patrologie latine, 1844. Paris. 221 vol. in-4⁰.

Muratori. — Antiquitates Italicae medii aeii, 6 vol. Milon, 1738, in-f⁰.

Olim. — Doc Ined. Edit. Beugnot, 3 vol. 1839-48, in-4⁰.

Patou. — Commentaire sur les coutumes de la ville de Lille, 1788, 3 vol. in-f⁰.

Pertz. — Monumenta Germanae, Leges, 5 vol. in-f⁰.

Pollet. — Arrêts du Parlement de Flandre.

Pinault des Jaunaux. — Coustumes générales de la ville et duché de Cambray-Douai, 1691, 1 vol. in-4⁰.

— Arrêts du Parlement de Tournai.

— Arrêts du Parlement de Flandre.

Ragneau. — Glossaire de droit français, Paris, 1704, 2 vol. in-4⁰.

Roisin. — Franchises, lois et coutumes de la ville de Lille, édit· Brun Lavainne, Lille, 1842, in-4⁰.

Rozière. — Recueil général des formules usitées dans l'empire des Francs du vᵉ au xᵉ s., 3 vol., Par,s, 1859-71, in-8⁰.

Thierry (A.). — Monuments pour servir à l'histoire de tiers état. Doc. inéd., 4 vol. in-4⁰.

Tailliar. — Recueil d'actes des xiiᵉ et xiiiᵉ siècles en langue Romaine et Walloue du Nord de la France, 1849, in-8⁰.

Thevenin. — Textes relatifs aux institut. privées et publiques aux époques mérovingienne et carolingienne, Paris, 1899, in-8⁰.

Walter. — Corpus juris germanici antiqui, 1824, 3 vol.

Waymel du Parc. — Arrêts du Parlement de Flandre et du grand conseil de Malines.

— Recueil de consultations.

II

Auteurs.

Beaune. — Introduction à l'étude historique du droit coutumier français jusqu'à la rédaction officielle des coutumes. Lyon et Paris, 1860, in-8⁰.

— Droit coutumier français. La condition des biens, Paris, 1886, in-8⁰.

Britz. — Code de l'ancien droit Belgique. Bruxelles, 1847, 2 vol. in-4⁰.

Bouthors. — Les sources du droit rural. Paris, 1865, in-8ʳ.

Champeaux. — Essai sur la vestitura ou saisine. Paris, 1899, in-8⁰.

Championnière. — De la propriété des eaux courantes. Paris 1848, in-8⁰.

Chenon. — Les démembrements de la propriété foncière en France, Paris, 1881, in-8⁰.

— Etude sur l'histoire des alleux en France, Paris, 1888, in-8⁰.

Esmein. — Cours élémentaire d'histoire du droit français. Paris, 1892, in-8⁰.

Decroos. — Ancien droit civil du Hainaut, d'après les chartes de 1619. (Annales du cercle archéologique de Mons, t. XVII).

Delouvry. — Etude juridique sur le mauvais gré, Paris, 1899.

Desmarez. — Etude sur la propriété foncière dans les villes Gand-Paris, 1898.

D'Espinay. — La féodalité et le droit civil français. Saumur, 1862, 1 vol. in-8⁰.

Flach. — Les origines de l'ancienne France, Paris, 1886-93, 2 vol. in-8⁰.

Fournier Paul. — Les officialités au moyen âge, Paris, 1880, in-8⁰.

Fustel de Coulanges. — Tous ses ouvrages et en particulier l'Alleu et le Domaine rural, Paris, 1889.

Garsonnet. — Histoire des locations perpétuelles, Paris. 1889, in-8⁰.

Giraud. — Essai sur l'histoire du droit français au moyen âge, Paris, 1846, 2 vol. in-8⁰.

Giry. — Manuel de diplomatique, Paris, 1894, in-8⁰.

Glasson. — Histoire du droit et des institutions de la France, 1887-96, 7 vol. in-8°. (En cours).

— Commmunaux et comunautés, 1861, 1 vol.

Hanauer. — Les constitutions des campagnes au moyen âge, 1863.

Henrion de Pansey. — Des fiefs.

Jobbé Duval. — De la condition résolutoire, du retrait lignager et de la rente à réméré. Thèse de doctorat, 1874.

Laboulaye. — Histoire du droit de propriété foncière, 1 vol. in-8°, Paris, 1838.

Laferrière. — Histoire du droit civil de Rome et du droit français, 1847-58, 6 vol. in-8°.

Laveleye. — De la propriété et de ses formes primitives, 4e édit. Paris, 1891.

Lehierai. — Histoire des institutions mérovingiennes.

— Histoire des institutions carolingiennes, 2 vol. in-8o, Paris, 1842-43.

Lamprecht. — Etat économique de la France pendant la première partie du moyen âge. Trad. Marignan. Paris, 1889.

Lefort. — La condition de la propriété dans le nord de la France. Le droit de marché, Paris, 1892, in-8°.

Leuridan. — Histoire de Roubaix. Roubaix, 1863, 4 vol. in-8°.

Merlin. — Répertoire de jurisprudence. Bruxelles, 1827-28, 32 vol. in-8°.

Monnier. — Etudes de droit byzantin. Mons, Rev. Histor, 1892.

— La protimesis dans les coutumes et les lois siciliennes, 1896, p. 648.

Montesquieu. — L'esprit des lois.

Mortreuil. — Histoire du droit byzantin ou du droit romain dans l'empire d'Orient, Paris, 1843-46, 3 vol. in-8°.

Perreciot. — De l'état civil des personnes et de la condition des terres.

Planiol. — Les appropriances par bannies dans l'ancienne province de Bretagne, N. R. H. 1890, p. 433.

Platon. — Le droit de propriété dans la société Franque. Paris, 1890.

— La démocratie et le régime fiscal à Rome et à Athènes, 1899, (Extrait du Devenir social).

Prost. — Etude sur le régime ancien de la propriété, Paris. 1881.

Rabbinovitz. — Législation civile du Talmud. 5 vol.

Rogier. — Essai sur les justices foncières étudiées principalement dans le nord de la France.

Salvador. — Institutions de Moïse, 2 vol.

Schuete. — Histoire du droit et des institutions de l'Allemagne. Trad. Fournier, 5e édit. Paris, 1882.

Smith (Valentin). — De la famille chez les Burgondes, s. l. n. d.

Sohm. — La procédure de la lex salica, trad. par Thevenin, 1893. Bibliothèque de l'Ecole des Hautes études, fasc. 13.

Thevenin. — Les communia, étude sur la propriété dans les mélanges Renier.

Vanderkindere. — Introduction à l'étude de l'histoire du droit de la Belgique au moyen âge, Bruxelles, 1890, in-8⁰.

Verdelot. — Du bien de famille en Allemagne. Thèse de doctorat, Paris. 1899.

Viollet. — Histoire du droit civil français, Paris. 1893, in-8⁰.

— Histoire des institutions politiques et administratives de la France, Paris, 1891, in-8⁰.

— Du caractère collectif des propriétés immobilières, Bibl. de l'éc. des Chartes. 1872.

Warkœnig. — Histoire de la Flandre et de ses institutions civiles et politiques, jusqu'en 1305. Traduct. Gheldorf, Bruxelles, 1835-6, 3 vol. in-8⁰.

Wauters. — Les libertés communales, Bruxelles, 1869-78, 2 vol. in-8⁰.

Zachariae. — Histoire du droit greco-romain, traduction Lauth, Paris, 1870, in-8⁰.

INTRODUCTION

Définition. — Caractère anormal. — Esprit conservateur. —
Inconvénients. — Plan du sujet.

Le rôle des Retraits dans notre législation actuelle est
presque nul et leur maintien très critiqué. C'est donc
à un point de vue, purement historique, que nous nous
plaçons en abordant l'étude des retraits dans l'ancien
droit et particulièrement dans la région du Nord, où
leur développement fut si remarquable.

Le retrait, dans un sens général, et pour en donner
une définition qui embrasse toute la variété des formes
que nous nous proposons d'étudier, c'est la faculté,
accordée par la coutume ou par l'usage, à certaines personnes de se substituer par voie de remboursement à l'a-
cheteur, ou plus généralement à l'acquéreur d'un bien (1).

1. Maillard, au titre III, numéro 5 de la Coutume d'Artois, le
définit ainsi : « C'est une faculté introduite par la bienséance, la
convention ou la coutume de la situation lorsqu'il s'agit de fonds, ou
du domicile du vendeur lorsqu'il s'agit de meubles et de droits incor-
porels mobiliers, accordée à une ou plusieurs personnes successivement de se faire subroger à la place de l'acheteur sujet à retrait en
remboursant à l'acheteur dans le temps fixé le prix principal, les

L'intérêt sera pour nous de connaître, dans chaque hypothèse particulière, quel est le motif de ce privilège exorbitant. Le caractère anormal de l'institution saute immédiatement aux yeux.

Deux personnes se rencontrent, elles s'accordent l'une pour vendre son bien, l'autre pour l'acheter. Le marché est conclu, bien plus exécuté et voici que plus tard, même après un long délai, un tiers vient enlever ce bien des mains de l'acquéreur et se substituer à lui vis-à-vis du vendeur. Pour accorder de pareils droits, de nature à apporter le trouble dans le jeu régulier des conventions, la loi doit céder à des motifs bien puissants et pourtant la multiplicité des retraits au moyen-âge semble témoigner du sentiment contraire. Merlin (2) nous cite jusqu'à vingt-cinq sortes de retraits et peut-être n'en a-t-il pas épuisé l'énumération, si l'on considère la diversité qui régnait parmi les coutumes locales, en cette matière. Pourtant ces divers droits de retrait ne sont que

frais et loyaux coûts légitimement faits à l'occasion de l'achat, et à la charge de réquérir cette subrogation dans le temps fixé par la coutume ou par la convention ».

1. Ou bien, cette substitution se fait au profit de l'aliénateur primitif, qui rentre ainsi en sa possession première ou bien le retrayant est une tierce personne que sa qualité, son état appellent à cette faveur.

Le retrait de l'aliénateur originaire sera souvent le fruit d'une clause résolutoire apposée au contrat, c'est alors une application particulière de la théorie des obligations et elle sort du cadre de notre sujet. A vrai dire et malgré la confusion de nos anciens auteurs, ce n'est plus un véritable retrait bien qu'il obéisse aux mêmes principes que les autres.

2. Merlin, *Répertoire de jurisprudence* au mot retrait.

les manifestations d'une même conception et, il y a, à leur base, des principes fondamentaux, les mêmes pour tous.

Ils s'expliquent par un droit supérieur, reconnu au retrayant, sur la chose (propriété ou co-propriété préexistante à l'aliénation) (1) ou par des faveurs résultant de liens de parenté, de voisinage, de concitoyenneté (2), etc. Pour se rendre un compte exact du rôle joué par les retraits, il faut s'assimiler l'esprit des peuples anciens, pour qui la terre formait la base de toute la vie sociale. Le soin jaloux de conserver le domaine des ancêtres, source de la fortune familiale, se revèle dans tous les actes de la vie. Quand un homme est obligé de se dessaisir de sa terre, ce qu'il ne fait que dans les cas d'extrême nécessité, c'est en se réservant le droit de la reprendre, sitôt qu'il reviendra à meilleure fortune. De là la fréquence des clauses de rémeré. C'est avec des parents qu'il contractera, où son père, où son frère, afin de ne pas perdre toute attache avec ce bien qui lui tient au cœur. Et s'il n'a pu se réserver le rachat, s'il n'a pas trouvé acquéreur dans sa famille, il recherchera toutes les occasions qui lui permettront de rentrer en sa possession. Les retraits favorisaient tout particulièrement cet esprit conservateur,

1. Les retraits de consolidation et d'indivision par exemple.
2. V. les retraits de bourgeoisie, de rescousse, etc.
3. Cette tendance à ne jamais considérer une aliénation comme définitive se révèle dans les plus anciens monuments juridiques que nous possédons, dans les donations faites par les rois aux églises et aux abbayes, qui sont toutes révocables. Les monastères de fondation royale demeurent la propriété des souverains qui en disposent à leur gré, étendent ou diminuent leurs concessions ; aussi les abbés

de là leur succès. A une législation, amie des privilèges de caste, des différences sociales, ils devaient offrir un attrait particulier, car ils avaient pour résultat, en maintenant l'unité du patrimoine, d'assurer la stabilité des fortunes. On trouvait en eux le moyen efficace de conserver indéfiniment les mêmes biens dans les familles et comme ce maintien devint bientôt une nécessité politique, la faveur réservée aux retraits s'en accrût notamment.

Quelle satisfaction n'était-ce pas pour les parents dépossédés de pouvoir retirer des mains étrangères le bien familial et s'en aller mourir là où leurs aïeux avaient vécu ! Or, tous les retraits que l'ingéniosité de nos pères s'était plu à créer, répondaient à ces aspirations, ils constituaient autant de moyens différents de reprendre le bien perdu : L'un vient en aide au débiteur contre la vente forcée poursuivie par ses créanciers (1).

Un autre permet à des proches de ramener l'héritage dans la famille (2) ; un troisième laisse au seigneur la

à chaque changement de règne, demandent ratification de leurs privilèges au nouveau roi. De là, la fréquence des actes de confirmation. V. Vanderkindere, *Introduction à l'étude de l'hist. du dr. de la Belgique au moyen-âge,* p. 279.

1. Retrait de rescousse. Remarquons toutefois que la reprise est accordée ici au propriétaire lui-même et que les retraits, ainsi que le comporte notre définition, sont plutôt des faveurs accordées à des tiers. C'est par des clauses de réméré, en un mot par la convention que le propriétaire se réserve de rentrer en sa possession. Il semble que la loi ait voulu suppléer à la volonté du débiteur qui ne pouvait s'affirmer puisqu'il s'agissait d'une vente forcée. D'ailleurs le retrait de rescousse s'écarte encore des autres en ce qu'il ne s'applique qu'aux meubles.

2. Retrait lignager. Il protège la famille contre des aliénations inconsidérées ; il lui permet aussi quand le vendeur, malgré lui ne

faculté d'écarter un nouveau vassal déplaisant (1)... Ces avantages, si précieux pour quelques-uns, n'allaient pas sans entraîner de fâcheux inconvénients : la liberté des conventions se trouvait paralysée ; la transmission des biens, rendue plus difficile, donnait naissance à une infinité de procès. Les retraits aboutissaient tous à une immobilisation gênante.

L'étude de leur législation est autant l'étude des limitations du droit de disposer et, à ce point de vue encore, les retraits forment bien une théorie d'ensemble. Cette remarque a pour nous son importance car elle légitime par avance les développements que nous consacrerons aux restrictions du droit de propriété, étude qui, au premier abord, semblerait étrangère au sujet, mais dont l'étroite connexité avec la matière des retraits se dégagera plus pleinement, à mesure que nous avancerons.

Nous pensons avoir ainsi démontré que, si variés qu'ils soient, tous les retraits ont entre eux des liens étroits, qu'ils ne sont point des manifestations individuelles de volonté arbitraire, mais que, dans leur ensemble, ils obéissent à des principes dominant la législation du moyen-âge, qu'en un mot il y a véritablement une *Théorie du Retrait*.

Si, comme nous l'espérons, cette preuve est faite, le

peut, faute d'argent, ressaisir son bien, de le reprendre à sa place, c'est en ce sens que le retrait lignager correspond à cette conception antique de ne voir dans les aliénations que des opérations forcées ou momentanées.

1. Retrait féodal.

sujet de notre travail se trouve par la même justifié.

Nous proposant d'étudier l'Histoire du Retrait dans les régions du Nord, de le suivre dans ses évolutions, dans la multiplicité de ses formes, nous ne saurions commencer notre œuvre sans exposer d'abord les législations antiques et barbares, auxquelles les écrivains médiévistes, chacun suivant ses aspirations, ont reporté sa création.

Nous passerons en revue les dispositions qu'elles contiennent à ce sujet, nous déterminerons la part de chacune d'elles dans la formation de notre théorie. L'esquisse du retrait, tel qu'il nous apparaît au début du moyenâge, complétera notre première partie, partie générale comme on en peut juger. La deuxième consacrée aux retraits dans le Nord de la France, aura surtout pour objet de souligner les règles particulières à cette région et de montrer combien, plus que toutes autres, les coutumes du Nord ont dû, à leur situation géographique, de conserver l'empreinte germanique. Pour qui veut se pénétrer des véritables idées coutumières, le Nord de la France est un centre de recherches sans pareil.

Peut-être nous reprochera-t-on d'avoir donné à certaines matières une ampleur que leur importance, comparée à celle des autres parties du sujet, ne semblait pas comporter. Cette inégalité du plan est toute voulue, notre intention ayant été d'insister particulièrement sur les points restés jusqu'ici dans l'ombre.

En présentant ce travail, nous ne nous faisons point illusion sur les imperfections qu'il contient. Lorsque

nous nous sommes mis à l'œuvre, séduit par l'attrait
d'une étude locale, qui nous initiait plus intimement à
l'histoire de notre région, nous étions loin de nous attendre à rencontrer autant d'écueils sur notre chemin.
Notre désir était, avant tout, de recourir aux sources
directes et de puiser dans les archives, les éléments de
notre thèse. Des circonstances de fait et de temps ont
rendu nos recherches toujours difficiles (1), souvent infruc-
tueuses et ne nous ont pas permis de documenter ce
mémoire, autant que nous l'aurions voulu. Nous devions
ces explications, elles nous vaudront, nous en avons
l'espoir, l'indulgence de nos juges, en raison des difficultés du sujet (2).

1. Nous avons éprouvé de sérieuses difficultés à nous servir des
cartulaires publiés. Les tables insérées par les auteurs, en fin de leurs
ouvrages, ne sont le plus souvent que des répertoires onomastiques
ou topographiques et n'ont pu nous être d'aucune utilité. Même pour
les recueils munis de tables des matières, les actes de retrait ne se
trouvent pas mentionnés. C'est donc page par page, que nous avons
dû les feuilleter pour découvrir quelques documents.

2. Nous tenons, au seuil de cette étude, à remercier tous ceux qui
nous ont aidé dans notre travail et permis d'arriver à le mettre au
jour. Nous ne citerons pas de noms, pour ne pas blesser de modes-
ties et aussi pour n'en pas omettre. Nous devons une mention particulière aux bibliothécaires et aux archivistes, tant de France que de
Belgique, dont nous avons fréquenté les dépôts. Nous avons trouvé
auprès d'eux un accueil aimable et obligeant, qu'ils veuillent bien
agréer l'expression de notre reconnaissance.

PREMIÈRE PARTIE

Origines du Retrait

CHAPITRE PREMIER

LE RETRAIT BIBLIQUE (1)

Organisation de la propriété hébraïque. — Le droit de famille, l'offre
aux parents, le retrait. — Institution du jubilé. — Esprit de la
législation de Moïse.

L'idée de conservation des biens dans la famille
est de tous les temps, mais sa prédominance va s'effa-
çant avec la marche de la civilisation à travers les
âges. Fortement empreinte dans les législations pri-

1. Si nous nous étions attaché à déterminer de suite à quelle
source remonte le droit coutumier du Nord, nous aurions dû placer
en tête de ce travail l'étude des lois germaines. Comme notre première partie se place à un point de vue général, il nous a paru préférable de conserver l'ordre chronologique.

mitives, elle ne peut s'accorder avec nos idées modernes de liberté et d'individualité. En abordant la plus ancienne des législations, la loi de Moïse, nous devons donc trouver soit l'inaliénabilité complète des biens de famille, soit la faculté d'aliénation restreinte par l'institution du retrait lignager, c'est-à-dire le droit pour les parents, de reprendre l'immeuble mis en vente. Ce n'est pourtant ni l'une ni l'autre qui se présente à nous, c'est une combinaison hybride qui fait emprunt aux deux. Les terres appartiennent à la famille, non pas en véritable propriétaire mais comme représentant la Divinité ; Jehovah seul en est le maître (1), ce qui explique les entraves prodiguées aux aliénations : *Terra quique non vendetur in perpetuum, quia mea est et vos advenæ et coloni mei estis* (Lévitique, XXV, 23). Mais, en dehors de cette conception théocratique, la protection donnée à la famille est manifestement affirmée et c'est elle qui nous donnera la clef des institutions mosaïques.

Il fallait combattre chez les tribus de sang arabe des dispositions natives à la vie errante, ancrer fortement dans l'esprit des Hébreux, l'attachement au sol natal, empêcher enfin que des aliénations trop faciles vinssent empiéter sur les droits des descendants (2). C'est pour atteindre ces résultats que Moïse, tout en reconnaissant aux Hébreux, la faculté de disposer (3), enleva aux alié-

---

1. Jobbé Duval : « *Histoire du retrait lignager* », 1874, p. 62, thèse remarquable et qui nous a précieusement guidé dans nos recherches.

2. Salvador, *Institutions de Moïse*, tome premier, p. 220.

3. Salvador, *Id*. Nous croyons pourtant que les aliénations n'a-

nations leur caractère absolu et créa pour la famille certains droits de préférence.

Quand un père de famille voulait se défaire de son bien, son plus proche parent jouissait de la faculté de prendre l'acquisition, préférablement à tout autre (1). Le vendeur devait le lui offrir et ce n'est que sur son refus qu'il pouvait s'adresser à autrui. Cette obligation envers les parents était fortement sanctionnée ; à son défaut, le droit de rachat était maintenu d'une façon absolue, s'il s'agissait de biens ruraux (2), ou des maisons de lévites, regardées comme plus précieuses (3) et pendant un an pour les maisons des villes (4).

Telles étaient les règles du retrait lignager mosaïque

vaient lieu que dans le cas de nécessité. V. la note suivante.

1. « *Si attenuatus frater tuus vendiderit possessiunculam suam et voluerit propinquus ejus, potest redimere quod ille vendiderit* » (Levit XXV, 25). Ce texte est important, car il nous permet de conclure : 1⁰ que la vente était très rare et n'avait lieu qu'en cas de nécessité « attenuatus », 2⁰ que le vendeur n'a recours à ses proches pour racheter l'immeuble que parce que lui-même est grevé et dans l'impossibilité de trouver l'argent nécessaire. Le vendeur, qui était en mesure de racheter l'immeuble, jouissait par lui-même de la faculté de retrait. C'est un point sur lequel il convenait d'attirer l'attention (Levitiq. XXV, 27, 28, 29).

2. Levitiq. XXV, 31.

3. Levitiq. XXV, 32 et 33.

4. Levitiq. XXV, 29 et 30. Cette distinction du *praedium rusticum* toujours rachetable et du *prædium urbanum* perdu pour les lignagers au bout d'un an s'explique. Pour l'habitant des villes la propriété foncière est un moyen de crédit et ne peut souffrir l'incertitude. L'héritage rural se transmet de génération en génération ; il importe de protéger les familles contre le morcellement et de leur permettre de reconstituer les héritages démembrés. Nous retrouverons les mêmes idées au moyen-âge.

et nous en trouvons l'application dans deux des plus célèbres épisodes des livres saints, relatant l'un la captivité de Jérémie, l'autre le dévouement de Ruth la Moabite.

Jérémie est prisonnier du roi de Juda et dans sa prison son cousin Hanameel vient lui offrir, à titre de proximité, son champ qui est en Anatoth. Et Jérémie, pour obéir aux ordres du seigneur, achète ce champ sur lequel il a la préférence !

La gracieuse légende de Ruth est une autre application du retrait. Ruth n'a pas voulu quitter sa belle-mère tombée dans la misère et pour faire vivre Nahomi, elle va glaner dans le champ de Booz son parent. Celui-ci la remarque, Ruth se confie à lui et lui offre avec sa main le retrait lignager sur les biens de son mari défunt. Booz accepte avec joie, mais il y a un parent plus proche auquel appartient la préférence. « Booz se dirige vers la porte de la ville où se rendent les jugements et voyant passer le parent de Ruth, il l'appelle. Dès que les anciens sont assis, il lui dit : Nahomi va vendre les biens de notre parent Elimelech et j'ai voulu te le dire en présence des anciens. Si tu veux les acheter à titre de proximité, fais-le, sinon, dis-le moi pour que je sache ce que j'ai à faire ; tu es le plus proche et je suis le second. Et celui-ci de répondre : j'achèterai le champ. Mais Booz ajoute : En achetant le champ, tu dois épouser Ruth afin de faire revivre en l'héritage le nom de ton proche. — Je te cède alors le droit de proximité, réplique le parent, car je me

---

1. Jérémie, chap. II, 6, 8.

dois à ma famille. Mais tu peux en user, je m'en dessaisis
volontiers » (1). Booz acquit donc tous les biens du mari
de Ruth et épousa sa parente.

Moïse ne se contenta pas d'accorder aux parents le
droit de préférence, il voulut suppléer, par une disposition
légale, à la négligence et à l'inertie des vendeurs. Quelles
que fussent les stipulations des parties, la vente de tout
fonds de terre était résolue de plein droit à l'arrivée du
Jubilé que, tous les cinquante ans, les Juifs célébraient
par de grandes fêtes. Cette solennité était l'occasion d'une
« Restitutio » d'un rétablissement dans la situation des
biens et des personnes : elle rendait l'esclave à la liberté,
l'héritage à son possesseur primitif. Le législateur voulait
que cette institution, dont les effets révocatoires étaient
si puissants, ne puisse occasionner aucun dommage, ne
contienne rien de lésif. « Quand vous ferez quelqu'achat,
disait-il, ou quelque vente d'un bien-fonds, vous fixerez
le prix en raison du nombre d'années qui se sont écoulées
depuis la dernière année jubilaire ». Et ailleurs « quand
tu vendras, ne trompe pas ton frère, mais que le prix
soit en raison du temps du Jubilé » (2).

1. Ruth. chap. IV. — L'offre se fait donc en public et en présence des juges de la tribu. Celui qui abandonnait son droit, détachait son soulier et le remettait en signe d'accord à celui qu'il favo-
risait. Booz reçoit ainsi le soulier de son parent et en appelle au
témoignage du peuple.

2. On objectera peut-être que la révocation jubilaire n'a rien à
faire avec le retrait, puisqu'elle ne s'exerçait pas au moment de la
vente mais arrivait à date fixe. Son effet était plus puissant, l'acquéreur dépossédé n'avait droit à aucune indemnité. Mais elle répondait au même but que le retrait : garantir les enfants contre les
écarts des pères ; les textes nous la présentent comme un renforce-

Nous venons de voir les dispositions de la loi mosaïque, il nous reste à en pénétrer l'esprit.

Y a-t-il dans la création du Jubilé et du retrait lignager,
une simple conséquence « de la nécessité de maintenir le
partage de la terre promise », comme le veut un auteur (1).
Nous croyons que c'est donner une trop large part à cette
idée que d'en faire la source exclusive de l'institution et
qu'à côté de ce désir, à côté de la pensée toujours présente de la propriété éminente de Jehovah, il faut reconnaître au législateur l'intention bien arrêtée de protéger
les familles dans leurs possessions, à l'encontre d'aliénations désastreuses. Éviter la concentration des biens dans
les mêmes mains, mais aussi protéger les faibles contre
les usurpations des puissants, assurer par la sauvegarde
des héritages la sécurité de la famille, la perpétuité du
nom, voilà ce que voulait Moïse. L'attachement au sol
était alors gravé au cœur des Juifs, l'histoire de Naboth (2)
en est la preuve et d'autres textes nous confirment ce
sentiment. Au livre des Nombres, titre III, les filles réclament, à défaut de garçons, l'héritage de famille, afin que

ment du retrait lignager et c'est pourquoi nous les associons dans
notre étude.

1. Jobbé-Duval, *loc. cit.*, p. 63.

2. « Voulant former un jardin près de son palais, le roi Achab
fait appeler Naboth et lui dit : vends-moi ta vigne, je t'en prie, ou
pour de l'argent ou pour une vigne meilleure. Ni l'une ni l'autre,
répliqua Naboth, car c'est l'héritage de mes pères et je veux le garder.» Rois XXI, verset. 3. L'histoire nous rapporte que Naboth paya
de sa tête son attachement au bien familial, mais Achab et l'impie
Jezabel son épouse expièrent cruellement leur crime. — V. également
Genèse chap. XXIII.

ceux qui les épouseront fassent revivre en cet héritage le nom de leur père. Or, la loi voulait, et nous le voyons par l'exemple de Ruth, que les filles héritières soient épousées par leurs plus proches parents, afin d'éviter que les biens aillent à des étrangers. Les maisons, comme les terres, appartiennent à Jehovah et pourtant l'aliénation des premières sera définitive, tandis que le rachat sera toujours possible pour les secondes, parce qu'elles sont plus précieuses à la famille.

Enfin, si l'immutabilité du partage de la Terre promise explique en un sens la loi du Jubilé, elle est insuffisante pour motiver la création du retrait, car on ne comprendrait pas ce surcroît de garanties.

En résumé, ce que nous voulons montrer, c'est que ces causes de rescision, tant multipliées par la législation hébraïque, trouvent leur explication non pas dans l'idée arbitraire d'une ordonnance immuable des possessions, mais par l'attachement instinctif des familles au sol. La remarque a sa valeur, car elle nous permet d'affirmer que la législation de Moïse obéit en cela aux mêmes principes que les législations qui lui succéderont. Ce n'est pas, d'ailleurs, le seul rapprochement qu'il nous sera permis de faire.

Le retrait, avec le même mécanisme, se retrouve, à combien de siècles de distance! dans le droit du moyen-âge et particulièrement dans les coutumes du Nord, tel que nous le présente la Bible. C'est l'offre aux parents, la *praelatio* réservée au sang et pour le cas d'omission de cette formalité, le retrait au sens propre du mot, c'est-à-dire le droit de révoquer l'opération faite en dehors de la participation de la famille. Le délai du retrait, au moins pour les maisons des villes, est d'un an (1) chez les Hébreux et c'est aussi le terme que nous verrons le plus généralement admis dans la suite. Donc, analogie dans le principe et dans le fonctionnement.

Mais la ressemblance s'arrête là ; les résultats furent totalement différents. C'est à tort que les partisans de l'ancien régime se sont montrés les zélés défenseurs des textes sacrés et ont cru trouver dans la Bible, un appui à leurs théories d'inégalité politique. En protégeant la famille par l'inaliénabilité des terres, Moïse empêchait la formation des castes puissantes, toujours prêtes à s'enrichir aux dépens d'autrui. Assurer la conservation des biens dans les familles, c'était maintenir l'égalité. L'inaliénabilité des propriétés aboutit, dans notre ancien droit, à un phénomène opposé, à la concentration des richesses terriennes dans les mêmes mains ; aussi Montesquieu a-t-il fait du retrait lignager une des bases des Constitutions monarchiques (2). Pour ramener l'égalité parmi les hommes, la Révolution mobilisa les terres et supprima le retrait. Ainsi l'esprit comme l'effet des institutions se modifie avec les temps !

Pour enlever toute importance à la loi du Jubilé, quelques auteurs (3) ont soutenu que cette institution n'avait jamais fonctionné, parce qu'elle était une conception imaginaire de Moïse, d'exécution impraticable.

---

1. Levitiq. XXV, 29. *Qui vendiderit domum intra urbis muros habebit licentiam redimendi donec unus impleatur annus.*

2. Montesquieu, *Esprit des lois.* liv. 5, ch. IX.

3. V. notamment : Esbach, *Législation Hébraïque*, p. 507.

Aucune donnée historique ne nous permet d'affirmer qu'elle ait été observée par les Hébreux, et sans doute elle ne le fut pas pendant longtemps, puisque nous savons que, sous l'empire de la loi Rabbinique, les aliénations devinrent définitives (1). Mais rien ne prouve non plus qu'elle ne fût jamais appliquée et les plaintes des prophètes sur les violations auxquelles elle était sujette (2) de la part des grands, nous montrent que dans leur esprit, cette loi n'avait rien d'impossible. Moïse s'était efforcé de la rendre agréable aux Hébreux, en y attachant des effets bienfaiteurs et elle devait être vue d'un œil favorable par les pauvres d'Israël, puisque grâce à elle, ils se trouvaient, après un certain temps, rétablis sur le même pied que leurs frères.

Par elle, l'Hébreu prenait en affection l'héritage de ses aïeux, par elle le père était assuré de trouver dans la possession de sa terre, les ressources nécessaires à l'entretien de la famille. En tout cas, l'idée de fixité des héritages était née et elle se maintint dans la tradition des Hébreux.

La faculté de retrait continua d'être accordée au vendeur, comme en témoigne un passage de la Mischnah (3);

1. Rabbinovitz, *Législation civile du Talmud*, tome IV. Le jubilé fut supprimé, mais le retrait subsista.

2. Voy. *Les plaintes d'Osée et de Jérémie*, citées par Salvador, *op. cit.*, tome II, p. 220 et ss.

3. Mischnah fol. 31 « Si un individu vend sa maison dans une ville fortifiée, il peut la racheter pendant toute la première année. D'abord l'acheteur se cachait le dernier jour de l'année, pour que le vendeur ne vienne la racheter. Mais Hillel a établi une loi d'après laquelle le vendeur peut, en l'absence, mettre l'argent dans la caisse

les parents, les voisins même furent préférés aux étrangers. Ainsi se développa la théorie du bien de famille et les mœurs nationales firent un devoir de demeurer en l'héritage patrimonial.

du temple et de ce jour il peut prendre la maison ». Cité par Rabbinovitz. *Législation civile du Talmud,* t. 5. p. 73. On voit par ailleurs dans la Mischnah que, dans les ventes d'immeubles, il était d'usage de différer le paiement du prix pour laisser aux prétentions le temps de se produire. V. Dareste, Compte rendu sur le Code Rabbinique Eben Haezer, extr. du *Journ., des savants,* 1884, p. 20. Le retrait dans la législation hébraïque a survécu.

CHAPITRE II

A. La propriété à Rome. — Traces de l'idée de conservation des
biens. — Le retrait sous Constantin. — Le retrait emphytéotique
sous Justinien, ses règles. — Dispositions d'Anastase et de Justinien sur les cessions de dettes. — Le retrait et le recouvrement
de l'impôt au Bas-Empire. — Curie. — Corporations : les Pistores. — Responsabilité des vici et metrocomies devant l'impôt,.
droits de préférence des habitants en cas de vente d'immeubles et
ordre de cette préférence.

B. Le retrait, protection des faibles contre les puissants à l'époque Byzantine. — Novelles de Romain Lecapène et de ses successeurs. — Droits de préférence des militaires. — Conclusion.

A. *Droit romain.*

On a souvent soutenu que la théorie du retrait était
complètement inconnue des Romains. Sans doute à l'é-
poque du plein développement des institutions romaines,
la propriété des citoyens nous apparaît absolue, individuelle (1). Dans la loi des XII tables aucune entrave au

1. C'est une question de savoir s'il en a toujours été ainsi et d'ex-
cellents auteurs soutiennent avec beaucoup de force que la propriété
a été sinon collective, au moins familiale au début. Ils trouvent, à
l'epoque classique, à l'appui de leur théorie de nombreuses traces

droit d'aliénation des pères de famille, aucune allusionà une intervention quelconque des parents, liberté la plus complète de transférer son bien.

Aussi fortement organisée, la propriété échappait donc, en droit classique, à ces causes multiples de rescision qui permettent aux familles, aux amis, aux voisins, aux membres d'un même groupe, de retenir ou de reprendre un bien qu'ils voient à regret s'éloigner de leur cercle.

Ceci n'est vrai qu'en droit classique ; à l'époque impériale nous assistons à une singulière évolution, à une merveilleuse éclosion des retraits et des droits de préférence, venant satisfaire à des besoins différents.

Le retrait est alors moins une *institution* ayant son caractère propre, qu'un *procédé* commode pour stimuler le zèle des uns, accorder une récompense ou une garantie aux autres (1). Cette évolution va se prolonger à travers la législation impériale, pour atteindre tout son développement sous la période byzantine.

Pas plus que les autres peuples, les Romains n'ont échappé à ce sentiment naturel de l'attachement aux biens de famille. Les restrictions apportées à l'usage du

d'un régime préhistorique différent, soit dans les formules d'inter-diction, soit dans les dénominations expressives d'héritiers siens, de consortes et à d'autres signes encore. En ce sens Cuq, Girard, Momsen, etc. Quoi qu'il en soit, nous n'avons pas de traces d'un système de retraits.

1. Ce qui ne l'empêche pas d'assurer la conservation des biens, qui reste sinon le but essentiel, au moins un des effets du retrait. D'ailleurs notre observation n'est juste que pour la période du début; de moyen qu'il était, le retrait se transforme et perd son caractère fiscal.

testament, comme aussi les précautions prises pour empêcher la dispersion des biens patrimoniaux, par le mariage des filles, en sont la meilleure preuve et nous pourrions encore invoquer le témoignage de Cicéron (*De oratore*, 2, 55) attachant le déshonneur à qui vend l'*heredium*. Il y a plus : dès l'époque classique, cette préoccupation se manifeste sous la forme même du retrait ou du droit de préemption, que nous mettons sur le même pied, la préemption étant la forme première du retrait.

Au titre *de minoribus viginti quinque annis*, il est dit qu'un mineur battu dans une adjudication, obtiendra la revision de l'opération s'il démontre que le bien licité venait de ses ancêtres, en offrant au vendeur le prix atteint au cours des enchères (1). La parenté seule n'est pas encore un titre suffisant pour faire tomber la vente, il faut que l'intéressé soit à la fois parent et mineur. Ces deux titres de faveur sont-ils réunis, le marché tombe. Autre apparition de la préemption dans la loi 16 *De rebus auctoritate judicis*. Il s'agit ici de la vente des biens d'un débiteur insolvable. Les créanciers d'abord et, parmi eux, celui qui a la plus forte créance, les cognats ensuite sont préférés aux étrangers pour l'acquisition (2). Voilà donc les causes de préférence admises définitivement dans

---

1. «*Si in emptionem penes se collatam minor adjectione ab alio superetur, implorans in integrum restitutionem audietur, si ejus interesse emptam ab eo rem fuisse adprobetur ; veluti quod majorum ejus fuisset, ita tamen ut id quod ex licitatione accessit, ipse offerat venditori*». C'est un retrait obtenu par le fonctionnement normal de l'*in integrum restitutio*. V. M. Garsonnet, *Histoire des locations perpétuelles*, p. 73.

2. Loi 16, liv. XLII. tit. V. Dig. La préférence des cognats et non des agnats est surtout remarquable.

la législation, les transferts de propriété, précédemment si faciles, gênés par les préemptions des uns, par les retraits des autres. La brèche est faite à l'absolutisme de la propriété.

Ce sont là des exemples empruntés à des circonstances spéciales. Aussi, Ulpien (1) et Pline (2) proclament-ils encore la liberté d'aliénation indépendante de toute volonté externe. Pourtant peu à peu la théorie du retrait prenait corps. Devait-on l'étendre à d'autres hypothèses ou des intérêts méritaient d'être ménagés, où la même faveur semblait devoir être accordée? Des doutes s'élevaient sur ces points et Eusèbe s'en faisait l'écho, quand il consultait les empereurs pour savoir si les co-propriétaires devaient être préférés lors des ventes d'immeubles. La réponse de Dioclétien et de Maximien est négative : faculté de vendre aux étrangers, comme aux co-propriétaires (3) ; mais la question posée est le meilleur indice du travail des esprits. D'après la correspondance de Symmaque (4) et de Sidoine Apol-

---

1. Ulpien, loi 26, liv. L, tit. XVII.

2. Pline, VII, 11 *Epistolæ*.

3. Loi 3, liv. IV, tit. LII Code : *Falso tibi persuasum est communis pretii portionem pro indiviso antequam communi dividundo judicium dictetur, tantum socio, non etiam extraneo posse distrahi.* — *Falso tibi persuasum*, Eusèbe croyait personnellement à la préférence des co-propriétaires et son opinion devait s'étayer de pratiques locales à propos desquelles il consulte les empereurs.

4. A Léon qui voulait retraire, à titre de consors, l'acquisition de Symmaque, ce dernier répond qu'il n'a été fait aucune mention de cette particularité lors du contrat. Or, il était d'usage que le vendeur désignât ses *consortes* à l'acheteur pour le mettre en garde contre le

linaire (1), nous savons que le retrait avait pénétré les mœurs, la consécration légale devait suivre bientôt. Une loi perdue pour nous accorda dans toutes les ventes la préférence aux parents et aux co-propriétaires « *proximis consortibusque* » sur les étrangers. Chose singulière, son existence ne nous est connue que par l'abolition proclamée en 391 dans la célèbre constitution *dudum* de Valentinien, Théodose et Arcadius (2). Jacques Godefroy, dans son remarquable commentaire du Code théodosien (3) l'attribue avec beaucoup de vraisemblance à Constantin, car cet empereur prit tout un ensemble de mesures favorables aux *consortes* et leur accorda notamment des droits de succession.

De Constantin à Théodose, la loi eut une courte durée. Etait-elle donc, comme on l'a prétendu, en opposition avec le sentiment général ? Le ton de l'édit abrogatoire des empereurs le laisserait croire « *quia gravis haec videtur injuria, quae inani honestatis colore velatur, ut homines de rebus suis facere aliquid inviti cogantur* » (4). Nous avons

retrait. D'ailleurs, ajoute Symmaque, l'achat remonte à une époque déjà assez lointaine. Symmaque. *Epistolæ* IX, 21.

1. Sidoine Apollinaire. *Epist.* IV. 24, Migne, t. LVIII, p. 580. Cité par Garsonnet, *loc. cit.* p. 74.

2. C. théod. t. VI, liv. III, tit. I. Constitution de 391 : *Dudum proximis consortibusque concessum erat ut extraneos ab emptione removerent neque homines suo arbitratu vendenda distraherent ; sed quia gravis haec videtur injuria quae inani honestatis colore velatur ut homines de rebus suis facere aliquid cogantur inviti, lege superiore cassata, unusquisque suo arbitratu quaerere vel probare possit emptorem.* Zachariæ a vu à tort des voisins dans les *proximi*, ce sont sans nul doute les parents.

3. Godefroy. Code théod., édit. Ritter, tome Ier, p. 286.

4. Ce sont les paroles que Merlin invoquera en 1790 pour demander la suppression du retrait lignager.

vu cependant que même avant Constantin, c'est-à-dire avant toute disposition législative, les acheteurs étaient exposés au retrait de la part des *consortes* et des parents du vendeur ; la disposition de cet empereur n'avait rien en soi d'arbitraire, elle répondait à des coutumes déjà établies (1).

Justinien, en reproduisant la loi *dudum* (loi 14, liv. 4, tit. 38) fut obligé d'ajouter : *nisi lex specialiter quasdam personas hoc facere prohibuerit,* car des lois spéciales avaient rétabli, sur certains points, les dispositions de Constantin (2). L'insertion répétée dans le Code de Justinien, de la loi *dudum,* nous laisse croire à bon droit que cette abrogation était restée lettre morte. Justinien d'ailleurs, fut lui-même favorable au retrait ; sous son règne apparut dans les textes législatifs la prélation emphytéotique.

1. Cpr. Sidoine Apollinaire liv. V, tit. III. Par cette lettre Sidoine nous montre que le retrait n'a pas lieu en sa province, mais il laisse entendre combien c'est une pratique qui tend à devenir générale parce qu'elle satisfait aux intérêts d'affection. Hypatius venait d'acquérir la moitié d'un domaine dont Onidius était propriétaire pour l'autre part. A la demande de ce dernier, fort attaché à son bien, l'évêque d'Arvernie écrit à Hypatius lui demandant d'abandonner son acquisition.

2. Le terme *lex* peut s'entendre des conventions particulières, de la prélation emphytéotique ou très vraisemblablement de la défense faite aux habitants des métrocomies de vendre leurs terres à des étrangers. Quelque sens qu'elle reçoive, la réserve témoigne de la faveur des droits de préférence. A la suite de Godefroy, M. Jobbé Duval, *loc. cit.* p. 94 pense que la préférence des parents et copropriétaires ne fut qu'une jurisprudence locale sous l'inspiration d'un *Praefectus* chrétien, Flavianus, animé d'esprit d'équité. Le développement des retraits à l'époque impériale permet, à notre sens, d'attribuer à la loi de Constantin une plus grande portée.

Pour pallier à la faculté excessive reconnue au preneur d'emphytéose de pouvoir vendre son droit, Justinien accorda au bailleur emphytéotique la préférence sur l'étranger (1). Il ordonna au vendeur, lorsqu'un acheteur se présentait, de dénoncer au propriétaire son intention de vendre, en lui indiquant le prix de cession ; moyennant la même somme, ce dernier écartait l'acquéreur. L'emphytéote devait attendre deux mois et ce n'est qu'à l'expiration de ce délai, qu'il pouvait passer outre et terminer le marché. Le propriétaire qui n'exerçait pas le retrait, touchait un droit d'un cinquantième. Tel était le fonctionnement de la prélation emphytéotique, disposition dont voici les avantages : En même temps qu'elle permettait au bailleur de reprendre un bien qui lui était cher et qu'il ne voulait confier qu'à un emphytéote de son choix, elle satisfaisait à l'esprit romain de consolidation. Elle permettait aussi de déjouer tout concert frauduleux ; le vendeur se gardera bien, pour diminuer le *laudemium*, de déclarer au propriétaire une valeur inférieure au prix réel de cession. Le propriétaire profiterait immédiatement de l'occasion pour rentrer à bon compte dans la plénitude de ses droits. *Praelatio* et *laudemium* se prêtaient un mutuel secours puisque l'emphytéote ne pouvait augmenter exagérément le prix de la cession afin d'éviter le retrait, sans payer la fraude par des droits élevés.

1. Loi 2, liv. IV, tit. LXVI. Code.

2. V. Pepin le Halleur. *Histoire de l'Emphytéose*, Paris 1843, p. 126 et ss. Tocilesco, *Etude historique et juridique sur l'emphytéose*. Thèse de Doctorat, Paris 1883, p. 136 et ss.

Le silence de la Constitution sur le point de savoir à quelles aliénations s'applique la prélation, a fait naître de grandes discussions. Seule, la vente est mentionnée dans le texte et des auteurs ont tenu pour l'interprétation littérale. Ils ont fait remarquer que la restriction à la vente s'expliquait en ce sens que peu importait au vendeur d'être payé par le propriétaire ou par un acquéreur étranger. Mais en cas de donation ou d'échange, des considérations personnelles entrent en jeu et il était de l'intérêt évident du disposant que le contrat fut maintenu tel quel. En sens contraire, avec plus de raison, pensons-nous, on a invoqué le préambule de la Constitution, où Justinien se demande si le consentement du propriétaire est nécessaire à toutes les aliénations. Ainsi posée, la question exige une réponse adéquate et la *praelatio*, remplaçant désormais le consentement, doit s'exercer dans les mêmes conditions. La Constitution ne parle de la vente que comme du contrat le plus fréquent, *de eo quod plerumque fit*, et plus loin, elle ne nous dit plus que le propriétaire doit payer le prix de l'acheteur, mais le prix que l'emphytéote a retiré de sa chose, sans spécifier la nature de l'aliénation (1).

---

1. Les empereurs chrétiens, pour donner aux biens d'église un caractère stable, les avaient rendus inaliénables et en avaient prohibé l'emphythéose perpétuelle. Dans le même ordre d'idées, Justinien accorda à l'Eglise un droit de retrait tout à fait en dehors du droit commun, lorsque l'emphythéose se trouvait transmise à certaines personnes morales, ville, curie, fisc. Quel que fût leur titre d'acquisition, l'église pouvait exercer le retrait pendant deux ans. Ce n'est plus la préla- tion, l'offre préalable mais le retrait au sens technique du mot. Voy, la novelle 120, chap. I, § 1.

Il est probable que le retrait emphytéotique ne fut pas une innovation de Justinien, mais seulement la consécration d'usages répandus dans la pratique. La création d'un pareil droit, réservé au propriétaire, ne peut être l'œuvre d'une disposition arbitraire et imprévue et Justinien, s'il eut été l'auteur de cette mesure, qu'il jugeait bonne, se fut empressé de nous le dire, avec sa vanité habituelle. La prélation emphytéotique n'est pas une manifestation isolée ; elle se rattache à la faveur si grande dont ont joui les retraits, faveur qui prit toute son importance sous le Bas-Empire et dont nous allons poursuivre l'examen.

Sur les dispositions des Empereurs Anastase et Justinien, à l'égard des débiteurs cédés, nous ne dirons qu'un mot, car leur sanction n'était pas le retrait et consistait surtout en pénalités. Le plaideur, qui vendait son action en justice, était puni d'amende et l'acheteur payait les deux tiers ou la totalité du prix, suivant qu'il était de bonne ou de mauvaise foi (loi 4, Code liv. 8, tit. XXXVII).

D'autre part, les Constitutions 1 et 2, liv. 2, tit. XIV, défendent aux plaideurs de céder leur action aux *potentiores*.

Contre les cessions de créances, Anastase n'édicte pas le retrait, car, suivant les principes romains, la dette primitive eût été éteinte par la substitution du débiteur cédé à l'acheteur évincé, mais le débiteur n'est tenu que jusqu'à concurrence du prix déboursé par le cession-

1. Desjardins, *Revue pratique*, 1868, t. XXV.— L. *Per diversas et ab Anastasio*, lois 22 et 23, liv. IV, tit. XXXIII. Code.

naire (1). Nous avons mentionné ces règles au passage, parce qu'elles devaient, en se transformant, donner naissance à deux des principaux retraits des législations modernes.

De toutes les questions qui préoccupèrent le législateur du Bas-Empire (2) et furent l'objet de sa sollicitude particulière, il faut placer au premier rang le recouvrement de l'impôt.

C'est en créant la solidarité de tous les membres d'un groupe, que l'Empire pourvoyait aux défections et assurait la rentrée des impôts. Mais il fallait une compensation à de telles charges et c'est le retrait qui en fit l'office. N'était-il pas juste de reconnaître au codébiteur vis-à-vis du fisc, la faculté d'intervenir quand le possesseur d'un héritage voulait s'en dépouiller et en même temps n'était-il pas avantageux pour l'Etat de développer la fortune immobilière de ceux qui répondaient de l'impôt ? L'autorité des Empereurs était si ébranlée que leur crainte

1. Il est très important de noter qu'il n'y a pas retrait, car autrement pour le remboursement du cessionnaire, le débiteur eut contracté une nouvelle dette qui n'eût pas joui des sûretés de l'ancienne. Or, la loi 22 laisse survivre l'ancienne dette mais réduite. Pas de doute que cette réduction profitait au débiteur cédé, car la loi est en sa faveur. On a pourtant soutenu que l'excédent allait soit au fisc, soit au vendeur. Voy. Terrat. *Des retraits en droit français.* Thèse, 1872, p. 128. note.

2. Sur la théorie des retraits du Bas-Empire et dans le droit Byzantin, V. surtout Zachariæ, *Histoire du droit civil Gréco-Romain,* traduite par Lauth, Paris 1870 ; Mortreuil, *Histoire du droit Byzantin:* 1844, 3 vol ; Platon, *La démocratie et le régime fiscal à Rome et à Athènes,* 1899, 1 vol. (Extrait du *Devenir social*) ; Monnier, l'επιβολη, *Nouvelle revue historique,* 1892, 1894, 1895.

constante était de voir les biens se concentrer dans les mains de quelques-uns de leurs puissants rivaux qui se seraient bientôt dispensés de payer. La législation des retraits avait ce bienfaisant résultat d'empêcher tout accaparement des grands propriétaires et de maintenir les biens en la possession des familles et des serviteurs fidèles de l'Empire. C'est la pensée, nous allons le voir, qui inspirera bientôt la concession du retrait, soit aux décurions, soit aux membres des corporations, soit aux habitants d'une même cité, soit enfin aux militaires, sur les biens de leurs concitoyens ou collègues.

Ces groupes dont nous allons aborder l'étude, en dehors des biens propres à chaque individu, avaient un patrimoine corporatif, qui ajoutait à la sécurité de l'Etat. Evidemment, les membres n'en pouvaient user isolément. Quand ce patrimoine était aliénable, ils n'en disposaient qu'avec le consentement de tous et sous des règles très étroites. Ce qui nous intéresse plus particulièrement dans l'étude de la propriété romaine, ce sont les limitations apportées au droit de disposition des individus sur leur patrimoine propre et la préemption accordée à ceux qu'un lien quelconque rattache à l'aliénateur.

Curie. — L'administration des cités, dès le IIIe siècle de notre ère, était aux mains de la Curie, dont les membres, décurions, se recrutaient parmi les habitants les plus fortunés. On comprendrait difficilement que la richesse constituât la seule condition d'aptitude aux fonctions administratives, si l'on ne savait combien la question financière prévalait, entre toutes, aux yeux des pouvoirs publics. Il importait grandement d'avoir un corps de décurions, suffisamment riche, pour répondre de l'impôt global et les capacités ou la dignité personnelle préoccupaient fort peu. Mais, par cela même que la Curie s'était transformée en un instrument de perception, la fonction de décurion avait perdu tout attrait, toute considération, pour ne plus apparaître que comme une lourde charge.

Un riche propriétaire avait de droit entrée à la Curie, mais les portes se refermaient sur lui et c'est en vain qu'il cherchait désormais à aliéner ses immeubles. Un réseau de prohibitions sévères l'immobilisait dans sa propriété. Veut-il vendre ses biens, pressé par la nécessité ? Il faut qu'il expose au juge compétent, le gouverneur, la nécessité qui l'oppresse et qu'une sentence l'autorise à agir (1). Supposons que le Curiale ait démontré au gouverneur l'absolue nécessité de vendre et que l'autorisation lui ait été accordée, est-ce fini ? Point du tout.

La permission d'acheter les biens d'un décurion n'appartient pas à tous, mais seulement aux personnes munies de l'autorisation du gouverneur et par préférence, aux curiales (2). Cette préférence, que nous pou-

---

1. Code théodosien, loi 1, liv. XI, tit. III.

2. Le but est toujours le même, fortifier les garanties du fisc, mais le législateur semble avoir hésité sur les moyens de l'atteindre. Il a d'abord cru politique d'interdire aux curiales l'acquisition des biens de leurs collègues afin de les repartir en plus de mains et par là même d'augmenter le nombre des répondants (Loi 2, Code théod., liv. XII, tit. III). C'était, si l'on nous permet l'expression, préférer la quantité à la qualité. Il en revint bientôt de ce système pour adopter la solution presque opposée.

vons déduire de plusieurs lois (1), a eu pour résultat final de concentrer les propriétés curiales dans les mains d'un petit nombre de décurions choisis et responsables. Il y a là tout un ensemble de mesures qui seraient fort intéressantes à étudier, mais qui, s'écartant de notre sujet, ne doivent pas nous arrêter. Elles constituent de graves atteintes au droit des familles, au profit de la Curie, en prohibant l'intrusion des étrangers dans les biens curiaux, en leur substituant la seule caste des Curions, bénéficiaire de la succession. A qui consent à entrer dans la Curie, toutes facilités sont accordées ; à l'héritier au contraire, qui s'y refuse, la Curie enlève un quart de la succession du défunt, pour la confisquer à son profit et bientôt ce seront les trois quarts (2).

L'exercice du droit de préférence par le groupe ne rencontre pas partout un terrain également propice à son développement. Dans la Curie, par exemple, où la charge de Décurion est devenue purement patrimoniale, où la capacité individuelle n'entre point en considération, il y a moins d'inconvénients à laisser passer les biens dans les mains d'un étranger. L'hérédité, qui lui écheoit, lui donne le plus souvent accès immédiat à la Curie. L'Etat besogneux ne lui demande qu'une chose : de l'or. Mais

1. V. notamment loi 2 C. théod., liv. XII, tit. XIII : Des ventes avaient été passées sans le consentement du gouverneur. L'empereur annule celles faites aux particuliers, maintient les curiales dans leurs acquisitions. Ainsi la préférence des curiales était telle qu'ils conservaient les acquisitions faites même au mépris des lois.

2. Loi 1, loi 3, § 1, liv. X, tit. XXXIV.

là où les qualités personnelles sont appelées à se montrer, et c'est le cas dans les corporations, on comprend l'intérêt du groupe à ne pas laisser tomber les biens aux mains de personnes incapables. C'est alors que le droit de préférence reçoit toute son extension.

Corporations. — Les corporations industrielles (1) chez les Romains, de privées qu'elles étaient au début, étaient devenues, avec le temps, de véritables corps officiels et des rouages importants de l'administration publique. Alléchées par les privilèges et par les avantages de l'association, les corporations s'étaient rapidement développées et jouissaient d'une grande prospérité. L'Etat se les était attachées par des largesses et leur avait donné place dans la hiérarchie administrative, mais cette protection tutélaire devait devenir bientôt la cause de leurs malheurs. Leur importance sans cesse croissante dans les services d'intérêt public les rendit indispensables à l'Etat. Aussi, quand les premiers symptômes de décadence se firent sentir, quand à la suite des invasions et des fléaux de toutes sortes, la misère s'accrût sous le poids de l'appareil administratif, les bras manquèrent et l'on vit le moment où les besoins essentiels ne pourraient plus être satisfaits. Partout, plaintes et cris de détresses ! C'est alors que les Empereurs se rendant compte du danger, durent prendre des mesures arbitraires. La liberté du travail fut supprimée ; l'Etat contraignit les membres des corporations à rester à son service et pour assurer leur

---

1. Sur l'histoire des corporations lire l'ouvrage remarquable de M. Waltzing : *Etude sur l'histoire des corporations professionnelles à Rome*, Louvain 1895-99.

recrutement, il décréta l'hérédité. C'était la servitude ;
l'Empire était transformé en une vaste geôle ou chacun
travaillait, non suivant ses goûts, mais de force. Les corporations qui se rattachaient au service de l'annone ou
approvisionnement, jouaient un rôle essentiel dans cette
vaste hiérarchie domestiquée, puisque d'elle dépendait
la vie matérielle des individus. Aussi furent-elles l'objet
de nombreuses dispositions que nous allons passer en
revue.

Le titre III du livre XIV du Code Théodosien, consacré
à l'importante corporation des *Pistores* établit à leur
égard un régime des plus restrictifs et le droit de préférence du groupe est nettement posé dans une constitution de Valentinien et Valens, adressée au Préfet de la
ville, à Symmaque (1). Les *pistores* n'ont pas la libre disposition de leurs biens ; les sénateurs et fonctionnaires ne
peuvent s'en porter acquéreurs. Les libéralités à des
étrangers seront nulles, mais les parents pourront recevoir à titre gratuit, car ce sont des *pistores* futurs. Ailleurs,
la loi 13 parlant cette fois des biens adventices nous montre les boulangers libres d'en disposer en faveur de tout
membre de la corporation, *in aliquem ex sociis, id est in
pistorem alium.* Ces deux lois sont intéressantes à relever (2),
car elles marquent une étape dans la voie nouvelle où
s'engage le droit du Bas-Empire. L'exclusion des fonctionnaires s'explique d'elle-même par l'impossibilité où
ils se trouvent de remplir les devoirs de la charge.

1. Loi 3, liv. XIV, tit. III, C. théod.
2. On y trouve, au point de vue du droit de famille, une esquisse
de la théorie des propres et des acquets.

Edouard Giard3

S'agit-il des biens d'hérédité, le législateur s'efforce de les conserver dans la famille, en prohibant les donations à tous autres qu'aux parents, *in extraneos non valeant*. Pour la vente, le législateur semble n'écarter que les fonctionnaires et sénateurs, mais il est probable qu'à cette époque où la *Protimesis* (1) était en grande faveur, la préférence des parents, si fortement établie pour les donations, fut étendue à la vente. Peut-être aussi le législateur ne voulait-il pas entraver des aliénations dont le caractère nécessaire avait été formellement déclaré. Etait-il au contraire question d'acquêts, la prohibition se relâche d'un degré. Ce n'est plus seulement aux parents que le *pistor* pourra faire une donation, mais à tout membre de la corporation. Néanmoins ces deux groupes : famille, corporation sont toujours les privilégiés.

Même préférence à l'égard des parents et des membres de la corporation, quand un *Suarius* aliénait ses biens. C'est la loi 5 du liv. XIV, tit. IV, où les empereurs reconnaissent comme juste et équitable « *ut consanguineos quoque eorum vel originales memoratorum nomini functionique jubeas adjungi* ».

Pour les autres corporations, les règles suivies se détachent des textes avec moins de précision, mais à notre avis, c'étaient là des principes d'une application géné-

---

1. Protimesis doit être entendu dans le sens général de préférence. V. Sophocles, *Greek Lexicon of the Roman and byzantine Periode*. Le terme est souvent pris pour désigner le pacte de rachat, mais aussi le droit de proximité et tous les droits de préférence.

rale, surtout lorsque l'élément personnel dominait la
fonction et rendait les substitutions de personnes plus
dommageables (1). La corporation écartait l'acquéreur
étranger, en annexant les biens de l'aliénateur à son
patrimoine propre, ou bien un membre se détachait du
groupe, un parent plus intéressé de la famille et reprenait à son compte le marché.

Avec l'étude des droits des habitants du *vicus*
nous abordons une institution de retrait, plus importante par sa fréquence et plus tenace, puisqu'elle va
nous conduire, à travers tout le Bas-Empire, jusqu'aux
dernières limites du droit byzantin. Nous voulons parler
du droit des vicani, dont l'origine tient aussi au recouvrement de l'impôt.

« L'ἐπιϐολή » du Bas-Empire désignait une imposition
des terres. Rendre le propriétaire riche et prospère,
solidaire, vis-à-vis du fisc, de son voisin ruiné et insolvable, voilà en quelques mots la pratique de l'ἐπιϐολή.
Comme compensation à cette lourde charge, Constantin
avait accordé un droit de préférence aux parents, aux
cohéritiers, aux copropriétaires. Du moment où la solidarité était établie dans le paiement de l'impôt, il n'était
que juste d'écarter des étrangers insolvables ou négli-
gents. Cette liaison de l'ἐπιϐολή et de la *praelatio*, les successeurs de Constantin paraissent l'avoir méconnue et
dans l'ignorance des origines de la *praelatio*, ils l'avaient

1. « *Quœ quidem communis lex fuit cœterorum corporum* » nous dit
Godefroy sur la loi 5, liv. XIV, tit. IV. Voy. édit. Ritter, tome IV,
p. 162.

abrogée comme contraire aux vrais principes de propriété individuelle.

Nous avons montré plus haut que la décision de Théodose et Valentinien ne correspondait pas au sentiment général. Dans le conflit de l'opinion et des dispositions légales, les premières l'emportèrent souvent ; elles neutralisèrent la loi et la décision de Constantin conserva son efficacité.

Les Empereurs suivants, mieux avisés, ne cherchèrent pas à résister au courant ; les lois favorables se succédèrent et, en 418, Léon et Anthemius, par une constitution célèbre, insérée au Code Justinien (Liv. XI, loi 55), reconnaissent définitivement aux habitants des metrocomies, un droit exclusif d'acquisition sur les terres de la circonscription.

Metrocomiae, vici publici, voilà des termes dont il importe de se rendre un compte exact, avant d'entamer l'étude de cette législation, passablement embrouillée.

Le Code nous permet d'en préciser le sens.

Par métrocomie il faut entendre une commune de paysans libres, autour de laquelle se groupent plusieurs *vici* ou villages, dont elle répond subsidiairement au point de vue de l'impôt, parce qu'elle est la véritable unité fiscale : *Ceterorum vicorum quorum mater est onera agnoscere debet,* a dit excellemment Godefroy. Cette responsabilité de la métrocomie devant l'impôt lui confère ainsi les attributions et les charges de la curie, et nous permet de croire que la métrocomie avait son sénat. C'est aussi l'opinion de Godefroy : *vicis quoque aut saltem metrocomiis fuisse curiam* (1).

1. Code théod., édit. Ritter, tome IV, p. 153.

Entre la métrocomie et les *vici* qui y étaient rattachés, il y avait de grands rapports administratifs et fiscaux, la métrocomie conservant à la fois, avec la responsabilité, la prééminence. Pourtant parfois, les rôles changeaient et des métrocomies peu importantes passaient sous la subordination d'un *vicus* florissant (1).

Les *covicani*, nous le savons maintenant, sont donc des hommes libres mais non curiales, de condition inférieure, adonnés à la culture des terres. Leur fortune était médiocre et contre leur insolvabilité, le fisc s'était prémuni en les associant, par une étroite solidarité, aux membres des métrocomies. Un autre moyen de secourir la faiblesse des plébéiens rustiques et de maintenir leur solvabilité, était de protéger leurs biens contre les empiétements des puissants. Les dispositions législatives de l'époque s'inspirent de ces considérations.

Pour le *vicanus*, comme pour le *pistor* et le *curiale*, il ne peut être question de libre disposition des biens. Un des premiers textes où la condition juridique des habitants des *vicus* est déterminée, est la loi 6, Code théodosien, XI, 24 (2) ; elle est relative à l'Egypte, mais sa spécialité ne lui enlève rien de son intérêt, car ses dispositions seront bientôt généralisées (3).

1. Code theod., l. 6, p. 4, XI, 22.

2. Nous nous permettons de souligner cette idée. Protéger les faibles, assurer le paiement de l'impôt, voilà le double rôle du retrait ; en réalité ce rôle est unique, car la protection des faibles assure leur solvabilité.

3. Pratiques locales, dira-t-on ! Soit, mais à une époque où le pouvoir central s'émiette, leur cohésion et leur vigueur s'accroissent d'autant.

Metrocomiae in publico jure et integro perdurabunt, nec quisquam eas vel aliquid in his possedere tentaverit, nisi qui ante consulatum praefinitum cœperit procul dubio possedere, exceptis covicanis a quibus pensitanda pro fortuna conditione negari non possunt. Voilà donc le droit des *covicani* affirmé ; seuls, ils peuvent acquérir des biens dans l'intérieur du village, parce que la médiocrité de leur situation enlève toute crainte à l'Etat. Mais les riches, ceux qui, par leur puissance, pourraient faire preuve de quelque velléité d'indépendance et gêner le recouvrement de l'impôt, ceux-là sont impitoyablement écartés. Le texte est de 415. En 468, la loi de Léon et d'Anthemius, que nous avons déjà citée, consacre d'une façon plus formelle encore le droit de groupe. La disposition est à la fois trop courte et trop importante pour que nous ne la citions intégralement : *In illis quae metrocomiae communi vocabulo nuncupantur, hoc adjiciendum necessario nostra putavit humanitas ut nulle extraneo illic quoquo modo possidendi licentia tribuatur ; sed si quis ex isdem vicanis loca sua juris alienare voluerit, non licere et nisi ad habitatorem adscriptum eidem metrocomiae per qualemcumque contractum terrarum suarum dominium possessionemque transferre, sciente persona extranea quod, si contra vetitum se huic negotio immiscere vel illic possidere temptaverit, quicumque contractus initus fuerit carebit effectu et contractu soluto si quid praestitum est, hoc tantum reddetur.*

De ce texte, il découle nettement la nullité des ventes faites aux puissants, à ceux qui ne font pas partie de la métrocomie. Ce qu'il ne nous donne pas, c'est l'ordre dans lequel s'exercera le droit de préférence des co-villageois; mais si nous le rapprochons de plusieurs autres, cet ordre devient facile à établir. Justinien relatant à son Code, livre IV, titre XXXVIII, loi 4, l'abrogation de là loi *dudum*, ajoute qu'elle est maintenue lorsqu'une loi spéciale en dispose ainsi : *nisi lex specialiter quasdam personas hoc facere prohibuerit.* Evidemment, la loi sur la propriété des métrocomies en est une et le lien établi par Justinien lui-même avec la loi *dudum* indéniable. Tout nous porte à croire, bien que la loi de l'empereur Léon n'en dise rien, que la préférence des *proximi* et *consortes* continuait à s'exercer suivant le droit commun et dans les *vici* et les *metrocomies* comme ailleurs (1).

Dans l'exercice du droit de retrait, nous n'hésitons donc pas à placer en première ligne les *proximi* et *consortes*, c'est-à-dire les parents et co-propriétaires. A qui le second rang? On peut hésiter. De prime abord les lois 6 (XI, 24) du Code théodosien et 1 (XI, 55) du Code de Justinien sembleraient accorder à tous les membres d'une métrocomie sans distinction, la faculté de retrait. On ne peut aliéner, *nisi ad habitatorem adscriptum eidem metrocomiae per qualemcumque contractum transferre*, dit la deuxième, et la première aussi ne vise que les *metrocomiae*. Un examen plus approfondi efface cette impression et, si les textes, dans leur généralité, ne parlent que des *metrocomies*, on trouve par ailleurs une plus grande précision, permettant de détacher les *vicani* du groupe de la *metrocomie*; dans les lois précitées même, les termes *vici*

---

1. En ce sens, Platon, *loc. cit.*, p. 156 et suiv., que nous avons suivi sur bien des points.

alternent avec ceux de *metrocomiae* et les habitants des *metrocomies* sont qualifiés de *covicani*. A notre avis donc, les habitants d'un même village passent au deuxième rang et en cela, nous nous conformons à la bonne logique et aux principes dirigeants de la matière. Les *covicani* étant solidairement responsables de l'impôt, devant le fisc et probablement devant la métrocomie, leur caution, devaient être à même de conserver entr'eux des terres de rapport. A défaut d'acquéreurs *covicani*, les habitants de la métrocomie exerceront le retrait.

Proximi et *consortes* en première ligne, *covicani* ensuite, les membres de la métrocomie enfin, tels sont les trois groupes auxquels est conféré le droit de retrait et dans l'ordre où nous les énumérons. La meilleure preuve que ce classement n'a rien d'arbitraire, et qu'il concorde pleinement avec l'esprit du temps, c'est que nous le retrouvons intact dans une novelle de 947 avec laquelle nous arrivons à l'étude de la législation byzantine (1).

B. *Législation byzantine*

On a pu dire, avec beaucoup de vérité, que la *protimesis*, la *praelatio* ou le retrait étaient devenus « le but réitéré »

1. Nous n'avons pas dédaigné d'aborder l'étude de la législation byzantine parce qu'elle est la continuation de la théorie romaine et qu'il est intéressant de voir quels développements les retraits y ont reçu. Même au point de vue des origines, le retrait byzantin peut avoir eu sa part d'influence sur le droit postérieur. La constitution *Sancimus* de Frédéric II reproduit sur beaucoup de points la novelle de Basile.

de la législation byzantine (1). Les raisons en sont faciles à saisir. Le retrait avait été accordé à l'époque précédente, tant pour garantir l'Etat du recouvrement de l'impôt par une assiette réelle, que pour prémunir les membres d'un groupe contre l'insolvabilité de leurs co-débiteurs solidaires ; accessoirement il avait eu ce résultat d'arrêter les empiétements des grands propriétaires et de s'opposer à la formation de puissances souvent dangereuses pour l'existence même de l'Etat.

Cette dernière considération passe désormais au premier plan. Loin de s'atténuer, les dangers auxquels le retrait faisait face, vont s'accroissant, aussi trouvera-t-il bientôt de nouvelles et multiples applications. A la merci des complots et des révolutions dont le palais est chaque jour le théâtre, les empereurs laissent transpirer, à travers les textes de leurs édits, les préoccupations qui les inquiètent et le désir constant d'affaiblir leurs dangereux rivaux. Les novelles en font foi et c'est surtout contre les riches que l'institution du retrait fonctionnera. Dans la décadence de l'Empire, elle trouva ainsi une nouvelle raison d'être et la pratique en deviendra sans cesse grandissante.

Nous n'avons pas la prétention d'examiner ici toute la série des dispositions relatives au retrait, ce serait étendre démesurément le cadre de notre sujet. Nous nous contenterons d'examiner les plus anciennes, celles qui peuvent être regardées comme une suite de la législation romaine.

---

1. Mortreuil, *loc. cit.*, tome II, p. 330.

La novelle de Romain Lecapène (1), de **922**, constitue la charte fondamentale de la *protimesis* byzantine. On y trouve énumérés les différents groupes qui se succèdent, à défaut les uns des autres, pour l'exercice du droit de préférence. Ce sont d'abord les parents, συγγενεις, puis les co-propriétaires, κοινωναι, que la κοινωνια résulte d'achat fait conjointement ou de toute autre cause d'indivision ; enfin les voisins et aboutissants οι συμπαρα κειμενοι. Toutes les fois qu'un bien immobilier est aliéné la *protimesis* s'ouvre pour ces personnes et suivant les règles que voici : Le vendeur dénonce au προτιμομενος de la classe la plus élevée et probablement devant témoins, la vente qu'il vient de consentir. A compter de la dénonciation, le προτιμομενος a trente jours pour user de son droit et en cas d'absence ou de minorité, ses curateurs ont un délai de quatre mois (2). Ce temps passé, tout doit être terminé et l'acquéreur remboursé, à peine de déchéance. Avec l'empereur Romain, le retrait est définitivement organisé et les règles qui le régissent ne diffèrent pas essentiellement de celles que nous retrouverons au moyen-âge.

Du même empereur, nous avons une autre novelle ou

1. Publiée par Cujas, *Opera*, tome II, p. 946, édit. de 1637. Pour le texte des novelles, v. Mortreuil, *loc. cit.*, et Zachariæ, *Jus Græco-Romanum*.

2. Le délai de faveur était également accordé au pauvre qui retrayait contre le riche et aux églises et couvents. Mais les biens ecclésiastiques atteignirent un tel développement, que non seulement on cessa de les favoriser, mais qu'on mit des bornes à leur accroissement. La législation des derniers empereurs byzantins contient nombre de prohibitions à leur égard.

la lutte contre les grands est formellement déclarée. A la suite d'hivers rigoureux et de mauvaises récoltes, une grande disette affligeait tout l'Empire, la misère la plus noire régnait dans les campagnes et beaucoup, pour subvenir à leur existence, avaient dû aliéner l'héritage paternel. Les hauts fonctionnaires de l'Etat avaient saisi, avec empressement, l'occasion qui s'offrait à eux et spéculant sur les malheurs de la plèbe, ils s'étaient fait donner, à vil prix, un grand nombre de propriétés.

L'empereur voyait d'un mauvais œil ces puissances rivales grandir autour de lui, mais il n'osait intervenir, quand les plaintes réitérées des paysans le décidèrent à sortir de son inaction. Il était temps ; l'heure de la prescription allait sonner et légitimer ces acquisitions, fruits de l'oppression et de la violence.

En 939, la date est à retenir, car elle marque le commencement des luttes violentes entre les paysans et les riches, luttes funestes qui se perpétueront pendant des siècles, il interdit à tous fonctionnaires, magistrats, dignitaires, laïcs ou ecclésiastiques de se rendre acquéreurs des habitations des indigents, soit par eux-mêmes, soit par personnes interposées. Quand le πενης, le pauvre se trouvait dans la nécessité de se défaire de son bien, les municipes avaient la préférence ; de cette façon la propriété ne sortait pas du groupe et le vendeur échappait aux influences abusives puisqu'il avait affaire à des égaux. La nullité de l'aliénation faite au mépris de la loi, sanctionna d'une façon énergique ces dispositions nouvelles ; la propriété retournait de plein droit et sans indemnité, à l'ancien possesseur, à ses parents et à défaut aux municipes. Les exactions des seigneurs allaient-elles jusqu'à enfreindre les édits impériaux ? Nous avons lieu de le croire en voyant Romain intervenir de nouveau pour confirmer la nullité des acquisitions, faites au mépris de la loi du retrait.

Plus explicite encore est la novelle de Constantin Porphyrogénète περι εκποιησεως κτηματων και προτιμησεως συγγενων και κοινονων. Lorsqu'un propriétaire désire vendre ou donner à emphytéose le fonds qui lui appartient, il doit le déclarer à ceux qui ont le droit de retrait. Ces personnes sont celles que nous avons trouvées cinq siècles plus tôt appelées à exercer le retrait lors de l'aliénation par un *covicanus*. L'ordre n'a pas changé, ce sont les *covicani* d'abord (συγχωριται) et à défaut seulement, les habitants des autres villages de la métrocomie. Si plusieurs sont au même rang, le retrait doit être exercé dans les trente jours de la déclaration. Après dix ans, le retrait devient impossible et la propriété est définitivement acquise. Enfin la novelle reproduit à nouveau la prohibition faite aux grands propriétaires d'acquérir les biens des pauvres. Ce renouvellement constant des défenses faites aux *potentes* est à remarquer, il nous édifie singulièrement sur la valeur et la portée des décisions impériales.

Les biens des pauvres sont mentionnés à nouveau dans une deuxième novelle du même empereur. Les dispositions sur ce sujet se succèdent sans cesse et nous ne saurions les rapporter toutes.

En voici une particulièrement curieuse de Nicéphore *« de eo quod potentes pauperibus praeferre debeant in emptione*

possessionum quae distrahuntur ad potentes pertinentium ! »
Cette novelle semblerait contredire tous les principes
adoptés jusque-là, si l'exposé des motifs ne nous dévoilait l'intention du législateur, de persister dans la même
voie que ses prédécesseurs : « *Sancimus ut lex ab iis lata
principibus qui nos in imperio processere, seu rata valeat
eamque confirmamus in omnibus* ». L'empereur approuve
la défense faite aux seigneurs d'acheter les biens des
pauvres, *idque recte facientes.* Mais on avait été trop loin
dans la protection, en accordant aux pauvres préférence
sur les biens des *potentes.* Les riches s'appauvrissaient,
les pauvres devenaient riches et trop puissants. Le but
avait été dépassé et un nouveau danger apparaissait.
Pour rétablir l'équité, pour éloigner des vendeurs, toute
influence oppressive, Nicéphore décide que les transactions doivent se passer entre gens de même catégorie
« *potentiores quidem cum solis potentioribus emptiones
instituere volumus, itidemque milites et pauperes cum iis
qui sortis ejusdem cum ipsis sunt* ». Voilà à quelles défor-
mations en est arrivée la primitive théorie de la libre
aliénation !

Le groupe des acheteurs est délimité d'avance et dans
ce groupe les qualités de chacun lui assignent un rang.
C'est le règne des privilèges, l'âge d'or des retraits ! Les
délais sont extrêmes. Une novelle de Basile et Porphyrogénète donne quarante ans aux pauvres, pour retirer
leurs biens des mains des *potentes.* Aux militaires aussi,

---

1. Nous donnons, pour plus de commodité, le texte latin d'après
Labbe : *Imperatorum Novellae graeco-latinae.* Paris, 1606.

auxquels on concédait des terres, en récompense de leurs services, on accorda des droits de retrait pour rendre leur possession plus solide. La novelle de 922 avait ordonné la restitution aux militaires des terres vendues depuis 30 ans. Nicéphore Phocas décida que les aliénations **ne** pourraient s'effectuer qu'entre militaires et, pour sanctionner sa décision, il accorda au vendeur, puis suivant un ordre de préférence, aux héritiers, aux camarades, aux frères d'armes, la revendication des biens indûment aliénés, jusqu'à l'expiration de la prescription, c'est-à-dire pendant quarante ans.

La multiplication des retraits, sous tant de formes diverses et pour répondre à des buts si variés est une des particularités les plus remarquables de la législation byzantine. Tour à tour Constantin Porphyrogénète, Nicéphore Phocas, Basile II font revivre les célèbres dispositions de Romain Lecapène. L'empire lutte énergiquement contre l'envahissement des grands et, dans cette lutte, le retrait fut sa meilleure arme.

Octroyé d'abord comme compensation aux charges de l'ἐπιβολή, le retrait avait survécu à la disparition de cette institution et les liens de parenté, de communauté et de voisinage qui avaient servi de prétexte à la solidarité devant l'impôt, étaient devenus maintenant les causes immédiates, les fondements mêmes du retrait. Au terme de cette curieuse évolution, le retrait, après n'avoir été longtemps que l'accessoire d'une disposition fiscale, trouve en lui-même et dans les avantages qu'il comporte sa raison d'être et de se maintenir.

Voici donc notre conclusion : Le retrait est surtout une

production du droit byzantin, mais le droit romain, même classique, n'en a pas ignoré le mécanisme. La Gaule romaine, dès avant l'invasion, connaissait le retrait lignager, la preuve en est dans l'insertion de la loi *dudum* au bréviaire d'Alaric. Ce qui nous explique que la rénovation du droit romain en France, aux XIIe et XIIIe siècles, n'ait pas arrêté l'essor du droit de retrait.

CHAPITRE III

DROIT GERMAIN

La propriété germaine. — Différentes législations : 1º Loi Salique.
Titre de Migrantibus. — 2º Loi Gombette : préférence de l'hôte.
— 3º Loi visigothe; entraves aux lois de disposition. — 4º Loi
Ripuaire, explication du titre LX.— 5º Loi Saxonne. Inaliénabilité
avec exceptions ; l'offre aux parents dans les ventes nécessaires.
— 6º, 7º, 8º Lois des Bavarois, des Alamans, des Lombards.

La plupart des historiens du droit admettent que la
propriété privée fut inconnue des premiers Germains (1).
De cet état nous retrouverions des traces, à travers notre
droit, soit dans le retrait de Bourgeoisie, droit pour les
habitants d'une cité d'exclure l'étranger des acquisitions

1. L'opinion de la copropriété primitive est tellement commune que
nous ne pouvons prétendre énumérer tous ses partisans. Citons seulement : Viollet, *Caractère collectif des premières propriétés immobilières*
dans la « Bibliothèque de l'Ecole des Chartes, 1872, et *Précis d'histoire
du droit*, p. 555. — Laveleye, *La propriété collective du sol en différents
pays*, 1886. *La propriété et ses formes primitives*, 1891. — Garsonnet,
Histoire des locations perpétuelles, p. 19. — Glasson, *Histoire du droit
et des institutions de la France*, tome II, p. 58, III, p. 59 et surtout :
Communaux et Communautés, Paris, 1891. — En sens contraire :
Fustel de Coulanges, *L'Alleu et le domaine rural*, 1889. — *Le problème
des origines de la propriété foncière*, 1886. — *Nouvelles recherches sur*

d'immeubles, soit dans le retrait lignager ou la famille conserve des droits sur les biens de chacun des siens. Le premier de ces droits rappellerait le régime de communauté agraire, le second, la propriété familiale qui l'aurait suivi.

Quelle que soit l'opinion admise sur ce point, il importe de reconnaître : 1° Que les lois germaines supposent établie la propriété individuelle ; 2° Que pour nous, qui étudions l'ensemble de la législation des retraits, la copropriété originaire, si elle explique le retrait lignager, le retrait de bourgeoisie et d'autres institutions similaires, ne peut être l'origine de toutes les manifestations du retrait, dont quelques-unes sont des droits de préférence, reconnus par une législation arbitraire, par exemple, le retrait mobilier, le retrait débital, de rescousse et d'autres, en faveur de certaines personnes privilégiées ; 3° Qu'enfin les premières lois germaines ne nous offrent aucun exemple de la pratique du retrait. C'est ce que nous allons voir par un rapide examen de chacune d'elles.

quelques problèmes d'histoire, 1891. — Thevenin, *Les Communia*, 1886. Les arguments en faveur de la propriété collective originaire sont loin d'être tous également probants, mais l'idée est particulièrement séduisante pour expliquer l'intervention des parents, des voisins, des habitants admis plus tard à retraire. On peut remarquer que toutes les fois qu'un retrait véritable prend naissance, c'est ou en vertu d'un droit de propriété perdu comme pour le retrait d'esclèche, de rescousse, ou en vertu d'un droit de copropriété existente dans l'hypothèse du retrait de communion, de frareuseté, de consolidation, de cohéritiers. Le retrait féodal lui-même s'explique par le domaine éminent que le seigneur a conservé sur son fief. Remarquons aussi que ceux-là qui rejettent le plus énergiquement la propriété collective admettent bien la copropriété de famille. Tel M. Fustel de Coulanges ; M. Thenevin, que nous avons consulté, partage cet avis.

Loi salique (1). — Nulle part, dans la loi salique, nous ne trouvons formellement énoncé le principe de la propriété collective ; le respect de la propriété privée y est même assuré par de fortes pénalités. Même silence sur le droit des parents. Eichorn (2) et d'autres avec lui, ont vainement cherché à faire sortir de l'affatomie (titr. XLVI) un droit pour les héritiers. Cette cérémonie constituait un procédé indirect de transmission, remplaçant le testament. Le dessaisissement du donateur s'y faisait publiquement devant le *mallum*, au moyen du fétu de paille jeté à un intermédiaire (Salmann) qui gardait, pendant douze mois, l'objet aliéné et le rendait ensuite aux personnes destinées à recueillir la succession. Les intéressés, avertis par la publicité de l'acte, pouvaient, dit-on, réclamer pendant ce délai, s'ils jugeaient qu'il leur fût préjudiciable. Tout ce qui ressort de là (3), c'est que les difficultés opposées à l'aliénation des biens, témoignaient de la répugnance des Germains pour le testament ; ils ne s'engageaient qu'à regret dans la voie des dispositions à cause de mort. Quant aux aliénations à titre onéreux, aucune restriction n'y est apportée par la loi, mais les Francs voulaient qu'elles fussent entourées de grandes solennités qui témoignent, par leur complication, de la rareté de ces transmissions. Il est un passage célèbre de

1. On regarde la loi Salique comme datant du règne de Clovis, postérieure à 486 et peut-être antérieure à 496. Viollet, *Précis d'hist. du dr.*, p. 98.

2. Eichorn. *Deutsche Staats und Rechtsgeschichte*, § 67. — Lanery d'Arc : *Du Franc Aleu*, p. 28.

3. Zimmerle. *Das deutsche stammgutsystem*, p. 57.

la loi salique, le titre XLV, *de Migrantibus* (1). dont l'interprétation a donné lieu à d'ardentes controverses et suscité de nombreux écrits (2). On connaît la disposition de ce texte : un étranger veut-il s'établir dans une communauté, il ne le peut sans le consentement de l'unanimité des habitants, l'opposition d'un seul suffit pour l'écarter. Mais, comme le sort de cet homme ne pouvait rester perpétuellement incertain, après un an de domicile, le silence des habitants avait valeur de ratification tacite et l'étranger, passé ce stage, était définitivement admis (3). Comment expliquer ce droit d'opposition d'un

1. *Edit Pardessus*, tit. XLVII de la *lex emendata*, tit. XLV des anciens manuscrits.

2. Fustel de Coulanges. Etude sur le titre de *Migrantibus* dans ses « *Nouvelles recherches sur quelques problèmes d'histoire*, p. 327 et ss. — Glasson : *Les communaux et le domaine rural*, 1890. — Voy. également : Compte-rendus des séances de l'Académie des sciences morales et politiques, 1886.

3. *Si quis super alterum in villam migrare voluerit et aliqui de his qui in villa consistunt eum suscipere voluerint et vel unus ex ipsis extiterit, qui contradicet, migrandi licentiam ibidem non habeat* ». En voici la traduction la plus fréquemment adoptée : « Si un homme veut s'établir dans un village et que quelques-uns y consentent, s'il en est un seul qui s'oppose à son introduction, il ne pourra s'établir ». La procédure contre l'étranger débute par une invitation formelle à quitter le pays et s'il ne cède pas à l'injonction, il est frappé d'une amende. Le demandeur se rend alors à la maison de l'étranger, lui réitère l'ordre de partir en lui accordant toutefois un délai de dix jours. L'étranger fait-il la sourde oreille, l'opposant recommence la *testatio* une seconde, une troisième fois. Enfin intervient la *« mannitio ad mallum »* l'étranger est sommé de comparaître au tribunal où intervient de son côté le demandeur avec les témoins qui ont assisté aux sommations extra-judiciaires. Le comte procède alors à l'exécution, chasse l'*homo migrans*. Sohm. *La Procédure de la loi Salique*. Trad. Thevenin, Bibliothèque de l'Ecole des hautes études, fascicule 13, p. 9 et ss.

seul, sinon par l'existence de biens communaux ? On comprend que des ayants droit à une jouissance indivise, aient intérêt à ne pas voir augmenter le nombre des membres de la communauté. Plus il y a de coparticipants et moins la part est grande. D'où ce soin jaloux d'écarter les étrangers. Tel est le raisonnement que poursuivent les partisans de la copropriété originaire et, se reportant des lois germaines à la législation du moyen âge, ils montrent dans le titre *de migrantibus* l'origine du retrait de bourgeoisie, ou retrait local, accordé aux habitants d'une commune à l'encontre des acquéreurs étrangers. En faisant l'histoire de ce retrait, nous rechercherons s'il y a nécessairement, entre les deux institutions, un rapport de cause à effet ou s'il n'est pas préférable de s'en tenir à un simple rapprochement.

Nous avons donné de l'*homo migrans*, la définition qui est généralement admise en le regardant comme un acquéreur légitime, cherchant à obtenir droit de cité. Le texte semble bien indiquer cette interprétation. Qu'on explique avec MM. Glasson, Viollet, Laveleye, la nécessité du consentement de tous par des droits de copropriété sur les *communia* ou avec M. Thevenin, par des droits d'usage commun, le sens du texte ne change point et les deux théories ne diffèrent que par les conclusions qu'on en tire (1).

---

1. Dans *ses Nouvelles recherches sur quelques problèmes d'histoire*, M. Fustel de Coulanges a attaqué, avec beaucoup de vivacité, l'interprétation communément admise du titre de *Migrantibus*. Pour lui le *migrans* est un homme qui veut s'installer sur la terre d'autrui (*super alterum*), et l'homme indiqué par les mots « *super alterum* » celui

Chez les Burgondes et les Wisigoths l'élément romain occupe une plus grande place. Les populations sont plus mélangées ; vainqueurs et vaincus se coudoient et, au contact de la civilisation romaine les mœurs germaines se sont affinées. Les barbares ont mieux compris les intérêts de leurs sujets romains et non contents de rédiger des lois pour eux-mêmes, ils ont voulu infuser aux vieilles lois romaines une nouvelle sève fortifiante puisée dans leurs propres principes. A leur tour leurs lois personnelles se sont adoucies, la loi Gombette notamment est marquée au coin d'une empreinte fortement romaine.

désigné par les termes « *unus qui contradicit* » sont deux personnages différents, le premier étant le propriétaire victime de la violence, le second un membre quelconque de la villa. Il invoque à son appui 47 manuscrits de la *lex emendata* ou le titre primitif « *de migrantibus* » est remplacé par celui-ci plus explicite « *de eo qui villam alterius occupaverit* ». M. Glasson pris à parti par l'auteur a fait paraître en 1891 sous le titre «*Les Communaux et le Domaine rural* » une vigoureuse réfutation des arguments de son adversaire. Voir dans *l'homo migrans* un usurpateur c'est limiter sans motif un texte très général. Contre l'usurpateur, ce ne serait pas un des habitants, mais tous qui s'opposeraient à son installation. Qu'il nous soit permis d'ajouter quelques observations : M. Fustel remarque avec beaucoup de justesse, p. 334 *loc. cit.*, que la loi Salique punit très fortement les atteintes à la propriété privée. L'amende de 30 sous contre le soi-disant usurpateur ne serait-elle pas alors dérisoire ? Le texte suppose que *l'homo migrans* a pour lui l'assentiment de plusieurs des habitants de la villa ; est-il admissible qu'ils viennent apporter leur approbation à un vol? Et d'ailleurs à quel titre viendraient-ils donner leur opinion en l'affaire. S'il y a eu violation, elle est à régler entre l'usurpateur et sa victime, les voisins n'ont pas à approuver. Dans un autre passage, au titre XIV, § 4, il est dit que *l'homo migrans* avec l'autorisation royale peut s'établir définitivement ; on ne voit pas bien la ratification royale consacrant une illégalité.

Loi Gombette (1). — A l'époque de sa rédaction, le droit burgonde subissait une évolution que les termes mêmes de la loi permettent de saisir. A travers les textes, on voit s'agiter des influences diverses, les unes dans le sens de la primitive inaliénabilité, les autres en faveur d'une plus libre disposition. L'individu cherche à se débarrasser des liens de famille pour conquérir son indépendance. Le droit antérieur nous est indiqué au titre Ier où l'inaliénabilité n'est maintenue, *prioris legis ordo servatur*, que pour la terre qui a fait l'objet du partage avec les Gallo-Romains (2). Avant la rédaction de la coutume, il était de principe qu'un père ne pût disposer de sa fortune, *antiquam dividat*, qu'après avoir alloué à chacun sa part.

Avec le temps, cette obligation devint très gênante et bientôt insupportable. Gondebaud dut la modifier, mais l'inaliénabilité était trop fortement enracinée, pour disparaître complètement ; il distingua différentes masses de biens. Le lot, *sors*, échu dans le partage constituait une

1. Edit. Valentin Smith, 4 fascicules in-4°, Paris, 1889-90. — Pertz leges, t. III. — V. Dareste, *La Loi Gombette*, in-4°, 91. — Valentin Smith *De la Famille chez les Burgondes*. — Matile, *Etude sur la loi Gombette*, 1847.

2. Voici le passage en entier : « *Quia nihil de praestita patribus donandi licentia vel munificentia dominantium legum fuerat constitutum, praesenti constitutioni omnium uno voto et voluntati decrevimus ut patri etiam antequam dividat de communi facultate et de labore suo cuilibet donare liceat, absque terra sortis titulo adquisito de quo prioris legis ordo servatur* ». Le même titre nous renseigne sur les coutumes primitives : « *Quamlibet haec in populo nostro antiquitus fuerint observata ut pater cum filiis propriam substantiam aequo jure divideret* ». L'usage voulait donc que le père partageât de son vivant avec ses fils, *aequo jure*, termes qui désigne un partage par moitié ou en parts viriles.

propriété de famille que le père devait conserver et
transmettre à ses fils. Lorsque les fils atteignaient l'âge
de capacité civile, ils pouvaient demander le partage de
ces terres, c'était leur droit, mais le père retenait une
part virile dont il devenait le maître absolu (1). Des
acquêts, la disposition la plus complète était laissée, *de
labore suo cuilibet donare liceat.* En résumé le Burgonde,
sans enfants, aliénait à sa guise.

Les rois burgondes désireux d'accorder la loi avec les
mœurs, en facilitant les aliénations, s'arrêtèrent à mi-
chemin dans la voie des innovations, redoutant que la
fréquence des cessions ne détachât leurs sujets de leur
nouvel établissement. La loi Gombette réflète ce sentiment politique et c'est sous son inspiration qu'elle n'admît
pour les *sortes* qu'un droit de disposition assez restreint.
Le père de famille ne put aliéner de la *sors* que la part
qui lui restait après partage. Afin d'assurer la conservation des *sortes* dans les familles, on n'accorda la permission de vendre qu'à celui qni possédait déjà plusieurs
sortes ; de cette façon le dépouillement ne pouvait être
complet. Le choix de l'acquéreur fut également circonscrit
en ce sens que seul pouvait acheter des *sortes* qui en
possédait déjà d'autres.

Si l'hôte romain était amateur, la préférence lui était
donnée sur tout étranger, même sur celui qui pour obtenir le bien, offrait davantage.

---

1. Tit. XXIV, chap. 5 « *Si quis Burgundio filios habet, tradito filiis
portione, de eo quod sibi reservavit donare aut vendere cui voluerit habeat
liberam potestatem* ».

Le texte du titre LXXXIV (2) où nous trouvons cette indication, n'ajoute pas que dans le sens inverse d'une aliénation par l'hôte romain le Burgonde avait la préférence etpresque tous les auteurs, s'en tenant à l'interprétation littérale, lui refusent cet avantage. Nous croyons pourtant que la réciprocité existait, parce qu'il est impossible de donner autrement une explication raisonnable du droit de préemption (1). Il y avait entre le romain et son hôte burgonde, sinon une copropriété, au moins une étroite communion de vie et d'action ; probablement même, à l'origine Burgondes et Romains avaient cohabité (2). Cette intimité dans la vie avait sa répercussion

2. Tit. LXXXIV « *Quia cognovimus Burgundiones sortes suas nimia facilitate distrahere, hoc presenti lege credidimus statuendum ut nulli vendere terram suam liceat nisi illi qui alio loco sortem aut possessionem habet. § 2. Hoc etiam interdictum, ut quisque, habens alibi terram, vent dendi necessitatem habet in comparandum quod Burgundio venale habet, nullus extraneus Romano hospiti praeponatur, nec extraneo per quodlibe- argumentum terram liceat comparare. § 3. Observandum tamen, ut de illo ipso hospes suus comparet quem alibi terras habere constiterit.*— Suivant nous le mot *nulli* du § 1 se rapporte au vendeur et non à l'acheteur c'est-à-dire qu'il faut posséder plusieurs *sortes* pour pouvoir disposer d'une. Cette interprétation s'accorde mieux et avec la construction grammaticale et avec l'esprit de la loi. Celui-là peut aliéner qui par son aliénation ne dépouillera pas entièrement sa famille. Cette condition exigée du vendeur à savoir la possession de plusieurs sortes est d'ailleurs répétée par le § 2 « *quisque habens alibi terram* » C'est dans le paragraphe 3 qu'on trouve les conditions exigées par l'acheteur.

1. La preuve en est que les auteurs qui ont tenté de justifier la préférence du Romain telle quelle, ont abouti à des conclusions absolument opposées, les uns y voyant une preuve de la considération dont il jouissait, les autres au contraire une disposition de loi protectrice.

2. Valentin Smith : *De la famille chez les Burgondes*, p. 66.

sur les biens (1). C'est par ces liens que s'explique, selon nous, le droit de préemption. Déjà Constantin, quelques siècles auparavant, avait accordé aux *consortes*, un droit de retrait entre eux et nous avons démontré que ce droit s'était perpétué dans la pratique, malgré les abrogations successives des empereurs. N'est-il pas permis de voir avec quelque raison, dans la disposition de la loi Gombette, la persistance de cet usage, en raison même de l'influence du droit romain dans la rédaction de cette loi. Que le texte burgonde ne parle que de la préférence du romain, rien d'étonnant, puisqu'en l'hypothèse, il s'agissait d'une vente consentie par un Burgonde, mais le législateur cherchant à assurer la conservation des biens dans les familles, il serait extraordinaire qu'il eût refusé aux siens un droit qu'il accordait à l'étranger.

Nous nous résumons : le moyen le plus efficace de sauvegarder la propriété familiale, était d'accorder au Burgonde un droit de préférence ou de retrait ; la préférence accordée au Romain ne conduisait qu'indirectement à ce but, et figurant dans le texte, elle appelait forcément la réciprocité.

Le titre LXXXIV a, dans notre théorie, cet intérêt de présenter une application du droit de préemption, dictée non par des motifs particuliers ou de circonstance, mais amené par des raisons d'indivision et de voisinage (2).

1. Sur le partage des biens chez les Burgondes, consultez : Julien Havet, *Revue historique*, 1878, VI, 86 et seq. — Caillemer, *Mémoires de l'Académie de Lyon*, 1898-99.

2. Voici les autres interprétations données de ce droit de préférence : Pour Valentin Smith il est une preuve de la faveur dont le Romain jouissait ; encore faudrait-il donner une raison de cette

Nous voyons en effet, dans ce titre que les aliénations, bien que facilitées par la loi, n'avaient lieu que dans les cas de nécessité, *qui vendendi necessitatem habet* : nécessité exigée pour l'aliénation et même dans ce cas préférence, voilà des idées courantes au moyen-âge et il importait d'en signaler l'apparition à une époque aussi lointaine (1).

Loi Visigothe. — De toutes les lois germaines, la loi visigothe est celle qui a le plus subi l'influence romaine et perdu de son caractère primitif. La liberté des aliénations paraît bien y être admise, car le titre IV du livre V, *de commutationibus et venditionibus* ne contient aucune restriction, mais précisément la comparaison avec la première loi de ce peuple nous montre au début les terres restant inaliénables et ce ne fut que dans un rajeunisse-

faveur. Dans son étude sur la loi Gombette, p. 21, Matile croit devoir expliquer ainsi la disposition : Le Burgonde, quand il se voyait contraint de vendre sa terre répugnait de l'aliéner à un Romain et préférait même à son *hospes* un acheteur de sa nation. Il était pourtant juste que le Romain, obligé lors du partage à se dessaisir d'une partie de ses terres en faveur du Burgonde jouît d'une certaine préférence et la loi Gombette réprouve la pratique en vigueur. Matile contrairement à Smith croit donc que le Romain était mal vu. M. Leouzon Leduc, dans la *Nouvelle Revue historique*, 1888, p. 242, s'élève contre cette dernière théorie. Pour lui, les relations entre Burgondes et Romains ont été singulièrement défigurées, elles restèrent toujours bienveillantes. Les biens qui sont mis en vente sont quelconques, la loi n'en indique pas l'origine et la préemption est une compensation aux sacrifices que coûte aux Romains l'occupation barbare. — Nous rejetons, comme on l'a vu, ces théories.

1. M. Viollet, *Hist. du droit*, p. 561. — M. Maurer et à sa suite M. de Laveleye, *de la propriété et de ses formes primitives* 1891, p. 98, ont vu dans le titre LXXXIV, la preuve d'une communauté agricole existant entre Burgondes et Gallo-Romains.

ment du texte, que le mot *terrae* fut ajouté à l'énumération des biens vendables.

Dans un autre passage, au livre IV, titre II, § 13, nous lisons que le père n'a pas la disposition de ses biens, *ea conditione possideat ut nihil exinde aut vendere aut evertere aut quocumque pacto alienare præsumat, sed omnia filiis suis integra et intemerata conservet*. Nous trouverons chez les Ripuaires, pareille entrave à la liberté du père.

Nous n'insisterons pas ; la revue de toutes ces législations est assez longue pour que nous ne nous attachions qu'à celles qui touchent de plus près à notre étude.

Loi Ripuaire. — La loi ripuaire est plus récente que la loi salique d'un siècle ; on lui assigne généralement comme date le sixième siècle, avec des variations d'époques pour chacune des parties dont elle est composée. Elle est intéressante à notre point de vue, car à la différence de la loi salique, le droit d'aliénation s'y trouve réglé, bien que très brièvement, dans le titre XLVIII (50), *de homine qui sine heredibus, moritur*. Il y est dit que celui qui est sans enfants, peut, en présence du roi, transmettre tous ses biens à n'importe qui. Le titre XLIX traite de l'affatomie ; le mari pouvait disposer de cette manière en faveur de sa femme et réciproquement, mais à la mort du survivant, les biens retournent aux héritiers légitimes, à l'exception des objets employés en aumônes ou dépensés par nécessité (1).

---

1. « *Si quis procreationem filiorum filiarumve non habuerit, omnem facultatem suam, in presentia regis, sive vir mulieri vel mulier viro seu cuicumque libet de proximis vel extraneis adoptare in hereditatem licentiam habeat* ». 48. — 49. « *Quod si adfatimus fuerit inter virum et*

En réalité, on ne pouvait disposer que de l'usufruit, mais d'un usufruit très large, puisque quand le gratifié était le conjoint, il pouvait, pour des aumônes ou des besoins personnels, entamer le bien dans sa substance même.

Ce sont les deux seuls titres qui touchent à notre sujet et leur concision est aux dépens de la clarté. Leur combinaison nous permet néanmoins de conclure, sinon à une intervention des parents (1), au moins à l'existence d'un droit de famille restrictif des libéralités. Il se présente ici sous la forme de réserve, mais inaliénabilité, réserve, retrait, toutes ces institutions se tiennent. Si nous nous en rapportions à Perreciot (2), le titre LX de la loi ripuaire aurait été l'origine du retrait de communion. Le passage visé est celui-ci : *Si quis consortem suum quantulum cumque superpriserit cum 15 solidis restituat.* Ce texte qui forme un fragment détaché, sans rapport avec les paragraphes qui l'entourent, est d'une interprétation difficile. Pour lui donner un sens, Perreciot l'analyse ainsi : Quiconque aura exagéré envers son copropriétaire le prix que lui offre un étranger, doit, pour peine de sa fraude, céder l'héritage avec 15 sous d'amende. Si le texte avait vraiment ce sens, la disposition aurait grande

mulierem post discessum amborum ad legitimos heredes revertatur nisi tantum qui parem suum supervixerit in elemosynâ vel in suâ necessitate expenderit ». L'exception d'aumône est à noter ; elle deviendra l'exception à l'inaliénabilité en faveur des églises ; quant à l'exception de nécessité nous la retrouverons à toutes époques et particulièrement dans le Nord.

1. Voy. pourtant Zimmerle, p. 49, *loc. cit.*

2. Perreciot, *De l'état civil des personnes et de la condition des terres,* t. II, p. 215.

importance, car elle ferait supposer de pratique courante le retrait des copropriétaires. Mais c'est là, reconnaissons-le, une pure hypothèse.

Il faut toute la fertilité d'imagination de Perreciot pour échafauder sur le seul mot *superpriserit* une relation de ce texte avec les retraits. La surélévation frauduleuse peut s'être produite de bien des façons et l'obligation de restituer imposée au fraudeur prouve plutôt qu'il ne s'agit pas d'une aliénation, car comment restituerait-il un bien qu'il n'a plus.

Les autres lois barbares que nous abordons maintenant, loi Saxonne, lois des Bavarois, des Alamans, des Lombards, etc., n'ont point été en vigueur sur le territoire qui forme aujourd'hui notre pays et ce serait une raison de les laisser de côté. Nous croyons néanmoins leur examen nécessaire pour l'avancement du problème posé, d'abord parce que cette nouvelle catégorie de lois, plus récente que la première, a, par ce fait, l'avantage de nous montrer le droit à un nouveau stade de son évolution. En outre, toutes les lois barbares ont entr'elles des liens intimes et il est nécessaire de les rapprocher et de les comparer pour les bien connaître.

Nous avons constaté que les lois Burgonde et des Visigoths ont entr'elles de nombreux points de ressemblance et la loi des Bavarois a fait des emprunts multiples aux *Antiquæ leges*.

Loi Saxonne. — La sécheresse et la brièveté des lois primitives nous ont obligé jusqu'ici à procéder par des déductions et argumenter sur les textes pour connaître la pensée intime du législateur. La loi saxonne est plus formelle, elle est aussi des plus curieuses pour nous car la forme sous laquelle nous apparaît le retrait, l'*Offre*, a persisté pendant des siècles, et, dans le Nord de la France, jusqu'à la Révolution.

Le principe de l'inaliénabilité se détache nettement de l'art. 62 (1) : *Nulli liceat traditionem hereditatis facere.* A cette prohibition formelle, la loi n'admettra que trois exceptions : 1° la nécessité, *nisi forte fame coactus ;* 2° l'aliénation à une église, *ad ecclesiam;* 3° au roi, *regi.* En dehors, le consentement des héritiers est de rigueur et leur veto tout puissant. Cela n'est pas douteux, car l'article 62, en interdisant de dépouiller l'héritier, *ut heredem suum exheredem faciat,* prouve que l'héritier, du vivant même du défunt, avait un certain droit sur ses biens. Cette opinion, que nous avançons, confirmée par des capitulaires postérieurs (2), édictant nullité de ventes

---

1. § 62. « *Nulli liceat traditionem hereditatis suæ facere præter ad ecclesiam vel regi, ut heredem suum exheredem faciat nisi forte famis coactus ut ab illo qui hoc acceperit sustentetur, mancipia liceat illi dare ac vendere* ». — § 64. « *Liber homo qui sub tutelâ nobilis cujuslibet erat qui jam in exilium missus est, si hereditatem suam necessitate coactus vendere voluerit, offerat eam primo proximo suo, si ille eam noluerit, offerat tutori suo vel ei qui tunc a rege super ipsas res constitutus est. Si nec ille voluerit, vendet eam cuicumque licuerit* ». Quels étaient les pouvoirs du noble sur l'homme libre *in tutelâ*, à quel genre se ramenait sa domination ? Il est difficile de le dire. Toujours est il que cette *tutela* ne portait pas atteinte à la liberté, le texte nous parlant d'un *liber homo.* Avec Pertz, *Leges*, tome V, des *Monumenta Germaniæ* contre Waitz, nous admettons que le *tutor* et le délégué du roi sont deux personnages différents ; la divergence résulte de l'interprétation de *vel.* — Il n'est pas douteux non plus, le sens l'exige et la construction s'y prête, que l'individu exilé n'est pas le *tutor nobilis*, mais le *liber homo.*

2. Cette théorie est, sauf quelques divergences de détail, celle expo-

faites sans l'accord des enfants, trouve un fort appui dans le texte de l'art. 64. Nous disons que le droit des parents ne consiste pas seulement dans une préférence, mais dans un droit de prohibition absolue. Quand donc s'exerce ce droit d'offre? Quand, par exception et pour des besoins impérieux, l'aliénation est permise, sans le consentement des héritiers. Leur droit est alors amoindri et remplacé par une simple préférence.

L'offre leur est d'abord présentée, puis, suivant les circonstances, à ceux dont la situation mérite ce privilège. Dans le cas spécial de l'art. 64 où il s'agit de l'envoi en exil d'un homme dépendant d'un autre, *sub tutela*, le seigneur éminent vient après le *proxime* ; en dernier lieu, mais avant les étrangers, celui que le roi a chargé de l'administration des biens de l'exilé. La disposition concernant le seigneur et le délégué du roi est spéciale au cas prévu, mais la première partie de l'article relative à la préférence du parent proche est générale et la portée de l'art. 64 se déduit du rapprochement d'avec l'art. 62. Il y a, entre les deux un lien qu'on a trop souvent négligé.

L'article 64 ne suppose la procédure de l'offre que

sée par Pertz au tome III, *des Leges*, p. 81, en note. Elle est un peu hardie et nous ne l'avons adoptée qu'après mûres réflexions. Ce qui nous a particulièrement déterminé à l'adopter, c'est d'abord le caractère absolu de la formule du titre 62 : « *nulli liceat suœ hereditatis traditionem facere prœter...* » qui établit bien l'inaliénabilité et non pas seulement une aliénabilité mitigée, c'est ensuite qu'au titre LXIV l'offre apparaît dans le cas exceptionnel de nécessité. La loi établit les cas d'aliénabilité et ceux d'inaliénabilité et c'est au premier groupe que l'offre s'applique.

pour le cas d'aliénation nécessaire et non pour les deux autres hypothèses où l'aliénation est permise, cession au roi ou à l'Eglise, car les privilèges dont l'Eglise est entourée et la faveur dûe au roi ne permettent pas de les subordonner au droit des parents.

Ces notions, quelque peu confuses, à cause des difficultés du sujet, peuvent, pour plus de simplicité, se résumer comme suit: Pour aliéner, en droit saxon, il faut le consentement des héritiers, sauf dans trois cas : aliénation à l'Eglise, au roi ou par nécessité et, dans cette dernière hypothèse, si les héritiers n'ont plus le droit de veto, ils ont au moins la préférence sur l'acquéreur étranger.

L'opinion que nous venons de développer est le contrepied absolu de la théorie de M. Beseler (1). Pour lui, la propriété, à l'origine aliénable, avait subi des restrictions en faveur des enfants et pour les protéger contre l'avidité du clergé ; l'exception *ad ecclesiam* serait une réaction de l'Eglise contre les prohibitions édictées à son égard et les mots auraient été ajoutés à la rédaction première de la loi.

A cela, on a répondu que cette manière de voir était en désaccord formel avec l'esprit saxon ; elle suppose à ce peuple récemment christianisé par la force, un penchant excessif aux libéralités, ce qui paraît inadmissible. L'histoire est là pour nous dire combien l'établissement du christianisme fut long et difficile en Saxe. Les persécutions des prêtres, les incendies d'églises, que Charlema-

---

1. Beseler, *loc. cit.*, p. 51.

gne eut tant de peine à réprimer, témoignent de l'attachement des Saxons à leur ancienne religion.

Au treizième siècle, cinq cents ans plus tard, le Miroir
des Saxons (1) continue de déclarer l'assentiment des
agnats indispensable à la vente d'un immeuble. C'est toujours le même droit, mais sanctionné d'une façon plus
énergique encore ; les parents, qu'on a négligé de consulter, ont le droit de reprendre l'objet sans rembourser le
prix d'achat, disons-le mot, de le confisquer.

Loi bavaroise. — Plus au Sud, la loi bavaroise restreint
le droit d'aliénation du père, en subordonnant la faculté
de disposer, même à l'égard des églises, à un allotisse-
ment préalable des enfants (2), *ut si quis liber persona
voluerit et dederit res suas, ad ecclesiam, pro redemptione
animae suae licentiam habeat de portione sua, postquam cum
filiis suis partivit* (tit. I, chap. 1).

La place d'honneur qu'occupe le règlement des donations aux églises, en tête de la loi, démontre combien les
libéralités pieuses étaient d'usage, mais le droit de famille
était assez profondément enraciné pour que ce zèle ne
prévale pas contre lui.

Loi des Alamans. — Au contraire, chez les Alamans, le
désir d'assurer son salut, en contribuant à la prospérité
de l'Eglise, l'a emporté sur le droit des héritiers. La

1. Der Sachsenspiegel, Hildebrand, 5ᵉ édit. Leipsik, 1877, 52, § 1
« *Ane erben gelob und âne echt ding en muz nieman sin eigen noch sine
lüte gebn* ».

2. A rapprocher du tit. LI, de la loi burgonde.

liberté entière est reconnue aux disposants vis-à-vis de l'Eglise (1), mais l'exception est étroite et lorsque le texte affirme l'impossibilité, pour le donateur ou ses héritiers, de retraire le bien donné (*abstrahere*), cela revient à dire que, contre tout autre acquéreur, les héritiers jouissaient de ce droit.

Lois lombardes. — Avec les lois lombardes, nous terminons cette revue, peut-être fastidieuse, mais dont on nous pardonnera la longueur en raison de l'importance que les lois barbares ont eue sur le développement postérieur du droit coutumier.

L'édit de Rotharis (2), au n° 168, porte en termes formels, l'interdiction de l'exhérédation, *nulli liceat sine certa culpa filium suum exheredare*, sauf pour certains motifs, que le numéro suivant énumère limitativement. Préservés contre les donations par cette mesure qui leur accordait la revendication des biens, soustraits à tort, à leurs légitimes espérances, les héritiers l'étaient-ils contre les actes à titre onéreux par des prohibitions ou par le retrait? Nous le croyons. Et, à ce point de vue, le paragraphe 173 est pour nous plein d'enseignements : *Et si talis evenerit necessitas ut terram cum mancipiis vendere aut loco pignoris*

1. *Lex Alamanorum*, tit. I, § 1. *Si quis liber res suas vel semetipsum ad ecclesiam tradere voluerit, nullus habeat licentiam contradicere ei...* § 2. *Et si aliqua persona aut ipse qui dedit vel aliquis de heredibus postea ipsas res de ecclesiá abstrahere voluerit .. non obtineat.*

2. L'édit de Rotharis date de 643. Luitprand entre 715 et 735 y apporta de nombreuses modifications. — La loi lombarde est la seule qui permet aux collatéraux de concourir au partage avec les enfants du défunt; ce droit est une compensation aux devoirs qu'impose la solidarité familiale.

ponere debeat, aut sine mancipiis, dicat prius illi cui thinga-verit. Ecce vides quia, necessitate compulsus, resistas vado dare aut vendere. Si tibi vendetur subveni mihi et res ipsas conserva in tuam proprietatem. Tunc si noluerit ei subvenire, quod alii dederit, sit ille stabile et firmum cui acceperit ». De ce texte résulte que les ventes n'avaient lieu que pour extrême nécessité. Pas de doute, la pratique était opposée aux aliénations et les familles étaient, en fait, à l'abri des dépossessions. L'étaient-elles également en droit? Oui, pour leur plus grande sécurité, car l'intervention des proches se manifeste dans tous les actes importants (1). Tantôt, c'est une surveillance qu'exerçaient les parents, tantôt c'est une assistance morale, tantôt, enfin, une préférence sur tout autre contractant.

Dans le Papien, où le texte de l'*edictum Rotharici* est accompagné d'une glose, nous voyons au paragraphe 170 que lorsque le père a vendu ses biens à son fils, celui-ci ne peut, sans l'assentiment paternel, en disposer librement (2). Faite à l'encontre du père, l'aliénation tombait, *vacua erit traditio.* Ce texte est à retenir, car il nous révèle une constitution de famille très fortement développée. Le père s'est dessaisi de ses biens, il en a perdu la propriété et pourtant l'aliénation tombe, pour s'être passée en dehors de son intervention.

N'est-ce pas véritablement probant? Remarquons, pour

1. V. édit de Rotharis, n° 247, Pertz, t. II, p. 60. — Lois de Luitprand, pp. 118, 263.

2. Pertz Leges, tome IV, p. 328 en bas : « *Si pater res suas filio vendiderit et si filius absque voluntate ejus patris res ipsas tradiderit, vacua erit traditio quamvis cartula dicat ; et faciat ipse exinde a presenti die quicquid voluerit ; ideo quia sine notitia patris facta fuit* ».

finir avec ce texte, que la vente se passe entre le père et le fils. La vente entre parents est un fait presque constant chez les peuples primitifs qui doit fixer notre attention. C'est dans le cercle restreint de la famille que se concluent les opérations juridiques.

L'aliénation des terres, source de la richesse familiale, ne se conçoit que dans des cas extrêmement rares et quand la nécessité s'en impose, c'est entre parents que l'opération s'effectue. Le retrait n'a pas de raison d'existence ; le parent est préféré parce que le bien semble ainsi ne pas changer de maître. Plus tard, le cercle des relations s'étend, les occasions de vendre sont plus fréquentes, les offres plus nombreuses ; la loi ou la coutume viendront rappeler que la préférence naturelle appartient toujours au parent, c'est le droit de préférence ; le droit de retrait s'ensuivra (1).

En terminant cette étude sur les lois franques, il nous est difficile de porter sur elles un jugement précis. Le rôle considérable joué par la famille dans toutes les questions qui touchent à la propriété est indéniable et c'est ce que nous avons cherché à mettre en relief.

Conserver à la famille le bien venant des ancêtres fut

1. Nous n'allons pas plus loin pour ne pas prolonger démesurément cet examen. A mesure que nous avançons, nous sortons des origines pour entrer dans l'étude des législations spéciales, ce qui est hors du cadre de notre sujet. Citons seulement le § 29 de la loi des Anglo-Saxons. « Et que personne ne soustraie son *feodum* à ses héritiers légitimes si ce n'est pour félonie, trahison, et il ne sera permis à personne d'aliéner son *hereditas* par donation et par vente surtout quand les parents s'y opposent et veulent le payer de leur argent. » C'est le rachat par les parents, le retrait, V. Davaud-Oghlou, *De la législation des anciens Germains*, Berlin 1845, t. II, p. 438.

le principal but du droit germanique terrien. De là l'exclusion des femmes de la succession, de là le rejet du
testament, de là enfin l'inaliénabilité des immeubles,
aboutissant contre l'acquéreur à une sorte de revendication ou de retrait, admise par les uns, en germe chez les
autres et de cet embryon sortira bientôt une théorie complète du retrait.

Chercher à suivre *le Droit des parents*, depuis l'époque
où nous l'avons quitté, c'est-à-dire les lois germaines,
jusqu'à la fin du moyen-âge, mettre en relief les diverses
phases de son évolution, montrer comment il a abouti à
la forme du retrait lignager, tel est notre plan. A la suite
nous examinerons les origines du retrait féodal, dont les
liens avec le lignager sont plus étroits qu'on ne le pense
souvent.

Le retrait lignager et le féodal étant les seuls communs
à toute la France et aussi de beaucoup les plus importants,
méritent une étude plus étendue.

CHAPITRE IV

LE DROIT DES PARENTS

Silence des formulaires. — Exemples anciens de l'intervention des parents. — Absence du consentement dans quelques actes, comment l'expliquer. — Stipulations contre les héritiers violateurs. — *Base :* Protection du droit héréditaire. A. Nature du droit. B. Applications ; *a)* Personnes : Nécessité du consentement des enfants ou de l'héritier le plus proche. Textes. *b)* Actes, tous y étaient soumis ; *c)* Biens, tous immeubles au début sans distinction. — Naissance de la théorie des propres et des acquêts. C. Exceptions. Nécessité. Donations aux églises. D. Sanction. Revendication de l'héritier sans indemnité.

Les lois barbares, sans mentionner la copropriété de famille établissent un droit éminent des parents ; la publicité des aliénations, dans la Ripuaire, l'offre aux proches de la loi saxonne et beaucoup d'autres signes témoignent éloquemment de la solidarité familiale. Les recueils de formules du vi^e, viie siècles et suivants semblent bien attester de la libre disposition des biens (1). Nous les

1. Les formules franques ont été groupées dans deux recueils. De Rozière, *Recueil général de formules de l'Empire Franc.* Paris, 1861-71, 3 vol. in-8°, ou le groupement est fait par ordre de matières juridiques. Zeumer dans le tome V des *Leges*, in-4° des *Mon. Germ.* les a laissées dans l'ordre des manuscrits.

avons feuilletés, acte par acte, et nous n'avons rencontré nulle part un droit quelconque de famille nettement énoncé. Faut-il en conclure, qu'à cette époque, le droit en était déjà venu à la conception moderne de la propriété libre et individuelle?

C'est plus que douteux. Il serait en effet inexplicable qu'entre la législation germaine, restrictive des transmissions de propriété et la législation du moyen âge où le retrait sanctionnait si fortement le droit des parents, il y ait eu une période d'entière liberté. Si l'on tient compte que les formulaires ont été rédigés par des clercs auprès desquels le droit romain fut toujours très en honneur (1), il est permis de penser que les modèles cités relatent des ventes purement romaines (2). Ajoutez que les rédacteurs appartiennent à l'Eglise qui s'opposa toujours aux prohibitions germaines et favorisa de tout son pouvoir et dans son intérêt, la liberté de disposition consacrée par le droit classique romain.

Le fait s'explique d'autant mieux que la vente chez les Germains était extrêmement rare (3) et que la pratique offrait peu d'exemples qui pussent être cités par les clercs dans leurs compilations. Loin de démontrer l'inexistence d'un droit des parents, durant cette période, l'absence de

1. L'Eglise dut modérer le zèle de ses clercs pour l'étude du droit romain, car leur ardeur allait jusqu'à leur faire négliger leurs fonctions. Les Conciles de Reims, de Tours prirent des décisions en ce sens. V. Roy, *Cours de l'Ecole des Chartes* (1900).

2. Viollet, *Caractère collectif des premières propriétés immobilières*, Bibliothèque de l'Ecole des Chartes 1872. — V. cependant la formule 19 de Lindenbrog.

3. La complication des formes de la vente au *mallum*, est bien la meilleure preuve de sa rareté.

tout modèle de vente germaine est plutôt significative. Dès le IXe siècle, cette vente, avec sa publicité au *mallum* se généralise et les chartes, tant en France qu'en Allemagne, mentionnent l'approbation des enfants et des parents. La vente à la mode romaine (1), si fréquente sous les Carlovingiens est désormais délaissée et le consentement des héritiers tend à se transformer en un véritable droit.

Ouvrez un cartulaire de cette époque, vous y verrez l'intervention constante des épouses, des enfants, des ascendants. Dumoulin comptait, par centaines, les chartes relatant leur présence, c'est par milliers que nous pourrions en citer. Faut-il en donner quelques exemples parmi les plus anciens ou les plus probants ? En l'an 800, le 3 août, Déodat vend à l'abbé de Saint-Bertin, Odland, ses terres du *pagus* de Térouanne. La vente est signée du fils du vendeur, David, qui y donne son consentement, *consentientis* (2). Même intervention du fils du vendeur dans un acte d'octobre 806 (3). C'est une vente faite à l'abbé Nantharius, par un nommé Herlharius, de terres et de prés. L'acte est signé des parties et, en outre, figure dans les signataires le fils du vendeur, *signum Erlhenradi, filii sui consentientis.* Une charte de 867, 28 novembre tirée aussi de ce cartulaire (4), nous présente la même particu-

---

1. Les Chartes des époques postérieures prennent bien soin de souligner la différence du droit Romain et du droit Coutumier : « *Continet lex Romana* » « *Antiquorum est consuetudo* », etc.

2. Guérard, Cartulaire de l'abbaye de Saint-Bertin. *Collection des documents inédits*, Paris, 1841, p. 66.

3. *Id.* p. 69.

4. *Id.* p. 113.

larité, mais le droit des parents semble encore s'être affermi ; la vente se fait au nom du père, de la mère (1) et des enfants dénommés « *nos Heribertus et conjux mea Megesinda et filii nostri Ellembertus atque Egilbertus, tradimus....* » Et, au bas de la charte, *signum Heriberti et Megesindanœ et Ellemberti et Egilberti qui hanc traditionem cum precaria fecerunt* ». C'est un usage désormais fréquemment employé. Dans le cartulaire de Cluny (2), si riche et si précieux en documents juridiques, les enfants à partir de 885 agissent à côté de leurs parents et la vente se fait au nom de tous (3).

1. La présence de la femme aux contrats s'explique peut-être par ses droits à la jouissance du patrimoine familial, mais surtout par la conception chrétienne du mariage qui unissait les deux époux dans tous les actes de la vie.

2. Bruel. Cart. de l'abbaye de Cluny. Doc. inéd. 1876, t. I, p. 32 et suiv.

3. Les exemples que nous donnons sont pris parmi des actes de disposition entre vifs. En cas de legs, le *jus parentum* s'affirme plus énergiquement encore, et à une époque reculée. Vers 670 un procès célèbre se déroula à Reims. Le seigneur Rieul venait de succéder à Saint-Nivard sur le trône épiscopal, lorsque Gondebert, frère de Nivard réclama les héritages paternels et maternels dont son frère avait disposé en faveur de l'Eglise. A l'évêque qui opposait le legs, Gondebert répondait que le droit familial ne pouvait être entamé par la volonté du disposant *a quœ suo moriens deliquerat ipsi jure legitimo deberentur* ». Les deux parties transigèrent. Dans la bouche de Gondebert c'est la vieille idée germaine *nullum testamentum* qui se formule dans toute sa rigueur. Même vis à-vis de l'Eglise, le droit de famille ne désarmait pas. V. *Histoire de l'Eglise de Reims*, par Flodoard. Edit. Lejeune, Reims, 1864, 3 vol. tome I, p. 280. — Dans une donation à l'évêque Willibrod, de 713, le donateur après avoir affirmé son droit de disposer, requiert néanmoins le consentement de son frère. Bréquigny. *Diplomata*, t. II, p. 293. — Lorsque Pépin et sa femme fondèrent le monastère de Prum, la donation fut signée par leurs deux fils Charles et Carloman. Ann. Bened, II, 707.

Ailleurs, c'est la formule « *landantibus et concedentibus tali et tale* ». Elle se trouve déjà, sous une forme peu différente, dans une charte de 820, insérée au cartulaire de Notre-Dame-de-Paris. Le comte Etienne retire des mains d'un particulier, pour la remettre au chapitre de Notre-Dame, une certaine coutume « *uxore sua filiisque suis unanimiter consentibus et hoc ex voto confirmantibus* » (1). Enfin le droit des héritiers s'affirme, sous une dernière forme, encore plus probante : la confirmation. Leur inter·vention est si nécessaire que l'acte passé hors leur présence est pour eux *res inter alios acta* ; ils sont maîtres de le tenir pour non avenu, tant qu'ils ne l'ont pas renforcé de leur confirmation (Irminon, dipl. 5 app.).

Quelquefois pourtant, des propres sont aliénés, notamment à cause de mort, sans qu'il soit fait mention du consentement des parents. L'ignorance des circonstances dans lesquelles ces aliénations sont intervenues, ne nous permet pas d'apporter des preuves catégoriques, mais il est à croire que cette absence de consentement n'implique nullement l'inexistence du droit des parents. Peut-être les disposants n'avaient-ils pas de famille. Il y a, il est vrai, des chartes où les enfants n'apparaissent pas, bien que leur existence soit constatée, mais qui nous renseignera sur la valeur de ces contrats ? La violation du droit de famille entraîna probablement leur nullité. Notre supposition est si fondée que dans ces dites chartes, le testateur, s'attendant à des réclamations de ses héritiers, les charge de toutes les foudres dont il dis-

1. Cartulaire de N.-D. de Paris, édité par Guérard. *Doc. inédits*, tome Ier, p. 288.

pose. Ceci jette un peu de lumière dans cette matière confuse et nous explique les formules de menaces que l'on retrouve, à chaque instant, contre les héritiers qui enfreindraient les volontés exprimées. Les formes en sont curieuses et la fertilité d'esprit du disposant s'y donnait libre cours. L'Eglise, intéressée au maintien des dispositions, mit l'anathème au service des aliénateurs, mais on s'en servit avec une telle prodigalité qu'il perdit toute efficacité (1). Rien n'arrivait à abattre cette opposition des héritiers. C'est en vain que, pour exercer une action plus terrifiante, les proches étaient désignés nominativement dans la formule de malédiction. L'innovation n'ayant pas eu de succès, le testateur édicta des peines pécuniaires. Remarquons que ces stipulations pénales sont portées contre les héritiers du vendeur seul, jamais contre ceux de l'acheteur. Si les réclamations contre les aliénations étaient fréquentes et si on les craignait à ce point, c'est qu'elles n'étaient pas vaines et stériles, c'est qu'elles réussissaient souvent à faire annuler le contrat (2). Pourquoi ? Parce qu'elles reposaient sur un véritable droit des héritiers, sanctionné par la reven-

1. Le mode qui protégeait le mieux la volonté des disposants était la présence des parents comme témoins. La religion du serment prêté par eux-mêmes les paralysait davantage que les menaces exter·nes.

2. La formule de garantie insérée dans les contrats est tout à fait édifiante. Le vendeur promet à l'acheteur non pas de le rétablir dans sa possession s'il est évincé mais de lui restituer des choses semblables. C'est que les héritiers avaient droit de conserver les biens revendiqués. Voici une des formules les plus usitées mais il y en a beaucoup d'autres : « *si ullus de heredibus meis aut ulla extranea persona contra hanc venditionem venire temptaverit tunc spondemus vobis*

dication, ce qui est démontré par le texte suivant (1).

Une nommée Rainldis gratifie le chapitre des chanoines de Saint-Pierre d'Anderlecht. « *Eodem vero vivebant heredes mei, Franco scilicet et Sigerus, filii mei, gener meus Slippo, Fredesnendisque filia mea Adhela cum suis liberis ; quibus omnibus consentientibus imo etiam et hoc factum laudantibus viri beatissimo Petro minusculum Allodii istius »*. Qu'on dénie après cela le sens de *Consentientes !*

L'opposition des termes est bien marquée, non seulement les héritiers ne s'opposent pas et donnent leur consentement, mais personnellement, ils sont de cet avis. Il serait difficile de voir dans cette expression *Consentientibus* une simple approbation, sans portée juridique.

Probablement au début, le privilège des héritiers s'exprimait par un droit d'opposition (2) ; pour l'éviter on s'assurait de leur consentement préalable. Mais, lorsqu'on avait négligé de les mettre en cause, les héritiers retrouvaient leur droit intact et faisaient main basse sur les biens, au mépris des aliénations consenties.

Il y avait donc un *devoir* moral pour l'aliénateur de prendre l'avis de ceux qui lui tenaient de plus près ; il y

---

alias tales res esse reddituras ». Plus tard, le vendeur s'engagera à payer une amende au cas de retrait. Cart. de St-Pierre, éd. Hautcœur, p. 250, Taillar, Recueil d'actes, p. 341.

1. Miraeus. *Opera diplomatica et historica*, tome Ier, p. 665.

2. Sous les Carolingiens on ne trouve nulle part mention de l'intervention des parents aux conventions. Il semblerait que sous l'influence des contrats romains, le droit de famille ait subi une éclipse momentanée. Rien ne nous dit pourtant que les parents n'aient pas exercé le droit d'opposition à l'exécution des contrats et les formules de précaution contre les violations des héritiers le laissent penser. Voy. les formules 271, 273, du recueil de M. de Rozière.

avait plus, les héritiers étaient en *droit* d'être consultés sur les opérations de leur parent et la négligence de cette consultation leur permettait d'attaquer et de faire tomber les actes auxquels ils n'avaient pas pris part.

Quel était le principe de ce droit de la famille, de quelle façon était-il réglementé ? Questions épineuses, dont la solution apportera quelque éclaircissement à cette difficultueuse matière.

Quelle est la source du droit des parents, *laudatio parentum* ? A l'époque où la copropriété existe, elle est la base même de ce droit. Dans une législation, comme celle que nous étudions où elle a disparu pour laisser place à la propriété individuelle, le droit des parents peut s'expliquer comme une trace du régime antérieur ou trouver, dans le régime nouveau, la raison de son existence. Or, à notre avis, la communauté n'est pas la condition *sine qua non* du droit des parents et à notre époque, on peut expliquer la *laudatio* sans avoir recours à cette notion. La considération de la parenté est dominante et les liens du sang passent avant tout ; c'est dans son titre d'héritier que le parent puise la raison de son intervention.

Le père, et cela se déduit des textes de l'époque, tant lois que chartes privées, est surtout le représentant des héritiers, c'est un dépositaire plus qu'un propriétaire et sa jouissance se réduit à un large usufruit. Les héritiers ont un droit ferme à l'héritage, si ferme qu'ils en disposent comme d'un droit acquis. La succession future n'est pas une simple espérance, elle a une réalité, elle a

un nom « *advenientia* » et ces *advenientia* font l'objet
d'opérations juridiques, comme les autres biens.

Ceci est mis en relief évident, dans une charte de 1020
qui nous est tombée sous les yeux (1). Il s'agit d'une
donation de terres à l'abbaye de Savigny, voici comment
le disposant caractérise les biens qui en sont l'objet :
« *Dono hoc quod mater mea tenet et mihi advenire debet post
mortem ejus et in alia villa de Cerveseriis juxta predictam
villam sita quantum visus sum habere et in antea advenire
debet similiter dono* ». Avec moins de précision, peut-être,
la même volonté se répète encore dans d'autres actes (2).

Entre les traits saillants qui marquent le pouvoir du
chef de famille, son caractère temporaire apparaît nettement souligné et par les limitations apportées à ses
droits et par les droits parallèles, déjà affirmés, des
héritiers. L'attente des héritiers ne doit pas être trompée
par les dissipations de leur prédécesseur et c'est pourquoi leur intervention les prémunit contre des aliénations arbitraires, comme la réserve les garantit des donations inconsidérées.

M. Jobbé-Duval (3), auquel nous empruntons ces
réflexions les appuie de deux textes vraiment probants :
c'est la formule des Assises des bourgeois, au royaume
de Jérusalem où le droit des parents est ainsi expliqué :

1. Cartulaire de Savigny. Bernard. *Documents inédits*, p. 355. —
L'acte est également cité par Lamprecht. *Etat économique de la France
pendant la première partie du Moyen-Age*, trad. Marignan. Paris 1889,
p. 249. Nous devons à son excellent ouvrage l'indication de plusieurs
des actes que nous citerons dans la suite.

2. Cartulaire de Saint-Père, Guérard *Doc. inéd.* p. 100-7.

3. Jobbé Duval, *loc. cit.* p. 109.

« *Et hereditates non ad alienos sed ad suos parentes se fieri
potest, naturali jure omnimodo devolvantur* » (1). A une
époque plus récente, au quinzième siècle, les paroles
prononcées par le retrayant dans la coutume de Champagne rappellent à nouveau cette idée : « Je te prie,
tiens moi pour hoir ce que tu as acheté d'un tel mon
cousin (2) ». Le retrait s'opère non pas en vertu d'un
droit actuel, mais au titre d'héritier éventuel. Nous
souscrivons pleinement aux conclusions de l'éminent
professeur (3). Ce qui achève, aux yeux de M. Jobbé-
Duval de démontrer que telle est l'idée maîtresse de l'intervention des parents, c'est la liberté laissée aux propriétaires d'échanger leurs biens à leur guise. Cette
faculté inconciliable avec la co-propriété s'accorde aisément avec la protection dûe aux héritiers. Leurs intérêts
sont garantis par la présence au patrimoine d'un immeuble équivalent au premier, leurs réclamations n'auraient donc pas de raison d'être.

C'est bien là la vérité, sans doute, à une époque plus
avancée du moyen âge (4), alors que le retrait fonctionne
en toute régularité, mais pour la période plus ancienne
où la *laudatio* sanctionne les droits de famille, nous

1. Chap. **XXX**, tome II, p. 35.

2. Grand Coutumier, édition Laboulaye et Dareste, chap. **XXXIV**.
p. 338.

3. Cette base du droit des parents, dit M. Jobbé Duval, p. 109,
loc. cit., note, tient à l'influence des idées féodales. Les relations entre le suzerain et le vassal sont individuelles ; ce n'est pas la famille
comme unité, comme corporation qui doit les services féodaux.

4. Encore faut-il faire exception pour le Hainaut où le retrait est
général et admis dans tous les contrats.

n'apercevons pas encore la distinction entre les divers actes juridiques et leur graduation.

Les chartes assimilent la vente et l'échange et le consentement est nécessaire dans tous les cas. Quoi d'étonnant à cela ? L'héritier a un droit acquis aux biens de ses ancêtres, ils doivent lui parvenir dans leur identité et l'échange, comme la vente, porterait atteinte à ses prérogatives (1). L'intérêt de l'héritier se complique ici d'un sentiment d'affection présumée et leur combinaison aboutit à la nécessité du consentement de l'héritier partout et toujours.

Mais nous empiétons ainsi sur notre deuxième question : Comment se réglaient les droits des parents ?

Le droit allemand, en cette matière, a subi un développement parallèle au droit français. Il part comme lui des lois franques, prend extension avec lui, sous l'effet des capitulaires, pour arriver comme lui à la création du retrait. Nous ne nous ferons donc pas scrupule d'utiliser, en les contrôlant, les recherches des historiens allemands pour le droit de leurs pays, en raison surtout de la rareté des travaux français sur ce sujet (2).

Pour la clarté de la démonstration, on nous permettra d'introduire quelques divisions :

A. *Nature du droit.*

Tout d'abord, l'intervention des héritiers se traduisaitelle par un simple concours prêté ou par un consente-

1. Cart. de Cluny, t. 1, n° 263, p. 256. — V. encore p. 275.
2. L'excellente thèse soutenue tout récemment par M. Verdelot

ment donné à l'aliénation? Ces deux formes se retrou-
vent dans les termes : « *assistantibus* » « *consentientibus* »,
mais c'est le consentement qui est requis et l'assistance
n'est qu'un complément de garantie qui impliquait par lui-
même l'approbation de l'acte (1). La présence au contrat
peut être exigée ici ou là, mais elle reste une question
de forme qu'il faut éviter de confondre avec la question
de fond. Le droit des parents se présente de différentes
façons : Ici, on parle de consentement, là de concours.
Dans une charte que nous avons déjà citée de 1078, les
héritiers, non seulement ne s'opposent pas, mais ils par-
tagent pleinement les vues du disposant « *omnibus consentientibus imo etiam et hoc factum laudantibus* ».

Aussi des conclusions trop précises risqueraient d'être
fausses.

B. *Domaine d'application de la* laudatio.

Personnes qui jouissent de la laudatio. — Si l'on exa-
mine de près les chartes et si l'on remarque d'une part
l'intervention constante des enfants, si l'on se souvient

sur la constitution du bien de famille allemand, nous a fourni quelques
renseignements précieux. La théorie du droit des parents est seulement esquissée dans un autre travail également remarquable de
M. Auffroy. Voy. Verdelot: *Le bien de famille en Allemagne*, Paris 1899
et Auffroy : *Evolution du testament en France des origines au XIII⁰ siècle*, Paris, 1899.

1. En cas d'absence des parents au moment du contrat, on allait à
domicile requérir leur consentement. Cart. de St-Père. Guérard,
p. 175.

d'autre part que les lois franques, pour la validité des dispositions gratuites, exigeaient l'absence de descendants, on est en droit de conclure à la nécessité du consentement des enfants.

En est-il de même de la coopération des autres parents et intervenants? Il se trouve des chartes où à côté de l'aliénateur apparaissent des parents éloignés, des amis, des fidèles; c'était une tendance de l'époque d'associer à tous les actes de la vie privée ceux que réunissaient des liens d'étroite solidarité.

Tout nous fait croire que ces personnages y figuraient *honoris causa*, le disposant satisfaisait à un devoir moral en demandant leur avis en même temps qu'il s'éclairait sur l'opportunité de la transaction.

Il y avait là un devoir de conscience que le droit n'avait pas à sanctionner. Mais, en dehors des amis et parents éloignés, en l'absence d'enfants, la *laudatio* de l'héritier était-elle nécessaire? Nous le croyons volontiers. Le chef de famille est bien propriétaire, il dispose seul, mais avec le consentement de son proche héritier et ce concours, suivant les textes, est obligatoire. Il y a un droit pour l'héritier à accorder son *consensus*; il y a pour l'aliénateur, une obligation correspondante à le lui demander.

Le soin que prend le vendeur de se munir de l'adhésion des proches, ne laisse pas de doutes à cet égard. La nécessité en est affirmée par des termes formels. En 987, Ermenfroid, comte d'Amiens et son frère donnent à l'abbaye de Corbeil, une villa, mais ils se passent du consentement de leurs parents et la donation est nulle. Le comte Gautier est obligé de la confirmer « *sed id non legitime peregerunt donantes eam absque consensu suorum parentum* (1). »

Dans un acte de 1073 (2), nous assistons à un fait curieux : Des personnes contestent la valeur de leur *consensus*, sous prétexte qu'à l'époque de passation de l'acte, elles n'avaient pas encore pleine maturité de jugement « *quando hoc donum fecerunt se esse sine concilio* ». Aussitôt, l'aliénateur s'empresse de faire renouveler le *consensus*. A quoi bon toutes ces précautions si le concours des proches eut été inutile (3) ?

Les disposants prenaient de telles précautions pour se mettre en garde contre les réclamations possibles de leurs héritiers, que de peur d'oublier un parent, ils faisaient intervenir aux actes même des enfants à la mamelle (4). La minorité, en effet, était une grande difficulté surajoutée à toutes les autres, parce qu'elle faisait surgir, à des époques éloignées, des droits qu'on n'avait pas prévus.

1. Polyptique d'Irminon, édit. Guérard, dip. 5, app. p. 340. — Galland. *Du Franc-Alleu*, p. 17 : *Nepotes dicebant sine quorum concessione elemosyna Domini N stabilis esse non poterat.*

2. Cartulaire de Baulieu, 35.15.

3. Voy. pourtant Beseler, *loc. citat.*, p. 51 et suiv. Pour cet auteur la propriété primitivement aliénable aurait été entravée dans sa circulation d'abord au profit des enfants, puis par extension au profit des autres parents. Sa théorie a été fortement combattue en Allemagne. Voy. le résumé des objections dans Verdelot, *loc. cit.*, p. 52 et suiv. D'après Ficker. *Untersuchungen zur erbenfolge des ostgermanischen Rechte*, p. 183.5, *et passim*, le droit des parents n'était pas consacré légalement, mais les mœurs étaient opposées à toute aliénation. Mais aux époques primitives lois et mœurs se confondent presque, d'autant que l'autorité publique trop faible laisse aux particuliers le soin de réprimer les écarts.

4. Cartulaire de Saint-Père de Chartres. Introd. p. ccxxii.

De là des gages, des cautions donnés pour les parents absents jusqu'à leur retour, pour les mineurs jusqu'à leur majorité (1).

Le concours du plus proche est donc nécessaire, si nécessaire qu'on va quelquefois jusqu'à payer son consentement (2), mais celui-là seul suffit. Les coutumes des xii et xiiie siècles, nous montrent le retrait accordé au principal héritier et déjà la loi des Saxons dont l'influence est indéniable dans la formation des coutumes du Nord, donnait un droit de préférence au plus proche. Il est permis à bon droit de croire que le droit intermédiaire a suivi cette même pratique.

Sans doute les documents font foi de la présence aux actes de nombreux parents, mais alors c'était pour apporter plus de solennité au contrat, de même que, de nos jours, on aime à s'entourer de l'assistance des siens, pour passer un acte notarié important. Ajoutons pour terminer que l'opposition des héritiers ne se transmettait pas ; autrement, avec l'étendue des familles à cette époque, les aliénations auraient été à jamais impossibles. Dès que l'héritier le plus proche avait donné son autorisation, le droit des autres était éteint.

1. Cartulaire de Saint-Père de Chartres, 416.23.

2. Le paiement des héritiers en argent ou en nature était si fréquent que la remise de deniers devint le symbole du consentement. Aux enfants trop jeunes pour parler, l'acheteur donnait quatre deniers dans la main droite en témoignage de ce qui venait de se faire. — Le monastère de Marmoutiers donne 400 sous aux proches du vendeur pour s'assurer la paisible possession d'un cloître.

Actes soumis au droit des héritiers. — Tous les contrats dont l'effet médiat ou immédiat amenait un déplacement des biens, étaient soumis à la *laudatio parentum*. Les libéralités entre vifs ou à cause de mort, la vente de tout ou partie d'un bien, l'échange avec ou sans soulte, la constitution de rente, le bail à long terme, tous ces actes requéraient pour leur validité, l'approbation de l'héritier.

La même formalité était exigée lorsqu'on se donnait personnellement à un maître, lorsque, de plein gré, on entrait dans les liens du servage ou de la vassalité. La soumission de la personne entraînait indirectement celle du patrimoine et cette aliénation détournée nécessitait la présence des héritiers, puisqu'elle aboutissait à un abandon total.

L'intervention constante des héritiers leur devait être bien gênante, l'unité de vue entre l'aliénateur et son parent fort difficile à obtenir. Si c'était, contre les dispositions à titre gratuit, une barrière très efficace, de ce fait aussi, les aliénations de biens à titre onéreux étaient rendues presqu'impossibles. La *laudatio*, jouant le rôle de notre réserve moderne, se conçoit aisément. Mais pour comprendre les restrictions apportées alors aux ventes et autres contrats onéreux, il faut faire revivre des sentiments qui n'ont plus cours aujourd'hui. A un état de civilisation peu avancée, correspond une prédominance marquée des terres, ce sont elles qui subviennent à l'entretien de la famille ; dans le patrimoine, elles occupent la place principale. Qu'on en dispose d'une façon ou d'une autre, par vente ou par donation, l'opération se traduit toujours par le même effet matériel : la perte du bien pour la famille; c'est à ce résultat sensible qu'on s'attache pour limiter les dispositions. Restreindre les donations et faciliter les ventes, c'eût été retirer d'une main aux héritiers, ce qu'on leur accordait de l'autre, car les ventes simulées eussent fourni un moyen trop commode d'éluder la loi. Il en serait résulté une infinité de procès troublant l'ordre social et l'esprit simpliste de nos ancêtres répugne à ces complications. C'est pour ces considérations que tous les actes sont placés sur le même pied.

Biens. — Le concours des héritiers était nécessaire pour tous les actes relatifs à des dispositions d'immeubles. De bonne heure, la transmission des meubles avait joui de la pleine liberté, leur assiette étant insuffisante pour permettre aux héritiers une surveillance efficace. Aux immeubles, on assimilait les serfs dont la valeur était grande aussi et les exemples que nous a laissés le moyen âge, nous laissent voir que les non-libres faisaient l'objet de mutations tout comme les autres biens.

Mais parmi les immeubles, à une époque très ancienne, une distinction s'était créée entre ceux d'hérédité et ceux d'acquisition nouvelle. La *terra aviatica* des lois Ripuaire et Salique, mentionnée à côté des *comparata*, témoigne de l'ancienneté de l'opposition. Toutefois, cette distinction était restée longtemps cantonnée sur le terrain des successions (1); son champ d'application n'était pas

1. Dans le procès contre l'église de Reims mentionné plus haut le frère de Saint-Nivard ne réclame que l' « *hereditas paterna et materna* » (670).

aussi étendu qu'on pouvait le croire et notamment à l'égard de l'intervention des parents aux actes, on ne faisait aucune différence sur l'origine des biens.

Quand la conscience juridique se fut affermie, quand la classification des biens, d'après leur origine, eut pris place dans les coutumes, alors le droit des héritiers se restreignit aux biens du patrimoine. Il était bon de stimuler le zèle et développer l'esprit d'économie, en rendant l'individu maître du fruit de son travail et ce besoin se faisait plus sentir encore dans les villes commerçantes. On continua au contraire à ne voir dans les biens héréditaires, propriété momentanée du détenteur, qu'une sorte de dépôt, qu'il devait remettre à ses successeurs intact ou même amélioré. Ce n'est que vers 1024 que le droit des héritiers en Allemagne se restreint aux « erbgüter ». Le premier indice que nous trouvions en France de cette même limitation est à peu près contemporain. Un acte de 1039 la formule en termes déjà précis : « *Et quia emptio sua erat, poterat eam dare cui volebat, sine ulla contradictione* » (1), et la charte des serfs de Marmoutiers (1064-84) la répète en affirmant en termes non équivoques le droit des parents sur les propres : *Quos quamvis non haberet in hereditate nec quisquam parentorum suorum jus in eis possit reclamare.* A partir de cette époque, la distinction est chose acquise et tous les textes en font foi (2). Le grand cartulaire de

1. Galland, *loc. cit.*, p. 25.
2. Cartulaire de Saintes « *Quod si renuerent, dixit se non curare quia hoc non hereditario jure possederat sed a comite Pictavensi emerat* ».

Saint-Père de Chartres (1) contient une pièce que nous ne saurions omettre, parce que les termes en sont fort affirmatifs : Un certain Gautier, qui tenait une terre en fief de Germond, l'avait apportée en jouissance aux moines de Saint-Père, avec le consentement dudit Germond et de Haimeric, père de Gunferius, duquel Germond la tenait. Gunferius la réclame, puis il reconnaît l'avoir fait à tort. « *Quia quod pater suus propria pecunia emerat, liceat ei etiam nolentibus filiis, cuilibet dare posse* ». Voilà donc le départ entre les biens « *de patrimonio* » et ceux « *de propria emptione* » et, quant aux premiers, nécessité pour les donner d'avoir l'assentiment des enfants, ce qui vient à l'appui de nos conclusions.

Dans le dernier texte, le bien est encore acquêt après une première dévolution, mais il serait difficile d'én faire une règle générale. A la naissance d'une théorie nouvelle, l'indécision règne et les diversités locales ne se fusionnent pas aussi rapidement. L'unité n'est pas l'œuvre d'un jour. Ainsi, logiquement, les héritiers de la ligne dont provenaient les biens auraient seuls le droit de s'opposer à l'aliénation. Le principe en est correctement appliqué dans une donation faite à l'abbaye de Vendôme (2). La donatrice, une certaine Freducia, n'ayant que des parents maternels, dispose librement des biens

---

1. Cartulaire de Saint-Père de Chartres. Guérard, *Documents inédits*, p. 497.41.

2. « *Reliquit ergo alodia villæ Sigonis supramemorato Drogoni de Monteaureo quæ competebant illi consanguinitatis jure a parte matris. Illa vero de Listriaco quæ habebat de patre suo et quæ calumniari vel cognatus vel alius nec jure poterat nec debebat, donavit sanctæ Trinitati* ». Galland, *loc cit.*, p. 21.

de son père. Mais, à côté de cet exemple, on voit des familles entières intervenir et la confusion des deux lignes semble alors exister complètement. Il est à supposer que dans les villes, où le commerce nécessitait plus de liberté pour les transactions, la notion du bien patrimonial a dû être entendue plus étroitement qu'ailleurs.

C. *Exceptions.*

Déjà, au neuvième siècle, la loi des Saxons, dont le caractère conservateur est franchement accusé, avait prévu que la *laudatio parentum* devait être parfois écartée pour des nécessités pratiques et la première de ces nécessités était le besoin individuel du détenteur du bien. Alors, le droit familial cédait devant la *legitima necessitas* (1).

Que l'exception de la loi saxonne ait persisté dans la législation postérieure, pas de doute, car elle constituait pour ainsi dire, un cas de force majeure. L'insertion dans les chartes de la mention de nécessité est constante et dès une époque reculée. Le consentement des héritiers n'avait plus de raison d'être, leur décision ne pouvant s'exercer que dans un sens, était connue à l'avance. Sans utilité en pareil cas, il fut supprimé, mais partiellement. Ce qui importait au titulaire, c'était de pouvoir faire argent de sa propriété ; le prétexte de la nécessité

---

1. Loi Saxonne, 15, § 2 et 3 : *Nulli licet traditionem hereditatis suæ facere præter ad ecclesiam vel regi (ut heredem suum exheredem faciat). — Nisi forte famis necessitate coactus ut ab illo qui hoc acceperit sustentetur, mancipia liceat illi dare ac vendere.*

ne devait pas soustraire aux héritiers un bien sur lequel ils avaient porté leur affection et qu'ils offraient de reprendre au même prix que tout acheteur étranger. De là naquit le principe de l'*Offre aux parents*, avant l'aliénation. Ces principes sont expliqués de point en point dans les statuts de Burchard (1).

Le tenancier, pressé par la misère, voulait-il vendre son bien ? Il devait l'offrir à l'héritier le plus proche. Si l'héritier avait assisté à la vente, sans protester, il ne pouvait plus l'attaquer. En cas d'absence, l'héritier avait un an pour critiquer la vente, comme aussi, lorsque l'offre ne lui avait pas été présentée. D'abord en vigueur dans une mesure restreinte et pour le seul cas d'aliénation nécessaire, l'offre s'étendit au fur à mesure que les exceptions au droit familial devinrent plus nombreuses et finalement, remplaça le consentement des parents.

L'Eglise, par son influence, le roi, par le prestige de sa souveraineté, avaient obtenu une situation spéciale et privilégiée en cette matière. La loi saxonne les avait dispensés du droit des parents. Les restrictions à la liberté de disposition nuisaient à l'Eglise, objet des générosités des fidèles ; aussi, par intérêt personnel, les avait-elle combattues énergiquement. Cette exception établie dans la loi, en sa faveur, était pour elle une première victoire, elle fut reconnue partout. Le succès ne fut pas de longue durée, une réaction s'opéra dès le dixième siècle

---

1. *Leges* Burchardi, chap. 2.6 : *Si quis prædium vel mancipia in hereditatem acceperit, et in paupertatem inciderit et ex hac necessitate vendere voluerit, prius proximis heredibus suis cum testimonio proponat ad emendum.*

et l'Eglise, pour sa sécurité, recourut comme précédemment à l'intervention des parents du donateur. Nous en avons la preuve dans les textes de l'époque et les menaces terribles que fulmine l'Eglise contre les héritiers qui réclamaient, nous montre combien elle avait à lutter pour faire respecter ses privilèges. Nous n'avons découvert que fort peu d'actes où le droit de l'Eglise soit nettement proclamé. Voici une pièce solennelle de 1120, constatant une transaction entre le chapitre de Notre-Dame et le prieuré de Saint-Martin-des-Champs. « *Et quamvis partem hereditarie possessionis valeat, possessionis unusquisque, non requisito heredum assensu juste in elemosinam dare et ecclesiam Dei heredem facere (1)* ». Comme la donation est faite à une église, le donateur peut se passer de l'assentiment de ses parents ; pour plus de sûreté néanmoins, il fait intervenir son frère.

D. *Sanction du droit des parents.*

Quand l'aliénateur n'avait pas tenu compte du droit des parents, le défaut de consentement, non seulement

1. Cartulaire de Notre-Dame de Paris. Ed. Guérard, t. 1, p. 40. — *Cf.* p. 88, note.
Nous n'avons trouvé que quelques actes, plus heureux encore cependant que M. Jobbé Duval qui déclare n'avoir rencontré aucun document à ce relatif. L'estimable auteur cite une charte de l'empereur d'Allemagne Henri V de 1107 qu'il interprète comme protégeant les chanoines de Maestricht et Liège contre les réclamations des héritiers du vendeur. « *Item si quis suburbanus clericus domum hereditariam habuerit, liberam ab omni jure civili oblinebit* ». Jobbé Duval, *loc. cit.*, p. 113 note 2. Reproduite de Waitz : *Urkunden zur Verfassungeschichte in XI und XII Yahrhundert.* — V. Capitulaire de 819. Pertz t. 1, p. 226.

rendait l'aliénation sans valeur, mais à l'annulation se joignait un effet positif : Le bien passait immédiatement aux mains de l'héritier (1). Pour qui connaît le motif de l'intervention des parents, il est aisé de comprendre que la violation de leur droit aboutisse à leur investiture directe. Nous croyons avoir démontré que la *laudatio* exigée assurait aux parents une expectative légitime, elle reposait sur leur titre d'héritier éventuel.

Cette qualité que le disposant avait méconnue, recevait toute son extension du fait même de l'oubli des formalités. La sanction concordait rigoureusement à la faute.

Pour rentrer en possession du bien aliéné à tort, l'héritier usait de la revendication, car, à son droit réel, répondait une action réelle et, ainsi armé, il pouvait reprendre le bien dans toutes les mains, fut-il déjà parvenu à des étrangers par des transmissions combinées à dessein. La reprise se fait sans indemnité à l'acquéreur, pour la perte qu'il subit ; sans doute on n'a pas à lui reprocher de fraude, mais il y a de sa part une extrême négligence à n'avoir pas exigé lors de la vente, la présence des parents du vendeur. C'est lui qui est frappé, il perd à la fois bien et argent, mais comme le vrai coupable est le vendeur, il conserve contre lui une action en garantie (2).

1. M. Heusler, *Institutionen deutschen privatrecht*, tome II, p. 59, analyse d'une façon originale le droit de l'héritier. A la différence de Gerber qui prenant à la lettre le Miroir de Souabe y voyait une ouverture anticipée de succession, l'héritier, selon lui, arrive en vertu d'un droit déjà préexistant, mais primé par le propriétaire actuel. *Contrà* Stobbe et également Verdelot, p. 62 et suiv.

2. Voyez pour le droit de revendication un acte antérieur à 1070

Ainsi semble épuisé l'examen de toutes les questions relatives à l'exercice du droit des parents. Peut-être nous reprochera-t-on de nous y être trop longtemps arrêté; nous l'avons fait avec intention, dans le désir d'éclairer d'un jour plus vif, une institution qui, pour nous, a été l'origine même du retrait lignager.

au cartulaire de Saint-Père de Chartres, Guérard, p. 126. Un fils revendique contre l'abbaye le bien vendu par son père. Pris de remords, il restitue le bien à son lit de mort, mais il avait compté sans son fils qui aussitôt après son décès reprend à nouveau le bien. La grâce divine le touche à son tour et l'abbaye rentre définitivement en sa possession. Ces revendications successives démontrent de quelle force était le droit des enfants. — *Calumnia*, usitée pour signifier toute revendication, a en français sous le nom de *Chalonge* désigné spécialement l'action en retrait.

CHAPITRE V.

APPARITION DU RETRAIT LIGNAGER SOUS LA FORME DE L'OFFRE,
PUIS DU RETRAIT.

Consentement. — Offre. — Par simplification, retrait. — Différences avec la *laudatio parentum*. — Histoire générale. — Examen des théories proposées sur son origine. — Conclusion.

L'obligation où se trouvait le vendeur, de solliciter le consentement de sa famille, pour assurer l'accomplissement de ses volontés, les procès sans nombre qui naissaient de cette rigoureuse exigence, étaient incompatibles avec un état de civilisation plus avancé.

La prospérité commerciale des villes, aux xii⁰ et xiii⁰ siècles, eut une heureuse influence sur les règles du droit privé d'alors et fit naître un courant en faveur de la liberté individuelle et l'émancipation de l'individu.

Ces besoins nouveaux amenèrent des exceptions multiples à la nécessité du consentement familial. Devant des difficultés inextricables, il fallut bien céder, bon gré, mal gré. L'exception de nécessité bornée d'abord à l'hypothèse des besoins physiques « *famis* » s'étendit à tous les cas de force majeure. De là, cette insertion constante dans les chartes, de la formule « *necessitate coactus* » pour étouffer les réclamations éventuelles des héritiers. Le développement progressif de la *legitima necessitas* amena une réforme plus tranchée ; l'aliénateur, pressé par le besoin, se bornait à offrir à son plus proche parent l'achat de l'immeuble, avant de le présenter à tout autre. La pratique de ce procédé, de plus en plus fréquente, à mesure que l'exception s'étendait, ouvrit les yeux sur ses avantages.

La famille n'était-elle pas suffisamment sauvegardée par la préférence qu'on lui accordait, sur tout autre acquéreur ? Si son opposition reposait sur des motifs sérieux, d'intérêt ou de sentiment, la préemption offrait un moyen facile de conserver le bien. Au contraire, le refus des parents était-il l'effet d'un entêtement irraisonné, le vendeur pouvait passer outre, une fois l'oblation accomplie.

C'est ce que l'on a nommé le *Droit de premesse, jus prelationis* qui a précédé le retrait et qui en est comme la première forme.

Il y a, entre ces institutions qui, à première vue, semblent étrangères l'une à l'autre : Consentement des parents, offre aux proches, retrait, un enchaînement très serré puisque l'une a donné naissance à l'autre. La préemption des héritiers a remplacé le consentement quand celui-ci était impossible à obtenir ; l'omission de l'offre aux proches conduit à une action de reprise ; c'est le retrait lignager, qui finit par effacer complètement le *jus prelationis*. L'inspiration est toujours la même, on veut protéger la famille. Consentement, offre, retrait sont les trois phases successives de cette même théorie, dont les besoins de la vie économique ont amené l'évolution.

L'offre aux parents, déjà en vigueur au temps des Saxons, s'est généralisée à tous les cas de ventes, elle s'est répandue dans toutes les régions. Les plus anciennes traces que nous ayions pu découvrir remontent au x1ᵉ siècle.

Nous avons trouvé déjà une disposition, à ce relative, dans les statuts de l'évêque de Worms, de 1024 (1), à la même époque les constitutions de Leduin (2), abbé de Saint-Waast d'Arras établissent également l'offre aux parents.

L'institution devient générale et nous avons retrouvé pour les régions du centre un acte intéressant (3).

Au moment de donner à l'église de Mâcon, le quart

1. *Leges* Burchardi, chap. II, VI.

2. Martenne, *Amplissima Collectio*, 381.

3. Pour retrouver cet acte nous sommes partis d'une indication très vague de la « Jurisprudence encyclopédique » au mot retrait et relatant simplement l'apparition de l'offre dans une charte des sires de Baujeu au xᵉ siècle. Avec de patientes recherches nous sommes parvenus à le découvrir dans le *Cartulaire de Mâcon*, édit. Ragut, p. 336. Il n'est pas malheureusement aussi ancien qu'on l'indiquait, mais il fait encore époque et nous le donnons aux pièces justificatives. Ce qui est remarquable c'est que le frère du donateur à deux titres de préférence en sa faveur, il est le plus proche héritier, mais de plus, et la charte prend soin de nous le dire, il possède déjà à son compte un quart de la dîme et comme copropriétaire mérite de passer avant l'étranger. C'est l'idée du retrait d'indivision connu des Romains et que nous retrouverons dans le Nord. Il est important de constater que les causes de préférence sont les mêmes en tous les temps et partout comme répondant à un sentiment naturel.

des dîmes qu'il tenait sur son territoire, Guichard de Beaujeu, pour éviter au donateur tout ennui, de la part de ses héritiers, fait offrir à son frère Ponce, par des amis communs, l'achat dudit quart. Ponce n'ayant pas accepté, Guichard proclame l'église de Mâcon propriétaire de la dîme, sans revendication possible contre elle. De l'usage, cette manière de faire, sans doute trouvée commode, fut insérée dans les premières coutumes écrites.

Bientôt la procédure de l'offre fut adaptée à d'autres cas de préférence ; de là une foule de combinaisons s'expliquant par les institutions de l'époque.

Sans parler de la préférence seigneuriale, dont nous aurons l'occasion de nous occuper un peu plus loin, le tenancier qui désirait vendre son bien, devait l'offrir à ceux qui dépendaient du même maître (1). Il y avait intérêt pour le seigneur à ce que la terre aille à des gens dont il connaissait les capacités ; intérêt pour les tenanciers, vivant unis et solidaires les uns des autres, à écarter les étrangers. Beaucoup de chartes de concessions règlent de cette manière le droit de disposer des occupants.

Au livre des Fiefs (2), une constitution de l'empereur Frédéric de 1153, oblige celui qui veut se défaire d'un

1. L'idée est déjà dans le capitulaire de 803 qui défend aux colons de disposer de leurs tenures hors du domaine « *foras mitio* ».

2. L'offre aux proches y est regardée comme une coutume ancienne. Voy. liv. II, tit. IV, *Cujas* (Favrot), tome X, p. 910 « *ut ecce si quis... alienare voluerit, non permittetur, ei, etiam secundam antiquam legem nisi... proximiori pro æquali pretio accipere volenti* ». — Lehman, *Das Langobardische Lehrecht*, liv. II, tit. III, *Vulgata* (*Antiqua*, tit. VIII, ch. VIII);

fief patrimonial à l'offrir d'abord à ses proches. Précédemment, le consentement des héritiers était exigé « *consentientibus agnatis* » Frédéric décide que l'aliénation sera désormais dénoncée aux proches. Ne méritent cette faveur que ceux qui sont vraiment dignes du nom d'héritiers et les parents, coupables d'une faute grave envers l'aliénateur, sont exclus de la préférence. Pour éviter les simulations, le serment du vendeur et de l'acquéreur pourra être requis et au cas de fraude, ils perdront la chose et le prix.

Partout, c'est la même transformation et pour toutes les catégories de biens. Quand la constitution de Frédéric fut connue en France, elle s'y rencontra avec une pratique analogue, depuis longtemps en usage.

C'est encore le droit de premesse, que consacre la coutume donnée par Archambaud VI, aux habitants de Villefranche(1) antérieurement à 1171, c'est déjà aussi le droit de retrait « *Si quis emat hereditatem villæ, parentes ejus qui vendit, si de venditione fuerint invitati, non possint recuperare nisi per quindecim dies ; si vero non fuerint invitati, infra*

---

1. Citée par la Thaumassière, *Coutumes de Berry*, p. 610. Cette charte montre combien les deux formes sont intimement liées puisqu'à défaut d'offre, c'est le retrait pur et simple d'an et jour. C'est donc bien à tort, selon nous, qu'on les envisage comme deux institutions indépendantes. On rencontre dans les auteurs des phrases de ce genre : Entre la prélation et le retrait il y a un abîme ! Or, au point de vue des principes, au point de vue du résultat, identité. C'est la même institution à deux phases différentes. L'offre était vis-à-vis du retrait, suivant une pittoresque expression que nous appliquons ici, « comme la chrysalide à demi-sortie du cocon qu'elle déchire » Tout s'enchaîne. Les droits de préférence se traduisent sous forme d'offre à ces privilégiés, l'offre amène le retrait.

annum et diem possunt recuperare ». Cette charte mérite
l'attention, elle sert de transition entre l'offre et le retrait.
L'obligation primitive d'offrir aux parents, sanctionnée
par la perte de la chose et du prix, ne donne plus lieu,
au cas d'inobservation, qu'à l'ouverture du délai d'un an,
mais l'accomplissement de la formalité a cet avantage,
d'abréger à quinze jours le droit des héritiers. Seulement
on a perdu la notion exacte de l'offre ; le texte suppose
qu'elle peut être présentée même après la vente conclue,
si bien que les héritiers exerçant la préférence se trouve-
ront en face d'un fait accompli et leur droit consistera non
dans la *prélation*, mais dans un *retrait*. La distinction de
la prélation « *in re vendenda* » et du retrait « *in re venditâ* »
a disparu. Nous arrivons bientôt au retrait véritable.

Le désir de simplifier une procédure compliquée
amena la disparition du droit de premesse et son
remplacement par le retrait lignager. La solennité de
l'offre occasionnait des pertes de temps, elle exigeait la
présence de témoins, souvent l'intervention des cours de
justice. Puisque le défaut de l'offre aboutissait seulement
à rendre le sort de la propriété incertain pendant un an,
n'était-il pas préférable de se décharger de toutes ces
difficultés de procédure, quitte à subir pendant ce temps,
cette incertitude ? De toute façon, le vendeur n'avait à
souffrir aucune perte, peu lui importait de qui venait
l'argent. Les aliénations furent libres désormais ; les
parents du vendeur eurent seulement un délai, généralement d'un an, pour reprendre le bien et rembourser
l'acheteur.

Dernier stade dans l'évolution du droit de parenté, le

retrait lignager persistera pendant six siècles sans subir la moindre atteinte des attaques répétées dirigées contre lui. Il fallut la Révolution pour le renverser.

La coutume accordée aux habitants de Beauvais par Philippe-Auguste, en 1182 (1), est probablement le premier monument législatif qui nous en parle « *Item si contigerit quod aliquis de communia hereditatem aliquam emerit, per annum et diem tenuerit et œdificaverit, quique postea veniens per redemptum calumniabitur super hoc ei non responditur, sed empta in pace remanebit* » que nous traduisons ainsi : si quelqu'un de la commune, ayant acheté un héritage l'a tenu et édifié pendant an et jour, quiconque intentera contre lui l'action de retrait échouera et l'acheteur demeurera en paix. Sans conteste, ce texte vise le retrait lignager, le terme *per redemptum* ne laisse pas de doute à cet égard. On a pourtant discuté et voulu voir seulement dans l'article, l'établissement de la prescription d'an et jour. Mais, pour arriver à cette interprétation, on néglige les mots *per redemptum* dont la signification est bien claire. D'aucuns ont lu sur l'original *per emptum*; même avec cette lecture, qui a été reconnue mauvaise, il faudrait donner un sens à ces deux mots et on ne l'a pas fait.

Au treizième siècle, le retrait lignager est généralisé. Les Etablissements de Saint-Louis (2) en 1272, Beauma-

---

1. *Recueil des ordonnances du Louvre*, tome VII, p. 624. — De Laurière dans ses notes sur la *Coutume de Paris*, p. 173.

2. Etablissements de St-Louis, édit. Viollet, tome II, p. 297, n° 161 et suiv. — Le livre de jostice et plet, antérieur encore nous en parle. Edit Rapetti, Documents inédits, pp. 128-9.

noir (1) vers 1280, à la fin du quatorzième siècle, le *Grand Coutumier* (2) et la *Somme rurale* de Bouteiller (3), consacrent d'importants chapitres à l'exposé de l'institution (4). Les nombreux arrêts de jurisprudence sur la matière nous montrent combien le retrait était en usage, mais aussi, ils nous permettent de juger quelle gêne il apportait aux aliénations et de combien de procès il était la source.

Et pourtant, si l'on se reporte au vaste champ d'application dans lequel se mouvait la *laudatio parentum* des époques antérieures, on ne peut contester les progrès immenses réalisés en moins de trois siècles, sous la pression de besoins économiques plus pressants. Auparavant, tout acte d'aliénation, total ou partiel, à titre onéreux ou gratuit, exigeait, pour sa validité, le consentement des parents ; le retrait n'empiéta jamais sur le domaine des dispositions à titre gratuit et cette limitation lui vint de son origine. L'offre aux parents avait pris jour à l'occasion d'actes à titre onéreux, dans les ventes par nécessité (5) ; le retrait se cantonna sur ce terrain éminemment propice à son développement, car la considération de la personne jouait là son moindre rôle.

1. Beaumanoir, chap. XLIV, édit. Beugnot et Salmon.

2. *Grand-Coutumier de France*, édit. Laboulaye et Dareste, Paris, 1868, p. 327.

3. *Somme rurale*, de Bouteiller. Dans l'édit. défectueuse de Carondas, p. 414. — Bibliothèq. nationale, manuscr. 101. Fonds latin, f° 256.

4. Au xive s., à Paris, on doutait encore de la possibilité de céder à un étranger les héritages de ligne ; ils se vendaient surtout entre parents. Un arrêt de 1377 permet la vente en réservant le retrait. V. Coustumes notoires du Chatelet n[es] 144-5.

5. Loi des Saxons, § 64.

La restriction avait porté non seulement sur les actes mais aussi sur les biens. Le retrait ne s'appliquait d'une façon générale qu'aux propres, ce qui était mieux conforme à son but.

Enfin, quoique partant d'un même point de vue que le droit des parents, le retrait lignager offrait comme résultat des différences notables. Là, l'héritier lésé n'était pas tenu de rembourser le prix à l'acquéreur. Il faisait la chose sienne comme un héritier prend possession des biens mis dans son lot. Le retrait, plus équitable, ne s'exerçait que par le remboursement à l'acquéreur. Peut-être froissait-il des sentiments, mais il ne mettait personne en perte. Très supérieur à l'institution primitive, parce qu'il respectait mieux et les volontés et les intérêts, le retrait était encore très suffisant pour maintenir la conservation des biens dans la famille. Ces heureuses modifications, c'est au développement progressif du commerce et de l'industrie qu'on les doit. Ainsi solidement établi, à cause même des adoucissements qu'il apportait, le retrait lignager fut le bien-venu. Peut-être s'était-il produit quelque dissidence. Les auteurs prennent soin de discuter si le retrait est favorable ou non, mais c'est pour arriver à constater, avec un ensemble parfait, l'excellence du retrait lignager (1). Certes, l'institution ne jouit pas d'une vogue pareille à

1. Heusler a soutenu que le retrait ne s'inquiète que des seuls intérêts du retrayant et de sa famille, que les droits de l'acheteur ne sont d'aucune considération. Mais la forme du retrait adoptée comme moins gênante que les précédentes, montre qu'on a cherché à concilier les intérêts, à laisser au propriétaire le maximum de liberté compatible avec le droit de famille.

toutes les époques, sa fortune change à moins d'un siècle de distance, nous en jugeons par la comparaison des *Coutumes du Beauvaisis* et du *Grand Coutumier*. Beaumanoir signale les moyens d'en réprimer les fraudes ; Jacquesd'Ableiges, à l'inverse, énumère complaisamment les moyens de tourner la loi et d'éviter le retrait (1). Rien ne peut mieux réfléter l'opinion que cette diversité de tendances. Mais l'esprit public est changeant ; au seizième siècle, nouvelle réaction et cette fois, tout en faveur de l'institution. Les circonstances se prêtent alors merveilleusement à son développement. Le gouvernement essentiellement aristocratique s'efforce d'établir une noblesse forte et puissante, sur laquelle il se puisse appuyer et le retrait perpétuait les droits de famille en conservant la fortune territoriale dans les mêmes mains. Ce maintien intéressait les seigneurs à la défense de l'Etat, c'était pour lui une garantie. C'est ainsi qu'une pensée politique vient renforcer le retrait lignager.

Le livre de *Jostice et de plet* (2), un des plus anciens monuments de notre droit coutumier, va nous montrer le retrait fonctionnant sous sa forme originale : « Un homme achate une meson : l'en dit que cel qui sont parant au vendeor de lignage de cele partie don la chose muet, aura la chose par tant come ele coste dedans l'an et le jor et se li achetteres dit que l'an et le jor sont passez, porquoi ne li en veaut respondre la chalongierres convindra qu'il enfraigne ce par guaranz et qu'il fut à

1. Jobbé Duval, *loc. cit.*, p. 131.
2. Edit. Rapetti. Documents inédits, page 128.

la vante fere et as deniers paier. Et se batalle est vain-
cue por ce ne perdra pas li acheteres son argent et se
il n'afraint la tenue li acheteres tiendra la sesine et sera
jugement donez contre le chalengeor. Et si nie qui
n'est pas del lignage et s'il dit qu'il n'est pas de cel
paroi dont la chose muet en tel chose n'a point de batalle,
mes par bons temoins qui sachent qu'il soit del lignage
d'oïr et de savoir de celle partie dont la chose muet. »
Ces quelques lignes suffisent pour nous montrer, à grands
traits, la procédure du retrait. Le retrait a lieu en cas
de vente d'immeuble, il est donné aux parents du vendeur qui ont an et jour pour l'exercer devant le juge de
la situation de l'immeuble. Mais, s'il arrive que l'acheteur prétende le délai expiré, que doivent faire les retrayants ? Provoquer l'acheteur au combat judiciaire (1),
c'est la seule façon de dénouer le litige. L'issue est

1. M. Jobbé Duval, *loc. cit.*, p. 127, fait ressortir la différence
entre l'exception de délai expiré, résolue par le duel judiciaire et l'exception pour défaut de parenté sur laquelle des témoins décident.
Le savant professeur conjecture que le duel, aboli en 1270, n'a été
maintenu dans la pratique que dans les hypothèses les moins fréquentes, mais son explication tombe par ce fait que le livre de jostice
et plet, comme l'a excellemment démontré M. Viollet, dans son édition critique *des Etablissements de Saint-Louis*, est antérieur aux Etablissements et aussi à l'ordonnance sur le duel. — Le duel judiciaire
persista plus longtemps dans les régions du Nord. Comme les affaires
y étaient jugées par les hommes des seigneurs, les appels se vidaient
aussi par un duel entre le juge et le plaignant. Le duel s'était si
profondément enraciné dans les mœurs que la plupart des chartes
de commune mentionnent le combat judiciaire comme moyen de terminer les contestations. A Valenciennes, en vertu d'un privilège
bizarre, il persista longtemps et les chroniqueurs nous racontent
avec force détails un célèbre et cruel duel qui eut lieu en 1455, en
présence de Philippe le Bon et du duc de Charolais, son fils,

incertaine et l'acheteur sera peut-être vaincu, mais pour s'être opposé à tort à l'exercice du retrait, il ne perdra pas son argent. Le retrait est fort onéreux pour l'acheteur, on comprend qu'il lutte pied à pied contre le retrayant qui vient le déloger d'une légitime acquisition et la coutume se montre bienveillante à son égard. Il a d'autres exceptions, d'autres armes à opposer. Peut-être le retrayant se targue d'une parenté fictive, peut-être poursuit-il devant une juridiction incompétente, autant d'obstacles que l'acheteur s'empressera de dresser contre son adversaire (1).

Nous avons voulu réserver pour la fin de notre étude, l'examen des controverses sur l'origine du retrait lignager, afin de nous résumer et de permettre un coup d'œil d'ensemble sur tout ce qui a été dit jusqu'ici.

Les Romanistes se sont fait un point d'honneur de trouver, dans les lois romaines, l'origine du retrait lignager. Ils ont contesté à d'autres le droit de remonter jusqu'à la loi de Moïse et, selon Cujas, les Hébreux défendaient seulement la translation des héritages de tribu à tribu. La fameuse loi 14 du Code, *de contrahenda emptione*, a été invoquée comme la vraie charte

---

1. Nous ne nous étendrons pas plus longuement sur le fonctionnement du retrait lignager dans la France coutumière, l'étude en a déjà été faite par un maître éminent M. Jobbé Duval, dans un ouvrage souvent cité au cours de ce travail. Un examen plus détaillé nous aurait amené à des redites dans la partie spéciale où nous examinerons le retrait lignager des *Coutumes du Nord*. Nous en avons dit assez pour que cet aperçu général puisse par la suite servir de point de comparaison.

originaire de l'institution et Cujas s'appuyait sur elle pour fortifier, aux yeux de ses contemporains, la légitimité du retrait. On sait que cette constitution des empereurs Théodose et Arcadius abolit une loi précédente, probablement de Constantin, qui avait établi les retraits lignager et de communion. On a encore invoqué la loi 16, *de rebus auctoritate judicis*, où Gaïus décide que la *venditio bonorum* sera faite de préférence aux cognats plutôt qu'aux étrangers. C'est l'opinion soutenue par Grimaudet (1), dans son célèbre traité du retrait lignager « la loi romaine abrogative n'a pu oster l'ancienne, laquelle en plusieurs lieux d'Italie et Gaule, est demeurée en l'observance gardée jusqu'aujourd'hui ».

Tout en accordant l'initiative au droit romain, ce dernier auteur voit le retrait persister dans le droit gaulois. Pithou (2), plus exclusif, dans son commentaire sur la coutume de Troyes, tient à assurer, à nos premiers ancêtres, la paternité du retrait lignager, mais affirmatif en ses conclusions, il est silencieux sur les preuves. De nos jours, M. Laferrière (3) a repris la théorie et soutenu que le retrait lignager était incontestablement établi dans les coutumes celtiques. La concordance des lois de Howel et de la très ancienne coutume de Bretagne, d'avec le plus ancien coutumier d'Auvergne, pour admettre le retrait, lui a paru un argument décisif. Il l'a accompagné de cette remarque, probante à son avis, de l'inser-

1. Grimaudet, *Du retrait lignager*, p. 3.
2. Pithou, sur art. 144 de la Cout. de Troyes.
3. Laferrière, *Histoire du droit romain et français*, tome II, pag. 100-103. — Boissonade, *Réserve héréditaire*, p. 157.

tion au bréviaire d'Alaric de la loi d'abrogation des Empereurs, insertion qui serait inexplicable si l'usage du retrait n'avait pas persisté en Gaule.

Etienne Pasquier (1), de son côté, attribue l'origine du retrait à Hugues Capet, il lance cette affirmation comme au hasard et avec une singulière aisance. « Il semble, dit-il, que l'invention des retraits soit venue sous la lignée de Hugues Capet ». Et c'est tout. Rattachait-il le retrait au développement du régime féodal, si complet à cette époque, nous ne le savons, mais de l'avis d'autres jurisconsultes, tels de Laurière (2) et Montesquieu (3), l'influence de la féodalité a contribué sans conteste à la formation du retrait lignager. Quand les seigneurs consentirent à l'hérédité des fiefs, ce fut à la condition que les terres ne passeraient point, sans leur consentement, en des mains étrangères (retrait féodal). Les fiefs étaient comme substitués dans la famille; en cas de cession, les hoirs pouvaient les y faire rentrer (retrait lignager).

Enfin beaucoup, s'abritant de l'autorité de Pothier (4), voient dans le retrait une institution purement française et Brodeau (5) lui assigne comme date, le règne de saint Louis.

De ces opinions, il en est de gravement erronées et il serait facile de les réfuter, mais toutes ne sont pas complètement inexactes.

1. Etienne Pasquier, *Recherches de la France,* liv. II, chap. XVI.
2. De Laurière, *Cout. de Paris,* édit. in-12. 1877, t. II, p. 1 et 2.
3. Montesquieu, *Esprit des Lois,* livre V, chap. 9.
4. Pothier, Ed. Bugnet, t. III, p. 261.
5. Brodeau, *Commentaire sur la Coutume de Paris,* t. II, p. 204.

Il est aisé de le comprendre, si l'on admet, comme nous espérons l'avoir démontré, que l'idée du retrait, à savoir la préférence des parents, le respect des droits héréditaires est au moins à l'état ambiant dans l'esprit des législateurs antiques. Cujas se trompe assurément quand il nie l'existence du retrait chez les Hébreux ; à côté des lois défendant le transport d'héritages de tribu à tribu, il existait pour le parent, le plus proche, le droit de racheter le bien, vendu hors la famille. La présence du retrait dans la loi de Moïse n'est pas un élément négligeable quand on se souvient du succès des études bibliques qui furent même, un moment, les seules en honneur au moyen âge.

Le droit romain n'a pas ignoré non plus le retrait lignager. Qu'on discute sur la portée de la loi *dudum*, sur son étendue d'application, il n'en est pas moins vrai qu'à une époque donnée et sur une certaine partie du territoire, le retrait lignager des parents a fonctionné.

Vraisemblablement, la loi a eu quelque application en Gaule, ce qui explique la célèbre opinion de Pithou. Quant à la thèse de Laurière, elle a ceci de vrai que la féodalité a favorisé le développement du retrait lignager et peut-être lui a donné sa forme définitive, en prenant modèle sur le retrait féodal.

Nos pères furent certainement portés, par l'exemple des législations antiques et barbares, à mettre en œuvre la pratique du retrait. Il importe donc, en cette délicate matière, de se détacher de toute idée préconçue et de savoir reconnaître l'influence d'éléments divers.

Après ce qui a été dit sur l'évolution du droit des parents, il est aisé de préjuger notre opinion. L'idée en est vieille (1), mais l'esprit conservateur des législations germaines vint la ranimer et lui donner une nouvelle vigueur. Pothier a raison quand il voit, dans le retrait, une institution coutumière, puisqu'il était presque inconnu dans les régions du Midi. Mais notre droit coutumier a ses racines profondes dans le *droit germain* et c'est à ce dernier que nous reconnaissons plus directement la formation du retrait.

Déjà, dans la loi saxonne le vendeur était soumis à l'offre et, quand il s'était écarté de cette règle, la loi accordait un an et un jour pour rembourser l'acheteur et exercer le retrait. C'est là évidemment que nous en voyons la première manifestation. Le retrait lignager a suivi l'offre aux proches, et l'offre a remplacé le consentement des parents.

C'est à la forte constitution de la famille chez les Germains que notre droit a emprunté cette obligation (2). Chez les Barbares, il n'était pas permis de tester, les biens du défunt passaient à ses enfants et, à leur défaut, à ses plus proches parents.

La force de l'Etat résidait dans la force de la famille, dans la perpétuité de ses traditions. La solidarité étroite des parents les obligeait à épouser les querelles les uns des autres (3). Si l'on avait préféré à la liberté du com-

1. Ainsi M. Viollet a pu voir l'origine directe de nos retraits dans des usages de haute antiquité.

2. La vogue dont a joui le retrait en Allemagne est un nouvel argument.

3. V. Perreciot, *loc. cit.*, p. 196 et suiv., qui donne peut être à cette idée trop d'importance. Sa théorie a été exposée par Merlin à l'Assemblée Nationale.

merce l'immobilisation des fonds, c'était pour faciliter l'acquittement des compositions comme aussi pour indemniser, par l'espérance de biens à venir, des luttes à soutenir et des lourdes charges à supporter.

Le principe fondamental, c'est que le bien de famille, comme son nom l'indique, n'est pas la propriété libre d'un seul individu. Le possesseur actuel le détient, à son profit sans doute, mais aussi pour ses successeurs éventuels, auxquels il doit des comptes en qualité d'héritiers.

De là, l'impossibilité de l'aliéner sans eux. La prohibition avait cet avantage appréciable de maintenir les biens dans la famille, mais dans son principe, elle était l'application pure et simple du droit dont les héritiers jouissaient du vivant même de leur auteur.

Plus tard, on s'attacha seulement au résultat : la conservation des biens pour en faire la justification du retrait. La base principale a été changée, on vise dans le retrait le moyen de perpétuer avec la grandeur des familles, la splendeur du nom et, sous une influence politique, l'intérêt public a remplacé l'intérêt des particuliers.

Ce changement d'esprit se répercute dans le domaine juridique, en veut-on la preuve? Précédemment, le plus proche seul exerçait le retrait, parce que seul, il avait droit à la succession; désormais ce droit est accordé à tous les parents du côté et ligne dont provient l'immeuble; il faut favoriser la conservation du bien familial, par tous les moyens et c'est à ce point de vue évidemment plus équitable, que se placent Pothier et ses col-

lègues pour déclarer le retrait une institution extrêmement favorable (1).

Sauf cette modification qui eût pour effet d'accroître
encore son importance, le retrait lignager persista sans
grands changements jusqu'à la Révolution. A peine
peut-on signaler deux tentatives en vue d'unifier l'institution et de l'étendre à toute la France. La première du
roi Henri III en 1581, l'autre d'un groupe de jurisconsultes dont Lamoignon se fit l'interprète, dans ses *Arrêtés*. L'édit de 1581, violé, fut bientôt abrogé et quant
au projet de Lamoignon et de ses amis, il resta l'expression d'un simple vœu (2).

1. Tiraqueau qui vivait à une époque où la grandeur des familles
ne préoccupait pas au même point, voit encore dans le retrait une
institution privée ; aussi se plaçant successivement vis-à-vis de
l'acheteur et du vendeur déclare-t-il le retrait odieux à l'égard du
premier et favorable au second. La différence d'appréciation de
Tiraqueau et de Pothier marque une évolution caractérisée de l'esprit du retrait.

2. Nous avons cherché à dégager l'origine du retrait lignager et
nous renvoyons au travail de M. Jobbé Duval pour l'étude de son
fonctionnement. L'auteur a joint à son travail un examen des différentes législations étrangères qu'on pourra avantageusement com-
pléter à l'aide des ouvrages suivants : De Laveleye, *De la propriété et
de ses formes primitives*, Paris, 1891. — Ludovic Beauchet, *Le droit
privé à Athènes*, tome I, p. 18 et 437. — Du même, *la loi de Vestrogothie*,
pp. 216-287-393. — Henry Monnier, *La Protimesis dans les Coutumes
et les lois siliciennes*, nouvelle revue historique, 1896. — Nasralla, *De
la Préemption en droit Egyptien*, thèse de la Faculté de droit d'Aix,
1897. — Hanauer, *Le régime colonger*. — Darèste, *Lois suédoises*, p.
11 ; *Lois norwégiennes*, 1881 ; *Anciennes lois de l'Islande*, 1881, p. 7 ;
Anciennes lois de l'Irlande, 1887 ; *Code musulman de Khâlil*, 1882 ; *Anciennes lois de Danemark*, 1881 ; *Code Rabbinique Eben-Haezer*. La plupart de ces études sont extraites du *Journal des Savants*. — Du même,
Etudes d'histoire du droit, 1889. Cette étude du droit comparé est
pleine de profits et nous avons tenu pour notre compte à l'aborder
avant d'entamer l'examen de la législation coutumière du Nord.

CHAPITRE VI

RETRAIT FÉODAL

Précédents : Retrait emphytéotique, loi Saxonne. — *Origine :* Con_
sentement du suzerain à l'aliénation. — Histoire, règles. — Même
processus du retrait censuel. — Rapprochements avec le retrait
féodal. — *Caractères :* Favorable, cessible. — Ancienneté.

Le retrait naît le plus souvent de la division de la
propriété entre plusieurs mains. Lignager, il a pour base
un droit actuel des héritiers, féodal il résulte de la
décomposition du droit de propriété et de la conception
d'un domaine éminent du seigneur. L'aliénation du fief
par le vassal, est soumise aux mêmes restrictions que
celle du bien patrimonial. S'il faut pour le dernier, le
consentement des parents, pour l'autre la permission du
seigneur est requise, avec cette différence toutefois que
les sentiments d'affection qui déterminent les parents à
donner leur consentement, disparaissent ici et que l'intérêt pécuniaire est le seul guide de la volonté seigneuriale.

Quel est l'origine du retrait féodal ? Nouveau mystère
à élucider. Son nom même de retrait féodal nous
indique combien il est intimement lié avec le système poli-

tique qui a dominé en France au moyen âge et c'est certainement le fondement de l'institution. Le désir d'adapter le retrait au fonctionnement du régime nouveau n'a-t-il pas été amené par l'exemple d'autres pratiques similaires ? Peut-être.

L'Emphytéote à Rome ne pouvait aliéner son héritage qu'après avoir offert au *dominus* de prendre le marché. Le bailleur avait deux mois de réflexion, durant lesquels l'emphytéote devait attendre, mais à leur expiration, il pouvait passer outre et conclure le marché. Sans doute, ce n'est pas le retrait féodal, dont la conception est beaucoup plus récente, ce n'est pas le retrait puisque l'offre précède la vente. Mais il faut remarquer d'une part que la *prœlatio* fut aussi une première forme du retrait féodal, de l'autre que le retrait féodal s'étendit aux biens roturiers, aux censives. Deux points de comparaison avec la législation romaine qui permettent de croire à une certaine répercussion, dans une mesure qui restera à déterminer.

Le rapprochement est plus sensible avec ce passage de la loi saxonne, le paragraphe 64 que nous avons déjà cité et qui renferme plus d'une énigme. On y lit que l'homme libre exilé et, par suite, dans la nécessité de vendre ses biens, devait les offrir d'abord à ses proches, ensuite au tuteur « *tutori* ». Quel était ce *tutor* et quels droits lui donnaient cette *tutela* ? Autant de questions restées sans réponse. Les savants nous ont rapporté l'existence chez les Germains de compagnonnages « *comitatus* », d'associations. Aux époques de trouble, les individus trop faibles pour se défendre eux-mêmes vont chercher refuge près de ceux qui disposent de la puissance et peuvent efficacement les protéger. Le mot *tutor* correspond parfaitement à l'idée d'un protecteur. L'homme libre, dont nous parle la loi saxonne, était probablement un client ; les liens de fraternité qui l'unissaient à son patron, à son chef, justifiaient la préférence dont il jouissait sur les étrangers. Nous voilà bien près de notre institution du retrait seigneurial.

Dès l'origine de la féodalité, le vassal ne put aliéner son fief, sans le consentement du seigneur et cet usage était fondé en droit. Un des grands principes de la féodalité, qu'il faut se garder d'oublier, c'est que le fief ne constitue pas une concession absolue de la terre inféodée. Le fief ou bénéfice s'accordait comme prix de la fidélité ; donné en considération de la personne, il était par conséquent viager. La même restriction était commune à beaucoup d'autres sortes de biens. Les soldats concessionnaires de terrains ne pouvaient les rétrocéder qu'à des soldats comme eux, sinon le consentement de l'autorité leur était nécessaire. Quand les colons vendaient leurs tenures, c'était à d'autres colons ou bien il leur fallait une permission spéciale du maître.

Sous les rois de la deuxième race, les concessionnaires tendent à rendre les bénéfices héréditaires dans leur famille, mais ce n'est qu'après de longs efforts qu'ils arrivent à ce résultat et l'on se trompe gravement lorsque l'on fait du capitulaire de Kiersy-sur-Oise, la charte d'hérédité des fiefs (1). Le capitulaire rendu au

---

1. Voy. Bourgeois, *Capitulaire de Kiersy-sur-Oise.*

moment de l'expédition d'Italie, se borna à assurer les fiefs aux enfants de ceux qui mourraient pendant cette guerre. Cette disposition était passagère, contingente, en compensation des dangers à courir. Les concessions en général étaient viagères, mais malgré les prohibitions édictées, beaucoup dissipaient leurs fiefs. Pour y remédier, Lothaire II, en 1136, sanctionna l'obligation de l'autorisation seigneuriale, en punissant de la perte du prix ceux qui s'en passaient. L'empereur Frédéric proclama à nouveau, la nécessité du consentement du seigneur et le livre des fiefs la répète à maintes reprises (1). Un passage seul est discordant, qui permet d'aliéner la moitié du fief en toute liberté ; mais le mouvement prohibitif était très accentué, car le même Frédéric, pour le royaume de Sicile, alla jusqu'à exiger dans les aliénations de fiefs, le consentement de l'Empereur. On connaît l'influence du livre des fiefs en France (2), c'est à ce titre que nous le mentionnons.

1. *Liber feudorum*, tit. 39, 52, 54, liv. II. — Voy. d'Espinay, *La Féodalité et le droit civil français*, p. 129 et suiv. — Dans certaines régions de la France on pouvait disposer d'un tiers ou d'un cinquième de son fief. V. Garsonnet, *loc. cit.*, p. 371, Beaumanoir, tome II, p. 251, édit. Beugnot, Bouteiller, p. 446, édit. Carondas.

2. Des feudistes, Brodeau, Pocquet de Livonnière, soucieux de la prédominance française, refusent toute influence au livre des fiefs. Mais la féodalité est une institution générale ; le retrait féodal s'est formé en France comme en Italie, comme en Allemagne. A une époque où l'absence des coutumes écrites était vivement ressentie, il est impossible qu'on n'ait pas fait de grands emprunts au livre des fiefs dont le succès était immense. Il avait force de loi en Alsace et était reçu également dans nos provinces du Nord. A la bibl. de Douai sous le n° 588 du catalog. de Duthilleul se trouve une *summa de feudis* de Columbi où le droit de disposition des fiefs est longuement

Les assises de Jérusalem, également intéressantes pour notre sujet, puisqu'elles renferment le droit du continent transporté en Palestine, avec l'établissement des Croisés, décident que le vassal devra obtenir le consentement du seigneur pour aliéner le fief sous peine de commise (1).

Les chartes en France nous révèlent le même état de droit ; du Nord au Midi, en Normandie aussi bien qu'en Champagne, partout c'est la même défense. Il semblait juste à tous que le seigneur pût s'opposer à recevoir un vassal déplaisant ou incapable d'acquitter les charges auxquelles étaient soumis le fief aliéné.

Une des plus anciennes coutumes que nous possédions est la charte de La Réole de 977. Il y est dit au paragraphe 3, que le vassal doit pour vendre obtenir l'autorisation seigneuriale « *Statutum est etiam quod si quis possessiones quas tenet in feudo de ecclesia vendere voluerit, cum assensu prioris vel præpositi faciat* (2) ».

Il faut remarquer que cette charte contient déjà en

traité. Caillar en fin du catalogue a consacré à ce curieux manuscrit une fort bonne notice. — Le droit romain et byzantin a influé d'une façon manifeste sur la rédaction du *liber feudorum*. Qu'il suffise de citer le préambule d'une constitution de Frédéric copié sur les Institutes : *Quum omnibus qui legibus reguntur et moribus præceptum esse constet jus suum cuique tribuere nec cuiquam jus suum detrahere.* Voilà pourquoi nous pensons que le retrait emphytéotique romain, non seulement a directement influé sur le développement du retrait féodal dans le Midi de la Gaule, mais a agi d'une manière indirecte et partout, par l'intermédiaire du livre des Fiefs.

1. J. d'Ibelin, chap. CXLIII, CXC. — Quelques mots sur le retrait féodal au chap. XXXVIII, édit. Beugnot, p. 64.

2. *Consuetudines Sancti Reguli* dans Giraud, *Histoire du droit Français*, tome II, p. 511.

germe le retrait féodal. Le prieur de la Réole, refusant au vassal du monastère l'autorisation de vendre, avait la préférence pour exercer le rachat. Quand le prieur n'exerçait pas son droit, le vassal devenait libre d'aliéner à un quelconque, *Et prior ipse si voluerit emat, alioquin cui voluerit, vendat*. La demande d'autorisation faisait l'office d'offre ; elle mettait le prieur en demeure d'exercer son option : ou accorder l'autorisation, ou reprendre l'acquisition à son compte. Et c'est ainsi que le retrait féodal, comme le lignager, se montre pour la première fois, dans notre droit, sous forme *de l'offre*.

Le consentement du seigneur devait fatalement aboutir à lui donner le droit de retraire, on s'en rendra facilement compte en remontant la chaîne des formes successives de l'institution, depuis son point de départ. Le consentement obligé du seigneur mettait le bien à sa discrétion entière ; il n'avait qu'à dissentir la vente et à persister dans son refus, pour obliger le cédant à en passer par ses volontés. Aussi, lorsque le suzerain proposait de prendre le fief à son compte, sa demande était presque toujours acceptée. Que pouvait faire de mieux le vassal ? Chercher d'autres acquéreurs ? Le seigneur les écartait par un refus, sans même avoir à le justifier. Et quand au pauvre hère, que la décision seigneuriale privait d'une acquisition légitime, c'eût été pure folie de sa part de vouloir entrer en lutte contre un plus fort, qui se trouvait couvert par la loi. De fait, la formalité du consentement était pour le seigneur un moyen de rentrer en possession du bien qu'il convoitait, c'est-à-dire de retraire. Le mot n'y était pas encore, mais le fait existait. Si l'on veut scruter le fond

des choses, on voit que le recours au seigneur équivalait
à une sorte d'offre. Par la demande du vassal, le seigneur
était averti de son désir de vendre et des conditions de
la cession. Si la reprise le tentait, son refus amenait son
vassal à lui céder et ce dernier, en requérant le consentement, lui proposait en réalité l'acquisition. Sa démarche avait moins pour but d'obtenir l'autorisation que
de connaître les intentions du seigneur sur l'occasion
qui se présentait de reconstituer son domaine. Toutefois
l'exigence du consentement amenait de graves complications. En se confinant dans la passivité la plus absolue,
le seigneur, par des refus réitérés, pouvait abuser
du vassal et le contraindre à des concessions extrêmes.
Ou bien, il se dérobait aux recherches et l'opération en
cours se trouvait arrêtée. N'était-il pas plus loyal d'obliger seulement le cédant à offrir l'acquisition ? C'était
déjà à pareil résultat que conduisait le refus du seigneur,
légitimement exercé. Mais l'offre avait cet avantage de
permettre la conclusion de la vente, une fois les formalités
accomplies et d'obliger le suzerain à prendre un rôle actif,
s'il voulait s'y opposer. Plus de simplicité, partant plus
de rapidité. Autre avantage : toute pression de la part du
seigneur était rendue impossible. Aux yeux de la loi, son
refus d'approuver la vente dénotait de sa part la volonté
de reprendre le bien et, de plein droit, le voilà substitué
à l'acquéreur aux mêmes conditions et charges. Pas
d'équivoque : ou bien accepter le nouvel acquéreur, ou
bien prendre sa place.

Dans cette voie de simplification, l'on ne s'arrêta pas.
L'offre obligeait à des déplacements, elle mettait en sus-

pens des opérations juridiques qui demandent souvent
une conclusion rapide. On reporta l'exercice des droits du
seigneur après l'opération, ce fut le retrait. Telle fut la
marche de l'Institution et elle ne pouvait être autre. La
logique commandait ce développement, les chartes nous
montrent que les faits s'y conformèrent. Un acte tiré du
cartulaire de Vendôme et conservé par Galland, un des
rares jurisconsultes qui se soient préoccupé de l'origine
historique des droits, nous montre le seigneur confis-
quant à son profit un fief aliéné sans son consentement,
quod homo ejus feuum suum absque favore ejus dedisset. En
1047, Richard de Normandie enlève au vassal Gozlin un
fief qu'il avait aliéné sans autorisation. Dans les coutumes de la Réole déjà citées, nous avons un ancien
exemple du système de l'offre pratiqué vis-à-vis du seigneur. L'idée que nous avions développée, à savoir que
la demande d'autorisation équivaut à une offre tacite, y
trouve pleine confirmation. Celui qui veut vendre doit
le faire « *cum assensu prioris et prior ipse si voluerit emat* ».
On signale l'apparition du retrait proprement dit avec
une charte de Thibaut de Champagne de 1198.

Le retrait découle du consentement du seigneur ou plutôt de son dissentiment (1), cela est si vrai que là où il
n'eut pas à intervenir, là non plus aucun retrait ne se produisit. Si le vassal était obligé de requérir l'autorisation,

---

1. Perreciot, *Etude sur l'état civil et la condition des personnes et des
biens*, t. II, p. 186 et suiv. — M. Viollet voit, sans d'ailleurs insister, une des origines du retrait féodal dans le droit d'exclusion des
vicini qui serait passé au seigneur. C'est trop négliger le lien qui
unit le retrait du seigneur au régime féodal.

c'était pour éviter au seigneur de nouveaux sujets qui pussent lui déplaire ou fussent incapables de remplir les charges de leur état (1). Du moment où l'aliénation se faisait dans la famille, entre parents, le seigneur n'avait plus rien à craindre et c'est pourquoi on lui refusa le droit de retraire, quand le fief n'avait pas changé de famille.

Le fief, l'hérédité admise, fut censé concédé en perpétuelle substitution, au vassal et à ses hoirs. Tant que l'immeuble restait aux mains des lignagers, le contrat d'inféodation était rempli. La vente était-elle passée avec des étrangers ? Le seigneur qui eut désiré s'en emparer, avait à compter avec la famille qui retenait le fief par le retrait lignager, étouffant ainsi le droit du seigneur à sa naissance.

C'est ce résultat qu'on exprima par la formule : le lignager prime le féodal. Ce qui veut dire que le retrait féodal s'effaçait devant le lignager, parce que le maintien de la propriété dans les mêmes mains, assurait pleine sécurité au suzerain (2).

Tout s'enchaîne en cette matière et le retrait féodal

1. Dans les assises de la Haute Cour de Jérusalem, le seigneur peut racheter dans l'an et jour lorsque le fief est vendu à un couvent, à une commune ou à un homme incapable de faire le service. L'accomplissement du service militaire est la grande préoccupation des seigneurs ; c'est pour écarter des vassaux sans aptitude aux armes qu'ils jouissent du droit de refus ; c'est dans cette vue que le retrait est tout spécialement accordé ici.

2. Remarquez que le parent lignager non seulement prime le seigneur mais qu'il peut retraire contre le seigneur acquéreur. — En Bretagne, la féodalité avait des racines si puissantes que le retrait lignager s'effaçait complètement devant le féodal,

comme l'origine du droit de Quint (1) se trouvent expliqués. Le consentement, nécessaire précédemment à toutes les aliénations, est remplacé par le retrait. Mais sous cette forme le seigneur n'affirme son droit que lorsqu'il désire acquérir l'immeuble. S'il n'en est pas amateur et n'exerce pas le retrait, il jouit, en compensation, du droit de Quint.

Armé du retrait vis-à-vis des aliénations et sous-inféodations des fiefs, le seigneur était également protégé et par le même moyen, vis-à-vis des tenures et terres *roturières*, dépendant de son domaine. C'est la même marche qui est suivie.

Les concessions faites aux colons, dans la période la plus ancienne du moyen âge, contenaient la défense d'aliéner sans le consentement du maître. Ces aliénations devaient se faire entre tenanciers de la même seigneurie, de façon à conserver au seigneur l'intégrité de ses pouvoirs. *Ut nec colonus nec fiscalinus foras mitio possuit alicubi traditiones facere*, dit un capulaire de Charlemagne répété dans les mêmes termes pour les Lombards (2).

1. L'origine du quint est donc selon nous dans l'inaliénabilité primitive et la nécessité du consentement. Normalement le seigneur devrait reprendre le bien, puisque le vassal l'abandonnant, le fief peut être considéré vacant « faute d'homme ; ce serait le retrait ; s'il autorise un tiers à succéder au vassal primitif, il se fait payer son consentement. Le retrait ou le quint voilà l'alternative. Le droit de vente était généralement d'un cinquième du prix du fief, d'où son nom. Ce qui démontre bien l'étroite connexité du quint et du retrait, c'est qu'ils ont tous deux le même champ d'application. Ainsi le retrait s'exerce sur les ventes de fief ; or « le sire a le quint denier de la vente » (Beaumanoir, chap. XXVII, n° 5), mais il n'a ni le retrait ni le quint vis-à-vis des fiefs échangés.

2. Pertz. *Leges*, tome I, p. 489.

D'après les statuts de Burchard (1), le tenancier de
Saint-Pierre ne pouvait disposer des biens qu'il tenait de
l'évêque, qu'en faveur d'un autre du même domaine. Le
texte ne nous dit pas ce qu'il arrivait en cas de trans-
gression, mais c'était certainement la confiscation du
bien, au profit de l'évêque, le retour à la propriété éminente. De tout cela, il résulte indubitablement que le
consentement du seigneur était nécessaire pour la validité des mutations de propriété roturière et cette obligation aboutissait en fait à permettre au seigneur le retrait
des terres qui lui plaisaient.

Aux onzième et douzième siècles, les chartes et règle-
ments de domaines souvent édictés par les abbayes, pour
la bonne administration de leurs terres, quoique limitant
toujours les transactions sur les biens à l'intérieur du
domaine, insistaient de plus sur l'obligation pour le concessionnaire d'offrir d'abord au prieur la terre dont il
désirait se dessaisir. Les hommes de l'abbaye Saint-Vaast
à Arras (2), d'après une disposition ancienne, sur laquelle
nous aurons l'occasion de revenir, étaient astreints à
offrir leurs biens à l'Abbé en premier lieu. Les proches
venaient ensuite, les autres tenanciers enfin et le cercle
des acquéreurs ne s'étendait pas au-delà. La vente, faite
au mépris de ces dispositions, tombait et le monastère
jouissait du droit de revendication.

En Bourgogne, le prieur de Marteau (3), d'après une
charte de 1108, imposait à ses hommes les mêmes obli-

1. Burchard, chap. XXI, Walter, t. III, p. *777*.
2. Martenne, *Amplissima Collectio*, 381.
3. Perreciot, *loc. cit.*, t. III, dip. 28.

gations. Un droit de préemption était réservé au monastère sur l'offre à lui faite par le tenancier.

C'est le deuxième stade de l'évolution, après le consentement, l'offre. Survient à la suite le retrait.

A cette époque, le retrait féodal était en pleine vigueur, il a suffi de transporter le procédé, du fief à la censive. L'adaptation était facilitée par le rapprochement, qui s'était fait avec le temps, entre les deux sortes de biens. On a pu dire que la censive était un fief roturier ; au point de vue des obligations, feudataire et censitaire étaient sur le même pied. Tous deux recevaient des mains du seigneur la remise de la terre, l'un par l'investiture, l'autre par la saisine ; les lods et ventes sur les censives correspondaient au droit de quint des fiefs. Au cas de violation du contrat, il y avait commise du fief comme de la censive. Aussi le remboursement de l'acquéreur, par le retrait, pour les censives comme pour les fiefs, n'était qu'un même droit appliqué à deux tenures différentes. La différence la plus notable à signaler c'est que le retrait censuel n'était pas, comme le féodal, de droit commun en France (1). Plusieurs coutumes prennent soin de l'écarter formellement, mais l'insertion même de cette disposition prohibitive témoigne au moins de la grande généralité de l'institution.

Dans les pays de droit écrit, la combinaison du droit romain et des principes féodaux avait donné naissance à un régime assez complexe. Les baux emphytéotiques avaient fini par se confondre avec les baux à cens, déjà

1. Jean Desmares, Decis, 204 « Retrait féodal a lieu mais non le censuel ».

sujets en certains lieux au retrait censuel. Ce qu'il apparaît de plus clair, c'est que la prélation emphytéotique, incontestablement issue du droit romain, s'était transformée, sous l'influence féodale, en retrait emphytéotique.

Si rigoureux qu'il fut, le retrait féodal dans sa forme moderne, était la résultante d'améliorations successives apportées à l'antique inaliénabilité des fiefs.; aussi le regardait-on comme favorable, et son maintien prêta moins à discussion que celui du retrait lignager. On le tolérait d'autant plus aisément, qu'il paraissait prendre naissance dans la convention d'inféodation, ce qui lui donnait un caractère contractuel.

En concédant le fief, le seigneur était censé retenir son droit au retrait. A ce titre, le retrait féodal subissait moins d'entraves dans son fonctionnement, il était de plus affranchi des formalités compliquées du retrait lignager.

A l'origine, le retrait féodal s'opérait de plein droit, puisque le fief étant inaliénable, la mise en vente par le vassal, contrairement à la loi, rendait le fief vacant et que, faute d'homme, le seigneur s'en emparait. Lorsque l'aliénation fut permise, grâce à la cérémonie de l'investiture, il fut très facile au seigneur d'exercer le retrait. C'était dans ses mains que le vendeur se dévêtissait de sa propriété et c'est lui seul qui avait mission de revêtir l'acquéreur. Le bien revenait dans ses mains, il n'avait qu'à le garder en payant à son vassal, le prix qu'en eût donné un autre acquéreur.

La suppression de l'investiture, bien qu'elle rendit le

retrait moins facile, ne porta aucune atteinte au droit lui-même ; les seigneurs le pratiquèrent tout autant, seulement au lieu d'une simple manifestation de volonté qui suffisait autrefois, il fallut recourir à l'action en justice.

De la simplicité des formalités à remplir pour le retrait, découle naturellement la simplicité des règles qui le régissent. Souvent la coutume ne fixait aucun délai de déchéance, mais on admettait généralement qu'il devait être intenté dans les quarante jours de l'exhibition du contrat. C'est dans le même délai que le seigneur avait à rembourser à l'acquéreur, le prix de vente et les accessoires.

Sur le lignager, le retrait féodal avait le grand avantage d'être cessible. Cette faculté n'avait pas été reconnue de suite ; les tribunaux hésitèrent longtemps et ce ne fut qu'après force discussions, que le Parlement de Paris autorisa le transport du droit de retrait. Le retrait féodal devint donc moins une reconstitution de la propriété seigneuriale qu'une préférence accordée au seigneur pour le faire profiter d'un marché avantageux. Si le seigneur reprenait le fief, c'était souvent pour en gratifier un autre et primitivement, la division des fiefs n'était pas regardée comme fâcheuse. On s'aperçut plus tard que multiplier les fiefs « était faire des espèces de squelettes sans vie et sans substance ». Si la cessibilité subsista, on en revint pourtant à favoriser la réunion et, sous la tendance à l'unité, le retrait féodal se développa. Sur cette route, il rencontrait le lignager, celui-ci reconstituant le patrimoine familial, celui-là rapprochant les éléments épars de la propriété du seigneur.

Voici terminée cette étude sur les deux principaux retraits et aussi sur la législation de l'ancienne France. Nous l'avons suffisamment développée pour permettre comparaison et rapprochement avec les coutumes locales dans l'examen desquelles nous allons entrer. Car si notre ancien droit connaissait d'autres retraits, la plupart avaient pris naissance dans les régions du Nord et nous y arrivons ; ou bien, ils étaient étroitement greffés au retrait lignager dont ils n'étaient que des rameaux.

Droit des héritiers, domaine éminent créaient de sérieux obstacles à la circulation des biens. A l'époque où le consentement était encore de rigueur, on trouve des chartes où l'autorisation du seigneur vient s'ajouter à celle des parents comme dans l'aliénation des biens de famille. Et comme le consentement du seigneur équivalait de sa part à une aliénation, il était nécessaire qu'il fût renforcé de l'approbation de ses parents. On conçoit quelle gène apportait cette triple formalité. Quand le retrait eût pris la place du consentement, la question se posa de savoir lequel, du seigneur ou du parent, l'emporterait sur l'autre. En règle générale, la préférence fut accordée au lignager ; à peine quelques coutumes locales admirent-elles le contraire.

Perreciot et d'autres auteurs ont trouvé dans cette préférence la preuve de l'antériorité du retrait lignager sur le féodal. Si les seigneurs eussent été les premiers en possession du retrait, ils n'auraient jamais souffert que le lignager prit le pas sur le leur. Les titres d'aînesse et de prééminence eussent maintenu leur retrait au premier rang.

1. Perreciot, *loc. cit.*, t. II, p. 186 et s.

Le raisonnement est juste, mais la question ne se présente pas avec cette simplicité. Ce n'est pas le moment où le retrait, au sens propre du mot, apparaît, qu'il s'agit de déterminer, mais bien l'époque, où le consentement des parents d'une part, celui du maître de l'autre, sont devenus nécessaires. Or, de ces époques reculées, il n'existe plus que des documents isolés, insuffisants pour établir avec précision le point de départ de ces deux formalités. Tout ce qu'on peut affirmer, c'est que le droit du seigneur féodal a été définitivement établi le jour où l'hérédité des fiefs est devenue la règle commune (1). On peut apporter des raisons de l'antériorité de l'un des retraits sur l'autre, on ne saurait donner de preuve certaine. Mais, comme le retrait féodal fut l'œuvre d'un régime passager, la féodalité, tandis que le retrait lignager tient à l'hérédité, aux liens du sang, on peut, on doit présumer l'antériorité de ce dernier.

Tous deux ont cela de commun qu'ils se sont opposés aux dispositions à titre onéreux, c'est-à-dire qu'ils ont mis entrave aux opérations les plus fréquentes de la vie courante ; le même esprit de conservation et de privilège a été leur principe. Nous avons cherché à faire ressortir combien les deux institutions ont procédé dans un complet parallélisme, marchant de front, se pénétrant constamment, se prêtant l'une à l'autre les modifications qu'elles subissaient. Et nous avons cru, pour ces diverses raisons, que les retraits gagnaient à être étudiés ensemble.

1. Qu'on remarque notre restriction ! Nous disons le seigneur féodal. Mais il est évident que le droit de reprise du *dominus fundi*, lorsqu'un de ses tenanciers aliénait, est bien plus ancien.

DEUXIÈME PARTIE

Histoire du retrait dans le Nord de la France

CARACTÈRES GÉNÉRAUX DU DROIT DU NORD

Droit foncièrement conservateur. — Consentement des héritiers aux aliénations. — Formalité du Nantissement. — Abondance et extension des retraits. — Plan. — Explication de l'antiquité de ce droit.

Le droit coutumier de la région du Nord a des traditions bien caractéristiques, qui nous permettent de spécialiser notre étude. Les vieilles lois germaines y ont laissé une empreinte plus profonde que partout ailleurs et l'antiquité des institutions qu'on rencontre en ces pays, constitue le trait saillant de ce droit primitif.

L'affectation du patrimoine à la famille, principe essentiellement germanique, domine dans toute cette région. En Hainaut aussi bien que dans la Picardie, le Ponthieu et le Boulenois, les donations entre vifs ne peuvent être faites que du consentement des proches ou de l'héritier présomptif, leur représentant. Dans l'Artois et les pays avoisinants, l'assistance du futur héritier était requise pour la validité de toute aliénation (1).

Fidèles au vieux droit germain, les coutumes du Nord n'admettaient pas la représentation dans les successions, même en ligne directe. C'est là un fait général. Les coutumes de Flandre et Hainaut, du Boulenois, du Ponthieu, de l'Artois et de la Picardie se rencontrent dans la même prohibition formelle. En cela elles reproduisent les lois salique et ripuaire, écartant la modification introduite par l'édit de Childebert de 595, qui reconnaissait aux petits-fils le pouvoir de succéder pour leur père. L'ancien droit germain y fleurit dans toute sa pureté. Témoin cette affirmation d'un des contractants, relevée dans une charte : *Qui lege salica vivere sumus* (2).

Au milieu de toutes ces dispositions s'affirme nette-

1. Il est impossible de nier pour le Nord le droit des parents. Les actes sont trop formels pour qu'on puisse douter du sens des expressions employées. Dans les ventes, les enfants interviennent aux côtés de leur père pour abandonner le « *jus quod ipse et ejus progenitores habebant* » Hautcœur. Cartulaire de St-Pierre de Lille, t. II, acte de 1243. — Le seigneur de Baumetz, en 1209, vend un quart de sa dîme de Basseux à l'Eglise d'Arras, *propter evidentissimam necessitatem.* « *Domina et mater mea Mathildis et Balduinus filius meus major natu et Rogerus, frater meus, eamdem quartam ecclesiæ werpiverunt et quitaverunt* ». On remarquera que les trois branches, ascendante, descendante, collatérale, sont représentées au contrat et c'est en leur présence et avec leur consentement, que tradition a été faite à l'Eglise.

2. Muratori, t. II, colonne 133. Ce caractère est encore plus évident dans les Keuren des Flandres, dont le texte latin est entremêlé de mots germaniques et dont les dispositions remontent à une haute antiquité. Le système de compter par nuits, que nous trouverons à propos du délai de retrait, est un emprunt direct aux barbares. Jusqu'au XIᵉ siècle, époque des coutumes écrites, on voit la loi salique

ment d'abord, la préférence des coutumes locales sur les générales, ensuite la supériorite du droit coutumier sur les droits ecclésiastique, romain ou féodal.

Mêmes rapprochements intéressants à observer entre toutes ces coutumes dans le domaine du droit féodal. Le Livre des Fiefs fut en grand honneur parmi les seigneurs du pays et la défense qu'il portait de l'aliénation des fiefs, sans le consentement du suzerain, fut adoptée non seulement dans la région des Flandres, mais aussi dans le Cambrésis, le Hainaut et ailleurs encore.

Les coutumes du Nord de la France sont aussi designées sous le nom de coutumes de nantissement et cette appellation générique, commune à toutes, indique combien les mœurs étaient favorables à la conservation des biens dans les familles, alors que les aliénations ne pouvaient s'opérer qu'avec un luxe de formalités inouï. On n'acquérait de droit sur les biens achetés que par l'investiture du seigneur ou de ses officiers et c'est ce qu'on appelait généralement l'ensaisinement. Cette formalité bientôt jugée inutile fut abolie dans presque toute la France et sa disparition saluée avec joie, parce qu'elle accordait au seigneur une trop grande influence dans la passation des contrats. Elle persista pourtant dans la région du Nord sous les noms divers d'œuvres de loi, vest et devest, adheritance et desheritance. C'est que le nantissement peut-être fort rigoureux réalisait l'immense avantage d'assurer la publicité des transferts de pro-

invoquée dans les actes. Des villages même, comme Thun-Saint-Martin, Thun-l'Evêque ont conservé une dénomination saxonne, et leurs coutumes se ressentent de la même influence.

priété. Le vendeur et l'acheteur y trouvaient la garantie de leurs droits respectifs ; les intérêts des tiers étaient sauvegardés, les droits des parents assurés par la connaissance du contrat.

Le désir de simplifier ne fut pas assez fort pour triompher du symbolisme germanique et le nantissement demeura d'autant plus facilement qu'il s'accomplissait non plus dans les mains du seigneur, mais par l'intervention des échevins pairs des parties. De cette façon, la pression du suzerain n'était plus à redouter. Des coutumes comme celle de Paris, qui avaient supprimé le nantissement, l'avaient pourtant réservé pour faire partir le délai du retrait. La maxime « ne prend saisine qui ne veut » qui proclamait facultatif l'ensaisinement ne s'appliquait pas en notre matière.

L'ancien coutumier d'Artois (1) nous décrit naïvement les divers actes dont se composait le rapport d'héritage. « Et convient le vendeur raporter tout l'iretaige par raim et par baston (2) en le main dou signeur pour ahireter l'achateur. Le raport fait en ceste manière, li sire doit conjurer ses honmes s'ils en ont tant fait qu'il n'i ait mais droit ; demander leur doit qu'il en a afaire et ils doivent dire par jugement que li sires en

1. Coutumier d'Artois, éd. Tardif, p. 65.

2. Cujas entend par *raim* un anneau et fait dériver ce mot de l'allemand *ring*. Quelquefois l'investiture se faisait au moyen d'un anneau. Mais ici *raim* vient de *ramus* ; les miniatures du temps où le rameau figure, appuient cette conclusion seule conforme aux règles philologiques. On avait oublié à tel point l'origine de l'expression que dans la charte d'Athies nous trouvons « par rang et par baston », ce qui n'a plus aucun sens.

ahirete l'acateur. Li sire le doit tantost ahireter ; demande avant au vendeur s'il se tient por paiiet et lui seur de se droiture ; et lui saisir en disant : je vous en saisi, sauf tous droits, en lui metant le baston en main. Ce fait, li sire doit conjurer ses honmes si l'achateur en est bien ahiretés et à loy, li honmes doivent dire qu'il en est bien ahireté et a loy. » Ceci pour les fiefs. « Et cieste manière le convient-il faire de terre censive par les rentiers qui ad jugier l'ont. » Le vendeur met en la main du seigneur un bâton ou rameau, signe de sa propriété, en même temps qu'il dénomme l'acheteur. Le seigneur conjure ses hommes, ceux-ci jurent qu'il peut adheriter l'acheteur, ce qu'il fait de suite en lui remettant le bâton. Les hommes constatent alors qu'il est bien adherité.

Impossible de nier le caractère germanique de cette opération. Le transfert s'est opéré d'abord sur le bien lui-même et le rameau est une branche détachée des arbres qui garnissent le fonds, comme le gazon est une partie de ce fonds lui-même. Plus tard la scène de transfert se reproduit devant le public, c'est l'investiture symbolique et elle remplacera la réelle (1). Les formalités de la saisine ont varié avec le temps et avec les lieux, mais partout le principe est le même.

De ce groupe de provinces unies par le droit et les mœurs, le Hainaut se détache par son particularisme et la rigueur antique de ses institutions (2). La nécessité des

1. V. Champeaux : *Essai sur la vestitura ou saisine*. Thèse couronnée par la Faculté de Paris. Paris 1899, p. 170 et ss.

2. Aussi quelques auteurs les qualifient d'exotiques.

« devoirs de loi » pour acquérir ou transférer un immeuble y était entendue d'une façon si étroite que l'appré-
hension des héritages succédés en ligne collatérale se
faisait obligatoirement en justice, c'est-à-dire par devoirs
de loi. Le caractère familial de la propriété était affirmé
par l'intervention constante des proches à tous les actes,
donations, assignations de parts, etc., et surtout par la
prohibition formelle de tester ses immeubles (1). En
cela le droit du Hainaut se liait aux lois barbares. Par
les mêmes institutions et à d'autres points de vue, il se
rapprochait de la législation celtique. Le droit de juvei-
gnerie gallois avait son pendant dans le droit de *mais-
neté*, preciput successoral en faveur du plus jeune enfant,
admis dans la coutume de Valenciennes. Déshéritement
Wallon, Appropriance Bretonne (2), exigent tous deux
intervention de la justice dans l'intérêt des tiers. Il y a
plus d'un trait commun entre ces deux régimes et nous
aurons occasion de les signaler au cours de notre travail.

L'antiquité des traditions des populations du Nord
mérite de fixer l'attention (3). Elle se manifeste plus par-

1. Chartes générales de 1619, 32-1. Naturellement on usa d'arti-
fices pour tourner la prohibition. A Valenciennes on se dessaisissait
entre les mains d'un acquéreur fictif qui avait mission d'exécuter les
dispositions du défunt ; ou bien on contraignait l'héritier au respect
des dernières volontés par la clause privative de meubles. — La
vieille coutume de Limbourg de 1451 est des plus singulières : on
n'y peut tester qu'avec le consentement de ses parents et en présence des amis de ses héritiers intestat. V. Britz, *loc. cit.* p. 724.

2. V. Planiol, Les appropriances par bannies dans l'ancienne province de Bretagne, *Nouv. revue hist.* 1890. p. 433.

3. Nous pourrions encore signaler le principe du jugement par les
pairs en vigueur dans toutes ces régions. Nous renvoyons sur ce
point à notre dernier chapitre.

ticulièrement sur le sujet qui nous occupe. Les retraits abondent, toujours avec ce but marqué de conserver les biens de famille ou de ramener le patrimoine à l'unité.

Dans les coutumes, le consentement des héritiers dans les aliénations est posé comme une condition de rigueur, il persiste jusqu'à la Révolution. Si nous examinons de près le retrait lignager, nous le voyons d'abord sous sa forme ancienne l'offre aux parents, dont la Bible nous donnait déjà des exemples. La limitation des biens, l'extension des actes soumis aux retraits sont autant de singularités qui nous frappent. Notons enfin que c'est dans ces régions, où le retrait paraissait le plus vivace, qu'il tend tout d'abord à disparaître, peut-être parce que ses applications multiples apportaient par trop de gêne aux transactions.

Le sujet ainsi précisé, il reste à déterminer notre méthode d'exposition.

La première place revient sans conteste au retrait lignager et par son importance et par son originalité. Nous examinerons ensuite le retrait féodal puis nous passerons successivement en revue les retraits spéciaux à la région du Nord.

Un chapitre particulier sera consacré à la procédure en vigueur et dans un dernier nous traiterons rapidement des jurictions compétentes.

Nous restreignons notre étude aux législations de la Flandre, du Hainaut, de l'Artois et de la Picardie sans nous interdire toutefois de déborder çà et là sur les régions voisines où leur influence s'est fait le plus sentir. Dans une étude des mœurs et des coutumes, il est souvent impossible d'établir une démarcation bien rigoureuse à cause des pénétrations réciproques, néanmoins le groupe coutumier du Nord de la France, tel que nous le comprenons, se délimite assez nettement. De ce fait, une raison probable : le droit coutumier de la région du Nord, d'une rudesse toute barbare s'est trouvé en contact immédiat avec celui de l'Ile-de-France toujours progressant, toujours policé. Domaine direct de la couronne, le Parisis tenait de ses rois une législation sans cesse renouvelée.

Comme dans tous les grands centres les idées s'y trouvaient plus avancées ; les légistes réunis autour du Conseil royal, contribuant par leurs écrits à accélérer le progrès juridique, avaient fait de la coutume de Paris la plus parfaite entre toutes, le modèle qui inspirait les autres (1).

L'écart était par trop grand entre le droit nouveau de l'Ile-de-France fortement imprégné de droit romain et les

---

1. Nous devons quelques explications sur les sources du droit dans nos provinces. En Hainaut les chartes générales régissaient les contrats, les actions personnelles et les immeubles fiefs ou alleux. Les mainfermes et rotures ainsi que les meubles obéissaient aux coutumes locales, dont les plus importantes étaient celles des chefs-lieux, Mons et Valenciennes. Les premières chartes générales sont de 1200, les dernières furent homologuées le 5 mars 1619 par les archiducs Albert et Isabelle. La même année Valenciennes reçut une nouvelle coutume. A Mons on s'en tint à la rédaction de 1534. Beaucoup d'autres coutumes locales portent cette date, et le mouvement de rédaction est dû à Charles Quint, qui en 1531 ordonna la révision de tous les usages et coutumes des Pays-Bas. La confirmation de la coutume de la ville de Lille par ce prince date de 1533, mais ce n'est qu'en 1565 que la coutume du bailliage fut définitive-

coutumes du Nord, visiblement inspirées de l'esprit germanique. Un heurt violent se produisit qui les sépara pour jamais. Le droit coutumier du Nord, pur de tout alliage, garda son cachet primitif, et c'est pourquoi nous nous y attachons avec un plus vif intérêt.

ment achevée et homologuée par Philippe II, le 1er juin. La coutume d'Artois reçut une première rédaction en 1509, et deux nouvelles homologations de 1540 et 1544 modifièrent légèrement les textes en les amplifiant. Tous les usages des villages de Picardie furent consignés par écrit dès les premières années du xvie siècle.

CHAPITRE PREMIER

§ 1. — *Histoire.*

L'aliénation est possible dans trois cas exceptionnels, et même alors
faculté de retrait. — Réaction contre ce régime rigoureux, suppression du retrait en quelques endroits.

En un certain passage du livre de Jostice et Plet (1), on
trouve émise la formule suivante : « Home puet vendre
son héritage por son besoing non por son preu ». La
règle paraît jetée au hasard, car l'auteur n'y consacre
aucun développement, et peut-être marque-t-elle le souvenir d'une ancienne coutume plus que l'état présent de
la législation au temps où l'auteur écrivait.

C'est un rappel de l'institution de la *Pauvreté jurée*,
régime d'exception à l'inaliénabilité, et qui après avoir
été partout en vigueur s'était refugié exclusivement
dans les coutumes du Nord où l'inaliénabilité persistait.
La charte de la Bassée rédigée par Enguerrand de
Coucy, sous le règne de Henri 1er (1030-1060) disait : *et*

1. Liv. VIII, tit. III, § 1, Edit. Rapetti. *Doc. inéd.* p. 169.

sciendum est quod nullus nisi paupertate vendere potuerit.
Bien que la formule ne paraisse admettre que l'exception
de nécessité, même à cette époque l'approbation des
parents devait valider la vente, l'inaliénabilité tenant à
leur seul intérêt.

En réalité, c'était une deuxième exception ; une troisième apparut bientôt, véritable brèche au principe primitif, encore acceptée néanmoins parce que le droit des
héritiers semblait suffisamment sauvegardé. C'est l'aliénation « pour acheter plus souffisant héritage ».

A l'époque de rédaction des coutumes d'Artois (1) vers
1300 nous trouvons un nouveau témoignage de cet état
de choses. « Li hom puet vendre son héritage qui venus
li est de père et de mère par trois manières de raisons.
La première si est par l'assentement et le gré de son hoir ;
la seconde par povreté ; la troisième pour achater plus
souffisant héritage (2) ».

« Sachez, disait aussi Bouteiller, que sans les conditions qui suivent, homme ne peut aliéner l'héritage de
ses pères, c'est à savoir sans consentement de hoir, pour
pauvreté ou pour plus suffisant héritage » (3).

La plupart des coutumes de Picardie et du Boulenois,
beaucoup de Flandre et d'Artois reproduisent littérale-
ment cette règle.

1. Edit. Tardif, p. 64.

2. L'idée maîtresse est toujours la protection des héritiers ; si le
principe de co-propriété avait persisté, ces exceptions en constitue-
raient autant de violations. L'aliénation pour acheter plus suffisant
héritage est presque un échange, d'où la règle qui fait échapper
l'échange au retrait.

3. Edit. d'Abbeville, f° 104. — Bib. Nat., fonds latin, n° 101,
f° 256.

La coutume de Ponthieu, dans son article 19, donne au propriétaire la libre disposition, à titre onéreux ou à titre gratuit, du quint de ses propres. Si l'aliénation du reste a été faite en violation des règles, elle est nulle, non seulement vis-à-vis des héritiers présomptifs, mais à l'égard du vendeur lui-même. Le prix ne sera pas rendu à l'acquéreur. Si au contraire les prescriptions ont été observées, le droit d'exercer le retrait est réservé aux plus proches parents.

Les qualités requises en Hainaut pour la vente des mainfermes propres ou acquêts se réduisaient à deux, avoir femme et enfant vivant. L'existence des enfants est une garantie contre les aliénations injustifiées. Ceux qui ne se trouvaient pas dans cette situation pouvaient vendre leurs biens du consentement de leurs héritiers légaux. C'était aliéner par le lot de son héritier.

L'inaliénabilité strictement observée au début apportait grand obstacle au trafic des affaires. Le consentement des parents rendait les cessions difficiles (1) et il en résultait, ce qui est du reste à constater à l'origine de

1. On s'imagine difficilement à quelles complications une vente était soumise, en voici un exemple : Au mois de mars 1218 (v.st.) le seigneur de Prisches vend sa dîme à l'abbaye de Maroilles. Au mois d'avril paraissent deux actes, l'un de la femme du vendeur, l'autre de sa sœur consentant à la vente ; ses frères viennent ensuite confirmer, puis le seigneur d'Avesnes, puis l'évêque. En tout huit actes de confirmation.

Nous empruntons aux cartulaires d'Arras quelques formules d'intervention des parents entre toutes « *paupertate cogente, presentibus amicis et cognatis suis et concedentibus concedente uxore Ava, annuentibus etiam filio Jacobo et filiatus Fressende et Margareta, presentibus etiam notis et amicis assentientibus* », Cartulaire de Saint-Vaast par Guimann, édit.

toutes les sociétés, que les ventes s'accomplissaient entre parents. Nous en avons des exemples très anciens et les recueils de chartes du Nord nous en montrent la pratique constante dans ces régions (1).

Si rigoureuse qu'elle puisse paraître à première vue, l'inaliénabilité avait reçu dans l'usage des tempéraments d'autant plus importants que l'interprétation en était très large. Ainsi on entendait par pauvreté non pas seulement la pauvreté urgente, mais le cas où l'on ne peut maintenir sa situation, et une personne aisée par exemple, héritière d'une maison endettée, pouvait vendre cette maison comme le fit Henri IV, héritier de Vendôme, qui vendit, par nécessité, la terre d'Oisy, bien qu'il fut difficile de parler de l'extrême pauvreté du roi de France (2).

Il est aussi certain que l'exception de remploi où de plus grand profit ouvrait la porte à bien des opérations précédemment impossibles. Mais pour éviter les abus on exigeait la preuve de la nécessité comme de l'utilité devant les pairs des parties. De cette façon l'opportunité de la vente était assurée par l'avis concordant de personnes désintéressées.

Les formes matérielles usitées pour la transmission des biens renforçaient davantage encore leur immobilisation. La procédure très compliquée était incompatible

Van Drival, p. 276. On ne se contente pas de requérir le consentement des enfants, on les associe à la vente « *quod Willelmus et uxor et pueri sui vendiderunt* ». Cartulaire de l'Hôpital Saint-Jean d'Arras, p. 9; dans le même recueil des donations d'argent ne sont l'œuvre que de l'homme et de la femme.

1. Cartulaire de Saint-Bertin, Guérard, p. 158.

2. Desmazures, *Remarques sur la Cout. d'Artois*, Bibl. de Lille, n° 187, t. III, p. 1200.

avec un courant d'affaires multiples. Elle était née, elle avait persisté sous un régime hostile aux transmissions et ces pratiques symboliques, nécessaires autrefois pour la protection des premiers contractants ne trouvaient plus d'autres raisons d'être que de limiter la liberté des disposants. La vente ou la donation se faisaien ent public, le peuple était convoqué, parents et amis y assistaient. C'est alors que le vendeur prononçant des paroles consacrées prenait un gazon ou un fétu de paille représentant l'immeuble objet du contrat et le jetait dans le giron de l'acheteur. C'était l'aliénation « *per cespitem et ramum* », en vieux français par raims.

Ce n'était pas assez de ces complications. Le retrait, nous l'avons vu, était la garantie du lignage, là ou l'aliénation était permise sans le consentement de l'héritier. On ne tint pas compte en Artois de cette formalité si rigoureuse et l'on introduisit par surcroît le retrait. Les aliénations déjà fort rares se trouvaient menacées d'annulation par l'exercice du retrait. Ecoutons ce que nous dit à ce sujet le Coutumier d'Artois : Le fils demande à son père ce qu'est proismeté et le père de répondre, « je le dirai briesment, quant aucuns vent son héritage par aucunes des raisons desusdites (pauvreté, consentement de l'hoir, achat d'héritage) à quelconque personne que ce soit, cieux qui est de sen lignage.., il l'aura par les deniers paiënt que l'acheteur y ara mis » (1).

L'on ne saurait pousser plus loin le souci de conservation patrimoniale ; la nécessité du consentement de l'hé-

____

1. Ed. Tardif, p. 66.

ritier (1) à l'aliénation des propres constituait à elle seule une très forte garantie et le retrait lignager, qui leur était accordé par surcroît assurait à la famille la possession de tous les fonds, mettait la disposition de la fortune immobilière du chef à son entière discrétion.

Il en résulta une réaction et lors de la nouvelle rédaction des coutumes au début du xvi° siècle, le retrait lignager fut prohibé en divers endroits. En Picardie notamment on relève beaucoup de statuts décidant qu'à l'avenir le retrait lignager est supprimé « Désormais es ventes d'héritage, il n'y aura plus de retrait lignager ». Un mouvement très prononcé s'accuse en faveur de la liberté des transactions et certaines coutumes suppriment à la fois les retraits seigneurial et lignager. Gardons-nous toutefois d'exagérer la portée de ces suppressions. Beaucoup d'entre elles consacrent encore l'inaliénabilité des biens avec la triple exception du consentement de l'héritier, de la pauvreté, du remploi. Il y avait mieux encore pour assurer la conservation des biens dans les familles. En plusieurs localités, le droit de mutation seigneurial perçu sur les ventes et donations d'héritages s'élevait jusqu'à la moitié de la valeur des biens. On devait regarder à deux fois avant de doter le seigneur d'un pareil cadeau et nous relaterons un petit fait qui prouve l'efficacité d'une pareille disposition. A Fresneville, coutume de Picardie (2), probablement à l'occasion d'une

---

1. Le consentement de l'héritier intervient pour la protection de son droit héréditaire : « *Filius quoque meus ad quem dicta decima post decessum meum jure hereditario devolvenda, prebuit assensum* ».

2. Bouthors. *Coutumes locales du bailliage d'Amiens*, t. I, p. 392 et 436. — V. p. 227 le même droit existant à Villers.

vente, on réunit les anciens de la commune, pour prendre leur avis. Tous, ils nous disent leur âge, avaient cinquante ans et plus, et s'ils avaient recueilli de la bouche de leurs ancêtres cette tradition que le seigneur percevait moitié de la vente des manoirs ou moitié de l'estimation quand ils étaient transportés par donations entre vifs ou testamentaires, jamais l'un d'eux n'avait vu l'application de ce droit de cinquante pour cent, tant son élévation rendait rares les aliénations !

On sait quel merveilleux essor prirent le commerce et l'industrie dans les états des ducs de Bourgogne au moyen âge. Des bourgeois entreprenants et avisés acquirent par leurs trafics des fortunes considérables qui en firent les égaux des seigneurs. Leur vie fastueuse donnait au commerce une activité sans pareille que le développement des corporations contribuait encore à augmenter.

La rapidité des transactions exigée par les affaires était incompatible avec l'inaliénabilité familiale et dans les grands centres cette dernière dut céder. A Gand, dès 1191 (1) le retrait lignager fut officiellement aboli mais, ce qui montre bien la portée de la règle, aboli seulement pour la ville marchande; dans le quartier St-Pierre le retrait persista. A Valenciennes, ville très florissante au moyen âge, les coutumes qui se sont succédé depuis la

---

1. Ce qui démontre combien il était ancien. Voici dans quels termes est conçue la charte de Mathilde de Portugal : « *Est autem tanta libertas quod si quis hereditatem suam infra justitiam oppidi contentam vendere vel invadiare voluerit, licet ei tam extraneis quam proximis, nec aliquis ratione consanguinitatis vel proximitatis poterit contradicere* ». Voy. dans la collection des anciennes coutumes de Belgique, les coutumes de la ville de Gand, par A. Gheldorf.

charte de 1114 ne font aucune mention du retrait ; de
patientes recherches parmi les actes privés aussi loin
qu'ils remontent nous permettent de croire qu'il ne fut
jamais en vigueur. C'est en vain qu'on essaya à une époque relativement récente, dans un procès de 1774, de tirer
du silence de la coutume valenciennoise une admission
tacite. L'absence de toute pratique de ce genre et l'insertion dans la coutume du retrait de consolidation amenèrent les juges à appliquer la fameuse maxime « *inclu-
sio unius est exclusio alterius* » et à rejeter la demande en
retrait.

Il existait d'ailleurs à Valenciennes, une autre règle
très gênante, conçue dans ce même esprit qui portait nos
ancêtres à se réserver tous les recours possibles pour
rentrer en possession du bien paternel. La clause de
réméré étant de plein droit sous-entendue dans la vente
des héritages situés à Valenciennes et dans sa banlieue (1).
Cette disposition qui nous paraît aujourd'hui si exorbitante
semblait naturelle aux yeux des commentateurs de la
coutume, car ils ne nous laissent aucune indication sur
son application et les limitations que forcément elle com-
portait. Pareille clause amenait une instabilité très grande
dans les acquisitions ; toutefois comparée au retrait

1. Dumées. *La jurisprudence du Hainault Français*, Douai 1750, in-4°,
p. 373. Nous avouons pourtant que son affirmation nous laisse des
doutes car nous ne retrouvons la règle formulée nulle part ailleurs. Ce
n'est toujours pas sur l'article 69 de la coutume qu'on peut l'appuyer,
car le rachat perpétuel n'y est accordé que dans les ventes aux gens
de main-morte. Cependant Dumées jurisconsulte estimé devait être
au courant des usages, nous aurions donc là affaire à une question
de pratique.

Edouard Giard   10

lignager, elle était moins préjudiciable aux transmissions de biens. Le vendeur s'engage moralement à maintenir le contrat et bien souvent recule devant la violation de la foi promise en dépit des facilités offertes par la loi. Le parent lignager, étranger au contrat, n'a pas les mêmes scrupules. La pratique, nous devons le supposer, sut créer des détours pour assurer le maintien du contrat.

C'est aussi au grand développement des affaires, concurremment à la réaction générale contre la rigueur primitive de l'inaliénabilité que l'on doit de constater d'assez bonne heure la disparition du retrait dans quelques grandes villes du Nord, à Cambrai (1), Tournay (2), Douai (3), Arras (4), etc. Tandis qu'il se conservait vivace en d'autres régions où il survécut jusqu'à la Révolution, il disparut plus vite de la région du Nord où il était arrivé à son apogée. Plus supportable là où sa mise en pratique était plus restreinte, il était devenu par trop rigoureux dans ces contrées par ses multiples applications.

En France le retrait soutenait le principe de la conservation des biens, il était une des forces de la constitution monarchique de l'Etat et des familles ; dans les pays du Nord, il s'était perpétué comme une forme essentielle du droit des héritiers et la politique n'avait eu aucune influence sur sa constitution. Les idées libérales venant à prévaloir, il était logique qu'il y disparût plus tôt.

1. Cambrai, art. XIII, tit. II.
2. Tournay, Echevinage, tit. XXV, art. V.
3. Douai, Echevinage, chap. III, art. IV.
4. Arras 69.

§ 2. *Forme du retrait lignager.*

Pratique de l'offre prouvée par des actes ; elle persiste à Mons, ailleurs est remplacée par le retrait. — Systèmes combinés.

La préférence de la famille se traduit par l'offre que doit faire le vendeur à ses proches du bien qu'il veut aliéner. De ce droit des parents nous trouvons un exemple fort ancien dans les dispositions de Leduin, abbé d'Arras (1) en 1020. Lorsqu'un tenancier de l'abbaye était contraint d'aliéner par nécessité il était tenu d'offrir d'abord sa censive à l'abbé et si le prélat, pour quelque raison n'acceptait pas, il en devait autoriser la vente avec restriction au profit des proches à qui le vendeur devait adresser l'offre. Vers 1180 le comte Philippe d'Alsace nous retrace dans une charte cette procédure de l'offre (2).

1. Martene. *Amplissima Collectio*, 381, tome Ier.

2. D'après cette charte l'Eglise jouit d'un droit de préférence, elle passe après les parents, mais avant les étrangers, on conçoit aisément cette faveur. L'Eglise jouissait même, quand il s'agissait de l'intérêt commun d'une sorte de retrait d'utilité publique. Mais en sens contraire, il faut signaler toutes les dispositions rendues contre les gens de main-morte. Beaucoup de chartes de village décident qu'il est permis de vendre à tous, sauf à l'Eglise. « Aucun homme voulant issir hors la ville pourra vendre à chacun fors à glise ». Cartulaire de Guise, folio 141, Bibliothèque Nationale, fonds Gaignières. — « *vendere cuilibet poterit praeter ad ecclesiam* », loi de Ramousies de 1193 dans *Bulletin de la Commission Historique du Nord*, tome IV, p. 301.

Il est fait allusion aussi dans cette charte au retrait seigneurial. Philippe d'Alsace chargé de l'investiture demande à ses barons s'il peut transmettre la dîme à l'abbaye de Cysoing et ils lui répondent « *quod sui juris bonum possidere, vel deciman huic ecclesiæ vel etiam ad usus proprios, si placeret, retinere* ». V. de Coussemaker, Cartulaire de l'abbaye de Cysoing, p. 55.

Amalric de Landast avait sous-inféodé la dîme qu'il tenait du comte de Flandres à Simon de Lalain et ledit Simon l'avait transférée pour les deux tiers au père de Jean de Tressin. Ce dernier succombant sous les dettes se trouve dans la nécessité de vendre la dîme. L'acte est grave et en l'absence de coutume écrite de nature à le guider, il s'entoure du conseil de ses parents. Leur avis fut qu'il eût à offrir d'abord cette dîme à ses frères et à ses proches, car tel était l'usage, et faute par eux de vouloir l'acheter, qu'il pût la vendre à l'église de Cysoing, avec l'assentiment de ceux de qui il la tenait en fief.

La pratique de l'offre est consignée dans les premières coutumes écrites ; dans les Flandres notamment, l'existence du droit d'offre nous est attestée par les multiples dispositions des coutumes. Au hasard nous citerons le privilège de Brusthorn de 1175, la Keure de la Hulpe de 1230. A Ypres, dans une donation à l'église Saint-Martin, datée de 1147, le frère du donateur, Guillaume, intervient pour renoncer à son droit de préférence (1). A Cambrai, l'article 16 du Grand privilège de 1184 (2), établit la préférence des parents, au moment même où dans les grands centres d'industrie comme à Gand, elle est officiellement abolie. En Picardie, l'article 25 (3) de la

---

1. Des Marez, *Etude sur la propriété foncière dans les villes du Moyen-Age*, 1898, p. 247.

2. *Ibidem.*

3. Voici l'article français correspondant dans la charte de 1209 : « S'aucuns acate terre ou aucun hiretage d'aucun et ele est offerte al plus prochain hoir ains qu'ele soit acatée et li oirs ne le velt on n'en respondera plus a l'oir en plait. Et se ele

coutume d'Amiens de 1190 est ainsi conçu : « *Si quis terram aut aliquam hereditatem ab aliquo emerit et illa, antequam empta sit propinquiori heredi oblata fuerit et heres eam emere noluerit, nunquam amplius de ea illi heredi in causa respondebit. Si autem propinquiori heredi oblata non fuerit et qui eam emerit vidente et sciente herede per annum eam in pace tenuerit nunquam de ea amplius respondebit* ». Le vendeur doit proposer l'achat à son plus proche parent aux conditions qui lui sont offertes par un étranger, c'est la première partie de la disposition. La deuxième qui met l'acheteur à l'abri du retrait par la prescription d'un an présente aussi son intérèt. Toutes les chartes délivrées à cette époque par l'octroi du roi Philippe-Auguste aux villes du Nord, établissent la prescription d'un an et dans beaucoup le mot retrait ne figure pas. Mais quand elles disent qu'après un an l'acheteur est à l'abri de l'éviction, elles sous-entendent, à notre avis, que ce délai passé le retrait est devenu impossible. Cette conjecture prend d'autant plus de consistance que le délai d'exercice du retrait est mesuré sur celui de prescription. Le retrait était chose si notoire qu'il n'était nécessaire d'aucun texte législatif pour le rappeler. Toutes les fois qu'une coutume rejetait le retrait, elle le faisait en termes formels.

---

ne li est offerte et cil qui l'a acaté tient en pais un an sen acat a son veu et a seue, n'en respondera ensement puis ». Ordonnances du Louvre, tome XI, p. 264. Bouthors, *loc. cit.* tome I, p. 68. Cpr. Loi d'Esne de 1193 « *Si quis terram suam vendere voluerit, proximo suo primum offeret, si proximus eam renuerit domino venalis offeratur. Sin autem dominus eam emit, cuilibet, salvo jure domini, vendere eam valebit eo tenore quod emptorem in eadem villa sub potestate domini oportebit remanere* ». Glossaire topographique du Cambresis de Le Glay, p. 83.

La même coutume d'Amiens vers l'an 1300 (1), et en français cette fois nous renseigne avec de grands détails sur le fonctionement de l'offre. L'acte est trop long pour que nous le citions et il a été d'ailleurs publié. En voici une analyse.

Dans la cité d'Amiens et il dut en être à peu près de même partout, sauf des détails sans importance, l'offre du vendeur s'accomplissait en présence de l'acheteur, du maire et des échevins. Devant tous le vendeur présente l'héritage en énumérant les conditions du marché (2). Ou bien le proche le reprend de suite ou bien il demande quinzaine de réflexion et au bout de ce temps, est encore en droit de retraire et de tirer de l'héritage le parti qui lui convient.

L'offre appartient au plus proche et non à tous les parents et ils ne sauraient élever aucune réclamation si ce plus proche abandonnant son droit laissait l'acheteur en paix. Pour éviter la fraude le retrayant, sur l'offre, a droit d'exiger le serment du vendeur et de l'acheteur, mais il ne peut sous prétexte de prouver la fraude prolonger le délai de quinzaine qui lui est imparti pour exercer son option.

Nous trouvons ces principes appliqués dans un acte de vente de 1316 (3). Le conseil de la ville désirait acquérir

1. *Ancien coutumier de Picardie*, édit. Marnier, Paris, 1840, p. 148, et ss.

2. Si c'est une femme « *qui a baron* » il convient que son mari l'assiste, et si elle est mineure et non mariée le maire d'un commun accord avec les parents de la femme lui désigne un procureur.

3. A. Thiery, *Documents pour servir à l'histoire du Tiers Etat*, t. I, p. 365.

pour l'utilité des habitants une certaine maison dite des Cloquiers. Jeanne de Canaples venderesse mineure et son procureur offrent l'acquisition aux plus proches ; Pierre de Leu et Jeanne sa femme exercent bien le retrait mais c'est pour doter la commune et les échevins de la maison qu'ils convoitaient.

L'offre exigée par les premières coutumes de la Cité s'explique aisément. Dans un temps où la tradition symbolique constituait la seule manifestation du transfert de propriété, il fallait bien que les ayants droit fussent avertis du contrat autrement que par un acte auquel il restaient étrangers (1). Quant à la formalité du vest et devest on eut substitué les lettres d'ensaisinement et l'insinuation du contrat sur les registres du seigneur, la vente eut alors toute la publicité désirable, l'obligation préalable du vendeur tomba et le lignager conserva seulement une année pour retraire.

La formalité de l'Offre était depuis longtemps en dé-suétude lorsque la coutume fut renouvelée en 1507 et le nouveau texte ne contient plus aucune disposition à ce relative. La disparition de l'Offre fut pour ainsi dire complète chez nous. Une seule coutume la conserva, celle de Mons (2) où le régime primitif se maintint jusqu'à la

1. Ce n'est que les coutumes du nantissement fussent inférieures aux autres, au contraire la publicité à l'égard des tiers était mieux assurée que partout ailleurs mais les droits des parents lignagers étaient si forts qu'on exigeait une notification individuelle.

2. Il faut rapprocher du régime du Hainaut le système des appro-priances par bannies en Bretagne. C'étaient des criées faites en public par un sergent le dimanche au sortir de la messe ou un jour de marché. En outre, le sergent accompagné de témoins notifiait la

fin du xviii⁰ siècle. Nous avons compulsé aux archives de
l'Etat à Mons les plus anciennes chartes et nous avons
constaté qu'à partir de 1404 tous les actes de vente por-
taient comme clause finale « sauf l'offre aux proismes ».
La mention n'apparaît pas avant cette date, bien que
l'offre fut pratiquée depuis longtemps par la raison bien
simple que jusqu'alors les parents intervenaient généra-
ralement aux contrats. On vendait l'héritage par le lot
de son plus prochain et l'héritier, qui avait loé, s'interdisant le retrait à l'avenir, « le loant est censé aliénant ».

Un vieux manuscrit conservé à Mons (1) et où se
trouve consignée la plus ancienne jurisprudence de la
cour souveraine du Hainaut contient des détails tort intéressants à relever. A la bibliothèque de Valenciennes (2), un autre manuscrit des Coutumes du Hainaut
datant de la fin du xv⁰ siècle complète les renseignements
du premier. L'offre appartenait au plus proche et s'il y
en avait plusieurs au même degré « se ne pouvait chacun
prenre que sa portion et non point l'un tout ». La faveur

vente aux parents du vendeur. La seule différence à signaler est qu'à
Mons les criées n'avaient lieu que quand l'offre à personne était impossible par l'absence des proches. M. Planiol, *Nouvelle Revue historique*,
1890, p. 433 et ss., en relève une autre, c'est que l'appropriance bretonne
aurait des effets plus puissants ; elle irait jusqu'à conférer à l'acheteur plus de droits que n'en avait son vendeur puisque l'acquéreur
devenait propriétaire même si le vendeur ne l'était. Mais cet effet se
rattache moins à l'appropriance qu'à la prescription qui éteint le
droit des tiers. En ce sens, Champeaux, p. 276. — Sur les rapports
des législations de Bretagne et de Hainaut, voy. Laferrière, t. VI.

1. Recueil de Jurisprudence de la Cour souveraine de Hainaut,
aux archives de l'Etat à Mons.

2 Manuscrit n⁰ 650.

des parents était telle que le retrayant obtenait l'héritage pour douze deniers de moins qu'il avait été vendu.
Comme il était désirable avant tout que le sort de la
propriété ne restât point incertain, le proche auquel l'héritage était présenté devait dire « prestement qu'il le veut
le ravoir et présenter de suite or et argent » (1). Ces manuscrits ne nous disent pas si à défaut d'offre le lignager
conservait à perpétuité le droit de retraire, c'est bien
probable, mais la plus récente coutume tout en maintenant la procédure de l'offre accorde à son défaut le droit
de retrait pendant l'an et jour (2).

Là ou la procédure de l'Offre fut jugée trop incommode
et abolie, elle fut remplacée par le retrait que nous ren-
controns à la fois dans les coutumes et dans les chartes
dès la fin du xii° siècle. La coutume de Beauvais le mentionne dès 1182. Le statut communal de Rue (3) ratifié
par Guillaume III de Ponthieu en 1210 porte en son article 35 : *si aliquis hereditatem vendiderit, propinquis vendi-
toris infra quadraginta dies, si voluerit, hereditatem antedic-
tam redimere potuerit.* C'est le régime en vigueur dans

---

1. Mss. n° 65o, Bibl. Val. folio 334 « et convient se ravoir le voet
que prestement il paie ses deniers ou présente le pan de sa robe por
aller prisonnier jusques au plain paiement d'icelle reprinse se ainsi
n'est que ledit maire se voeille tenir por nampti. Et poet ledit proisme
cest héritage ravoir por 12 deniers moins que vendut n'aroit esté ».
Ce manuscrit daté du xvi° siècle dans le supplément du catalogue de
Mangeart doit sans nul doute, d'après l'écriture, être attribué au
xv° siècle. M. Molinier dans la nouvelle édition du catalogue des manuscrits de Valenciennes a fait la correction.

2. Mons, Chap. IL.

3. Terrier de Ponthieu, Bibloth. nationale, folio 2o1. Cité par
A. Thierry, *loc. cit.*, tome IV, p. 655.

toute la France, mais il y a tendance marquée dans les Flandres à restreindre à quarante jours le délai normal d'un an. Plus le commerce devient actif et plus il convient de favoriser la transmission des biens. Boutillier (1) semble ne connaître que le retrait pur et simple. « Quand aucun vend son héritage à étranger ou à quelqu'un de son lignage sachez que dedans l'an que la vendition sera faite le pourra demander le plus prochain du lignage pour les deniers de vente pourvu qu'il viende du côté dont l'héritage meut et vient au vendeur, autrement non ».

Malgré la disparition de l'Offre, son souvenir avait laissé des traces ; elle revécut et se combina avec le retrait pour aboutir à un système mixte bien supérieur en ce qu'il respectait mieux les intérêts de chacun. Le vendeur pouvait prévenir et éteindre à l'avance l'action du lignager en lui offrant la vente de l'immeuble et en le sommant de s'en rendre acquéreur. Le parent devait se prononcer dans un temps assez court, mais l'avantage qui résultait pour lui de ce procédé nouveau était d'être averti en temps de l'aliénation et d'être mis à même d'exercer ses droits. La fraude si fréquente qui consistait à tenir le contrat caché pendant l'année accordée au retrait devenait impossible par l'annonce de la vente sous la forme de l'offre. Et si le lignager y trouvait profit, l'acquéreur de son côté était garanti contre toute dépossession postérieure qui souvent était pour lui cause de ruine. Le vendeur omettait-il d'avertir les lignagers, ceux-ci conservaient intact leur droit de retrait, c'est-à-dire pendant

---

1. Bouteiller. édit. Charondas, p. 414.

l'an et jour. Mais l'acquéreur avait tout avantage à ce
que le vendeur exécutât ponctuellement les offres, il
devait y tenir la main et en cas d'inaction de sa part il y
procédait souvent lui-même. Ce système combiné des
offres et du retrait trouva grande faveur dans les régions
du nord et les coutumes l'adoptèrent pour la plupart.
C'est le régime commun aux villages de Picardie (1), de
Flandres, d'Artois ; on le retrouve rarement ailleurs. Ici,
les offres étaient faites à personne ou à domicile par un
sergent délégué à cet effet ; plus simplement encore on se
servait des monitoires aux églises pour publier la vente (2)
Beaumanoir connaissait cette forme de retrait, il la mentionne dans son coutumier, mais c'est pour le repousser
comme contraire au droit du Beauvaisis : « Aucunes viles
sont en la contée où ils vuelent tenir pour coustume que
quant aucuns achate l'en fet savoir en pleine paroisse que
tous éritages est vendus et qui le vourra rescourre, qu'il
resqueue dedens xv jours ou il ne sera plus oïs ou cas de
la rescousse. Mes tous cris tele maniere de commandement
ne vaut riens car c'est contre la coustume général du
chastel de Clermont... » De même de l'offre à personne.
« Mes s'il (le parent) avient qu'il obeisse au commandement se quil face quitance, il ne peut puis revenir à la
rescousse » (3).

1. L'énumération en serait trop longue, nous renvoyons au recueil
de Bouthors déjà cité.
2. Courtray, 9, 5. — Courtray féodal, 5, 4. — Bergues féodal,
7, 1. — Hondtschote, 5, 1. — Furnes, 30, 5. — Bailleul, 17, 5.
3. Beaumanoir, édit. Salmon, 1900, t. II, p. 200.

§ 3. *Le retrait lignager au point de vue des personnes.*

Activement c'est au plus proche seul qu'appartient le retrait. — On suit l'ordre successoral. — Conséquences. — Bâtards. — Aubains. — Héritiers. — Seigneur.
Passivement tout acquéreur même lignager y est soumis. — Acquisitions du roi et des gens de main-morte.

C'est au plus prochain héritier qu'appartient le droit d'exercer le retrait. Toutes nos coutumes s'accordent sur ce point (1) et diffèrent en cela du droit du reste de la France qui permet au plus diligent (2) des lignagers de retraire le bien. Cette différence n'a pas toujours existé. Au début partout le plus prochain lignager jouissait de la préférence, mais sous l'influence de considérations d'utilité pratique et pour plus de simplicité, les légistes mirent au prix de la course la faculté de retraire. Dans le nord les coutumes résistèrent à cette évolution et conservèrent intacte la règle primitive (3), mieux en accord avec le système protecteur héréditaire. C'est qu'en effet en accordant au plus diligent la priorité du retrait, sous une

1. En réfléchissant on remarque que cette règle seule convient au système de l'offre au moins tant qu'elle se fait à personne. Conçoit-on le vendeur allant chez ses parents, de porte en porte, offrir son héritage ? Voilà pourquoi le retrait appartient chez nous au plus proche, pourquoi aussi la disparition de l'offre et de la préférence du parent le plus rapproché dans les autres coutumes est simultanée. — En Artois c'est le plus diligent qui l'emporte, mais l'offre n'y est pas en vigueur (art. 86).

2. Par plus diligent on entend celui qui, le premier, a fait les offres réelles à l'acheteur.

3. Boulenois, 136. — Ponthieu, 135. — Amiens, 174. — Calais,

réforme d'apparence peu importante, on changeait la base même du droit. L'inaliénabilité n'est plus en jeu, les ventes sont désormais valables, seulement, toutes choses égales, il est naturel de préférer les parents aux étrangers. La conservation des biens est un moyen de perpétuer la grandeur des familles, le retrait est devenu une institution d'ordre public, il ne concourt plus uniquement comme autrefois à satisfaire des intérêts privés.

De ce que le plus proche est dans nos contrées préféré au plus diligent il résulte que l'acheteur lignager n'échappe pas au retrait de celui qui le précède en degré (1) C'est que le retrait est fondé moins sur le principe de conservation des biens (car autrement pourquoi déposséder le parent acquéreur ?) que sur la protection du droit héréditaire dont le plus proche parent est seul titulaire. Dans le centre et le midi ou les principes monarchiques avaient prévalu, où le retrait était donc un des moyens de soutenir la splendeur familiale, on se faisait un devoir de ne pas contrarier le choix fait par le vendeur de son parent comme successeur et la proximité

150. — Lille, 86. — Lille Chatellenie, 2, art. 6. — Aire, 85. — St-Omer, 124. — Termonde, rubriq., 2 art. 2. — En Hainaut on est proxime de trois façons : De son chef, par suite de minorité, par suite d'absence de celui qui vous précède. Manuscrit. 148, Biblioth. de Mons. Ainsi Primus peut reprendre l'héritage vendu par Secundus, bien que celui-ci ait des enfants, s'ils sont jeunes, car mineurs font place au proxime ensuivant. Mais si les plus proches renonçaient les suivants n'auraient pas le retrait car ils n'ont pas qualité nécessaire. C'est aussi l'opinion de Cogniaux. M. Britz, *Mémoire sur l'ancien droit belgique*, la combat comme contraire au droit commun des successions.

1. Beaumanoir, édit. Salmon, tome II, p. 194, v. pourtant : Bailleul, XVII, 3.

du degré était sans influence du moment où la vente était faite à un membre de la famille. Bien souvent le premier degré appelé à l'exercice du retrait comporte plusieurs représentants, il s'agit de régler entr'eux la concurrence. L'idée première qui se présente à l'esprit est de résoudre la difficulté par le partage. Ce n'est pas la solution généralement adoptée et Beaumanoir la repoussait déjà ; de deux plus proches, ordinairement dans les pays du Nord, c'est l'ainé qui est préféré (1), mais le « mâle » quoique plus jeune passe avant la « femelle » (2).

La coutume de Mons (3) appelle tous les proches de même degré à l'action de retrait, car avec la coutume de Bretagne, elle la regarde partageable. Pour déterminer le degré du retrayant, on suit l'ordre des successions.

Retraite et succession, les deux matières sont intimement liées et se font de mutuels emprunts. La qualité de proche suppose nécessairement une parenté assez étroite avec l'aliénateur, elle ne peut s'étendre au-delà d'un certain degré, le dixième pour les uns, le cinquième pour les autres. Bien rares sont les coutumes ou la parenté est indéfinie. Beaumanoir (4), adopte la règle canonique qui prohibait les mariages avant le septième degré; ceux-là auront le retrait entre qui le mariage est interdit.

---

1. Zuitkote, rub. 2, art. 2 et 4. — Hainaut, 95, 4. — Cassel, p. 12. — Bailleul. rub. 17, art. 1.

2. Termonde, rub. 11, art. 2, et cour féodale, chap. VIII, art. 3. — Prévoté St-Donas, 4, 1, — Hainaut, 95, 4. — Bailleul, rub. 17, art. 1.

3. Mons, chap. IL.

4. Beaumanoir, tome II, édit. Salmon, p. 194.

En Hainaut l'usage était différent et trois arrêtés du conseil de Malines ont adjugé le retrait à des lignagers éloignés du vendeur de plus de dix degrés. L'un des plus anciens commentateurs de la coutume d'Artois, Baudouin limitait au dixième degré le retrait des parents, mais comme en Artois la successibilité n'avait pas de limites, un arrêt du parlement de Paris adjugea le retrait, bien que le retrayant ne fut parent qu'au onzième degré canonique, soit au vingt-deuxième civil (1).

En suivant aussi l'ordre des successions, on est amené à distinguer les parents de ligne paternelle et ceux de ligne maternelle. Dans la coutume de Lille de 1507 (2), on n'exigeait du retrayant que la simple parenté, peu importait de quel côté elle existât. Celle de 1563 requiert la parenté de côté et ligne et les coutumes du Hainaut et de Luxembourg se conformaient à cette règle. Pour jouir du retrait, il faut alors être le plus proche du vendeur, du les et côté dont le bien est devenu patrimonial sans devoir descendre comme dans les coutumes souchères (3), de celui qui a mis le bien dans la famille. Il pouvait arriver que la ligne d'où l'héritage était venu se trouvât sans représentant, par exemple l'héritage descendait du côté paternel et il n'y avait plus que des parents maternels, ces derniers étaient alors reçus au retrait en vertu du principe de dévolution (4).

1. Maillard, *Coutumes générales d'Artois*, p. 784.

2. Le comté de Bourgogne sous la même domination suivant la même règle.

3. Ainsi les cout. de Malines et Bruxelles exigeaient que le retrayant descendît en ligne directe de l'acquéreur primitif.

4. Commentaire sur la cout. de Mons de 1534, mss. 148 de la biblioth. de Mons.

Le bâtard n'a de parenté naturelle qu'avec sa mère et ne se rattache pas à la ligne paternelle. Il est débouté du retrait lignager par la presqu'unanimité des coutumes, car, disent les auteurs, le retrait est introduit pour que les choses demeurent en la famille et les bâtards en sont exclus. Incapables de succéder, ils doivent être inhabiles à retraire (1). La légitimation par mariage subséquent leur confère ce privilège, mais la légitimation du prince n'établit de lien qu'entre le père et les enfants et ne leur accorde le droit de reprendre que ce qui a été vendu par le père, non ce qui a été aliéné par ses lignagers.

Les coutumes dans le nord de la France se sont montrées plus libérales et celles de Bourbourg (2) notamment accorde aux bâtards le retrait « des fonds et maisons auxquels ils touchent du côté maternel ». Bien que la coutume d'Artois soit restée muette à leur égard, la jurisprudence de la Cour d'Arras était également favorable aux bâtards (3). Les Aubains furent souvent associés aux bâtards dans les mesures de rigueur édictées au moyen-âge par les ordonnances et les statuts locaux. On leur refusa le retrait. C'est un droit tellement propre aux Français, dit l'éditeur de Bouteiller (4), qu'un étranger, fût-il propre lignager du vendeur, ne serait pas reçu à

1. Grimaudet, *Traité du retrait lignager*, p. 18. — Là où le bâtard n'a pas le retrait, ses biens y échappent : « Se bastarz vandoit de ses neritages et il aust frères, cosins ou autre lignage, ils n'auroient point de la vanté au bastart ne li bastarz de la lor sinon par achat. » Etab. de St-Louis, Viollet. t. II, p. 173.

2. Bourbourg, rub. 8, art. 13.

3. Maillard, *loc. cit.*, p. 776.

4. *Somme rurale*, édit. Charondas, p. 417.

retraire. Plus tard des traités entre le roi de France et les souverains voisins abolirent le droit d'aubaine et les sujets de ces pays favorisés furent admis au retrait dans tout le royaume. Nous pouvons citer un arrêt du parlement de Paris, de 1613, qui jugea valable le retrait par un Flamand de la terre de Crouï du bailliage d'Amiens (1).

L'intervention des héritiers aux ventes d'aliénation donnait naissance à une grave difficulté : à savoir si les héritiers parties au contrat, conservaient le droit de retraire. Bien que la question ait donné lieu à maintes discussions entre les jurisconsultes, on admettait généralement l'héritier au retrait. C'est la solution donnée par le commentateur de la coutume de Boulenois. En Hainaut, au contraire, le « loant » était considéré comme ayant renoncé au retrait. Ainsi disent les legistes du pays et le principe fut appliqué de fort bonne heure, comme le démontre l'exemple suivant : Une femme veuve dont les trois fils étaient mariés, vendit sa maison et deux de ses fils approuvèrent la vente. Le troisième refusa son consentement. « Ains voloit ravoir par prosmetet ce que sa mère avait vendu et que ses deux frères avaient loet et l'acateur soulevait que l'avoir ne le devait sur lesdits lots. Trouvet que ce qui était loé, nul ne le pouvait ravoir par cause que c'était la portion de ses dits loans » (2). Comme en Hainaut l'action de retrait est divisible, le fils opposant n'obtint que le tiers de l'immeuble, le retrait des autres parts ayant été éteint par le consentement des deux fils.

1. Guyot, au mot retrait.

2. Recueil de jurisprudence de la cour souveraine de Mons. Arch. de l'Etat à Mons.

Edouard Giard   11

Mais en dehors de toute intervention il n'est pas douteux que les enfants étaient en droit de retraire l'héritage paternel (1). Sous l'empire des Chartes générales du Hainaut, la fille ne prenant dans la succession que la moitié d'une part de garçon, jouissait du retrait dans la même proportion. Réciproquement le père avait le même droit. En vain, l'acheteur alléguait-il que les retraits se règlent sur les successions et que les ascendants n'héritent point, leur titre de plus proche l'emportait et nous pourrions mentionner, à titre d'exemple, un passage de l'ancien coutumier de Picardie (2). La donation faite par les parents d'un bien d'acquisition était toujours considéré comme avancement d'hoirie et tenait nature d'héritage. Pour le vendre le donataire devait l'offrir à ses plus proches, à ses père et mère. Avec la coutume de 1507 l'offre a disparu, la vente donne toujours ouverture au droit des parents, mais le mode d'exercice a changé, c'est le retrait lignager conféré aux père et mère, s'ils sont tous deux en vie pour la totalité, et si l'un est décédé pour moitié au survivant, pour moitié aux lignagers du défunt.

Lorsqu'un des proches reprend un héritage, il conserve le droit d'en disposer, de le céder à un étranger, comme le reste de son patrimoine. Décidé au moment du retrait à garder le bien, il a pu, question d'intérêt,

1. Grimaudet, *loc. cit.*, p, 24. — Le fils retrait comme proxime. dit Petit, dans son *Commentaire manuscrit sur la coutume de Mons,* et l'on fait abstraction de sa qualité d'héritier.

2. « Se le pères ou le mère... donnaient a leurs enfans.. li pères et le mère auroient l'offre », éd. Marnier, p. 148-149.

modifier son avis. Comment concilier la liberté d'aliénation avec la prohibition édictée par toutes les coutumes
de céder le droit de retrait à un étranger ? Solution
délicate parce qu'il s'agit de scruter les intentions. Aucune
matière ne donnait lieu à plus de procès que celle des
retraits et la plupart naissaient de cette prétention que le
retrayant avait agi non pour lui, mais au profit d'un ami,
d'un étranger. « Si l'acateur retrait pooit donner en apai-
sement que le proisme l'ait repris pour autrui, cette
reprise serait de nulle valeur (1). »

Certaines coutumes avaient posé en principe que la
revente faite dans l'année du retrait cachait une substitution prohibée et que la reprise était nulle de plein
droit (2). Au delà de l'année c'était à l'acquéreur dépossédé a prouver que le retrait avait été exercé en fraude
de ses droits et il pouvait, à cette fin, requérir le serment
du retrayant. Il ne faut pas confondre avec la cession du
retrait consentie à un étranger le rapport fait par un
procureur à la personne au nom de laquelle il a agi.
La représentation en justice fut admise de bonne heure,
sauf en Hainaut où elle s'introduisit seulement en 1410
et bien plus tard encore en 1606, dans l'exercice des actes
de juridiction volontaire (3). Le père pouvait retraire
pour ses enfants, le mandataire pour l'absent, le curateur

1. Rec. de jurisp. de la cour souveraine de Mons, déjà cité.
2. Voy. Le Camus d'Houlouve, *Commentaire sur la cout de Boulenois*,
p. 533. L'action de l'acquéreur en cas de fraude est l'action en répé-
tition du retrait. — Bergues, St-Winox, rub. 9, art. 19. — Furnes,
t. 30, a. 10. — Bourbourg, r. 8, a. 6. — Lille Chatellenie, tit. XI, a. 6.
3. Raoux, *Mémoire sur la conformité des coutumes de Hainaut avec
l'ancien droit romain*, p. 35.

au ventre pour l'enfant conçu (1), le mari pour sa femme. « Si c'est femme mariée, dit la coutume d'Amiens de 1300, convient que le mari soit présent comme avoué de sa femme. Si la femme n'est pas mariée, convient qu'elle ait procureur qui li soit donné suffisamment par maïeur et esquevins et par l'accord de quemins amis s'il y en a nul. » En vertu des mêmes principes, le fermier était considéré comme procureur fondé de son propriétaire et pouvait exercer le retrait à sa place.

En somme pour être reçu au retrait, il suffisait d'être successible du défunt et au degré le plus rapproché. La principale restriction visait les membres des congrégations déliés aux yeux de la loi de tout lien de famille et qui pour cette raison ne jouissaient plus de la faculté de retrait essentiellement attachée à la parenté (2).

Le seigneur, comme tout autre, possède le droit de retraire, mais s'il l'exerce, il importe de connaître si c'est à titre de parent pour reprendre l'héritage de ses proches ou comme seigneur pour réunir à son fief les terres qui en dépendent. Au premier cas la proximiorité du degré règle l'exercice du retrait entre les lignagers, le seigneur vient à son rang. Si au contraire il y a concurrence entre les parents d'une part et le seigneur de l'au-

---

1. Selon la coutume du Hainaut, pour être habile à retraire l'enfant doit être né dans l'an et jour de l'aliénation; exercé avant la naissance de l'enfant, le retrait reçoit confirmation si l'enfant naît dans cette période.

2. Le novice n'ayant renoncé à rien ne perd pas le retrait. Grimaudet, liv. II, chap. VII. — Patou, *Commentaire sur les coutumes de Lille*, t. II, p. 84.

tre, le retrait lignager passe avant le féodal. L'ordre était
logique. Dans les pays coutumiers, la hiérarchie succes-
sorale ne pouvait même pas être dérangée par des dispositions de dernière volonté ; les biens étaient substitués
à tous les descendants de l'avenir et le seigneur venait
après tous les parents.

L'effet du retrait était de ramener dans la succession
des biens qu'on avait tenté d'y soustraire et le principe
de conservation des biens si fort en honneur parmi les
populations du Nord assurait la prééminence aux lignagers sur le seigneur. La coutume du Hainaut qui se détache souvent du groupe de ses voisines par le particularisme de ses décisions, est la seule qui assure la préférence
au seigneur. Les commentateurs se gardent de nous
expliquer cette bizarrerie qui s'accorde mal avec le développement extraordinaire des garanties données à la
famille et notamment du retrait.

Contre qui le retrait est-il donné ?

Le retrait est accordé au parent le plus proche contre
tout acquéreur, même lignager. Du moment où l'on s'attachait à la graduation de la parenté, il importait peu que
l'acquéreur fût lignager ou non, s'il n'était pas le premier en rang. C'était déjà une règle caractéristique du
droit dans le Nord, mais l'originalité s'accentua encore
lorsque quelques coutumes décidèrent d'accorder le
retrait contre le lignager le plus proche qui s'était porté
acquéreur du bien. Telle la coutume de la Châtellenie, de
Lille, titre des retraits, art. 11 et celle de la ville, tit. 7

art. 7 où il est dit que « le proisme ayant acheté fiefs, maisons ou héritages patrimoniaux de son parent et ayant été d'iceux adhérité, perd son droit de proximité et peut autre parent de l'acheteur faire la reprise » (1).

Si l'acquéreur était une communauté, elle était soumise à des règles spéciales. Les gens de main-morte devaient obtenir le consentement du prince pour obtenir des immeubles. Il en était ainsi partout. En vain Boulé essaie-t-il de prouver qu'ils pouvaient prescrire les acquisitions faites sans octroi, la nullité de semblables contrats est formellement déclarée par des édits de 1520, 1753, etc. En pareil cas la reprise du bien était accordée non seulement aux lignagers du vendeur, mais au vendeur lui-même (2), au seigneur féodal et dans quelques villes comme Ypres et Liège à tout le monde, nonobstant tout délai.

La prescription immémoriale n'arrivait pas à couvrir les vices de pareille aliénation et les communautés n'avaient qu'un moyen pour échapper au retrait, c'était d'obtenir des lettres de restitution. Elles étaient donc moins bien traitées que les particuliers puisque sans pouvoir exercer le retrait lignager, elles étaient exposées, faute d'autorisation, à une reprise perpétuelle. Comme

1. Pollet, *Arrêts du Parlement de Flandre*, partie II, arrêt 34. — De Ghewiet, *Institutions du droit Belgique*, p. 411. — *Contra Patou*, tome II, p. 133. La controverse est longue, nous ne pouvons l'exposer. Elle repose sur le point de savoir laquelle des deux coutumes de Lille doit servir à interpréter l'autre. — Voy. encore *Croisettes*, 36 dans Bouthors, *Cout. du bailliage d'Amiens*, tome II, p. 95.

2. Quand les seigneurs avaient réuni les biens de main-morte acquis sans octroi, les héritiers et ayants cause de l'ancien possesseur avaient le droit de revendication dans l'an et jour de l'entrée en possession.

compensation le Parlement de Paris avait jugé dès 1267 (1),
qu'en la vente de dîmes faites par un laïc a une église à
laquelle elles appartenaient de droit commun, il n'y avait
point lieu au retrait. Exception très raisonnable qui
s'explique par le désir de reconsolider la propriété et de
ramener les dîmes détournées de leur but primitif à leur
destination première.

Il faut aussi remarquer que si le roi usait du retrait
lignager, lorsque l'occasion s'en présentait (2), il n'était
pas tenu de souffrir le retrait des terres par lui
acquises. C'est du moins l'opinion soutenue par la majorité des auteurs. On trouve aux Olim (3) une décision

1. Olim, Beugnot, t. 1, p. 689 « *voluit rex quod cum decima venditur
ecclesie sue parrochiali, locum non habeat retractus per bursam.* — Le
retrait se désigne sous l'expression *retractus per bursam*, par allusion
à la présentation des deniers.

2. Par suite d'une mauvaise interprétation d'un passage de Jean
Froissard (t. VI, p. 77, édit. Siméon Luce), plusieurs auteurs ont
rapporté que le roi Jean le Bon avait repris le duché de Bourgogne
par retrait lignager. C'est une inexactitude historique, doublée d'une
erreur juridique. Le retrait s'exerce à l'occasion d'une vente et le
duché de Bourgogne n'avait fait l'objet d'aucune aliénation. C'est
par succession et comme plus proche que le roi de France acquit
cette riche province. Il était fils de Jeanne de Bourgogne, et neveu
du grand-père de Philippe de Rouvre, Eudes IV. Tandis qu'il était
l'oncle à la mode de Bretagne du défunt, Charles II, roi de Navarre
en était seulement cousin issu de germains. L'ordonnance de 1361 au
tome IV du Recueil du Louvre, p. 212 et ss. nous dit bien que le
duché échut au roi à titre de succession « *jure proximitatis ad nos
fuerit devolutus et in nos jure successorio tranlatus* ». L'erreur vient de
ce que le terme *proximitas* employé souvent pour désigner le retrait
lignager est pris ici dans son sens propre. — En 1267, le roi par son
bailli de Vermandois demandait la préférence sur un parent lignager
parce que le bien provenait d'un don royal, mais sa demande fut
rejetée. Olim. p. 666, tome I.

3. Olim Beugnot, t. II, p. 233,

en ce sens : Rauduin de Guines avait vendu son comté
au roi et l'un de ses parents avait cru pouvoir en
faire le retrait. Le Parlement aux assises de Toussaint de
1283 rejeta cette prétention et Loisel ériga en maxime la
solution de cet arrêt. La question toutefois faisait difficulté
et il se trouva des partisans pour admettre le retrait (1)
même en pareil cas. Nous supposons qu'en l'occurence
l'acquisition se couvrait d'un prétexte d'utilité publique
qui éteignait toute revendication.

§ 4. *Biens soumis au retrait*.

Division. — Discussion sur les deux mainfermes, bairgages. — Règles
spéciales du retrait suivant chaque catégorie de biens. — Condition des biens retirés.

Ce serait une grave erreur de juger de l'état de la propriété primitive d'après les notions actuelles et le procédé
d'analogie amènerait de fausses conclusions. La division des
biens était autre, les termes qui les désignaient n'avaient
pas la même signification qu'aujourd'hui. Pour ne citer
qu'un exemple, les maisons, immeubles par excellence
étaient regardées comme meubles par la coutume de Gand.
La Bassée, Douai, etc. et à ce titre échappaient au retrait (2).

---

1. On peut invoquer en ce sens un arrêt du Parlement qui refuse
le retrait contre le roi parce que l'acte d'acquisition était un échange
et qu'en échange, point de retrait. Ne peut-on conclure de là qu'il
était parfois reçu ? V. Olim, t. I, p. 479.

2. La Bassée, 6. — Douai, I, 4. V. également Bergues St-Winox,
2, 19 à 20. — Bourbourg, 11, 16. Dans la cout. de Lille, une disposition semblable fut consignée par Charles Quint en 1553 : les mai-

Sans doute c'était une fiction de droit mais il y avait là
l'expression d'un souvenir. En remontant de quelques siècles, on trouve que la maison est un meuble qui se déplace
aussi facilement que la table et les bancs qui la garnissent : *Nulla domus vendi potest*, disait la charte de Landre-
cier de l'an 1200, *ita ut extra villam ducatur* (1). Pour
empêcher que la ville se reduisit à rien l'étranger, acquéreur d'une maison à l'intérieur s'interdisait de l'emme-
ner avec lui, lors de son départ. Cette disposition est
commune à la plupart des communes environnantes et la
coutume de Saffelaere, dans des termes identiques
punissait d'une amende de deux sous l'étranger qui
emportait sa maison (2).

La première des distinctions et la plus importante en
matière de retrait sépare les meubles des immeubles. En
général, ces derniers seuls et lorsqu'ils avaient acquis la
qualité de propres faisaient l'objet du retrait. Ils formaient le noyau principal des fortunes familiales, assu-
raient la possession des titres de noblesse et leur fixité
permettait qu'on les entourât d'une véritable affection.
Dans l'intérêt des familles, au dire de Loisel, on leur assi-
mila quelques meubles, précieux entre tous.

Le système dans le Nord est bien plus complexe. Des
immeubles, ceux qu'on appelait héritages et par hérita-

sons situées dans la ville et banlieue furent meubles, dans le reste de
la chatellenie demeurèrent immeubles. Malgré leur caractère mobilier les maisons restèrent susceptibles de retrait. Id. à Esreux et
dans l'échevinage de Neuville. Patou, t. II, p. 143.

1. Laveleye, *De la propriété et de ses formes primitives*, p. 14. Voy.
également : Charte de Bironfosse, Duvivier, *Recueil d'actes concernant
la Belgique*.

2. Wauters, *Libertés communales*, preuves, p. 215. Les rentes res-

ges nous entendons les immeubles qui tiennent leur qualité de cette nature, subissaient seuls la préférence des parents. Les meubles précieux, les offices, les immeubles fictifs étaient par cela même exclus du retrait. Pourtant dans le Hainant les rentes hypothécaires sur l'héritage étaient réputées en faire partie et par conséquent comme immeubles, sujettes au retrait.

La distinction des propres et acquêts était loin d'être aussi tranchée.

La coutume d'Amiens (1), par exemple, soustrayait bien d'une façon générale, l'acquêt au droit des parents, mais quand il était donné par les père et mère à leurs enfants il tenait nature d'héritage et ne pouvait être vendu qu'après avoir été offert aux proches. Les père et mère trouvaient là l'occasion de recouvrer les biens donnés. Dans les provinces flamandes, et c'est leur particularité, on jouissait du retrait vis-à-vis de tous les héritages, sans distinction. « Héritage procédant d'acqueste ou autrement », dit la coutume de Lille (2) aussi bien que les coutumes voisines. Il en était de même à Ypres ainsi qu'en témoigne une consultation des échevins de cette ville par leurs collègues de Saint-Dizier en Champagne. « Nous permettons le retrait, même des acquêts, aux plus proches de lignage » répondent les magistrats flamands (3).

tées personnelles étaient meubles et échappaient au retrait lignager.

1. *Ancien. cout. de Picardie*, Marnier, p. 148.

2. Lille. tit. VII, art. 9. — Emmerin, art. 7. — Seclin, 7. — Seclin (Saint-Piat), 11. — Neufville, 5. — Bourbourg, rub. art. 1 et 4. — Cassel, 245. — La Gorgue, 70, etc.

3. Olim, tome II, p. 843. — V. Carlier: Ypres et St-Dizier, p. 114;

Entre les meubles et les immeubles, il existait chez nous une troisième sorte de biens, les cateux. Originairement cateu avait le sens de meuble ; les coutumes générales du Hainaut, celle de Valenciennes (1) lui conservent expressément cette signification. Ailleurs, les cateux n'étaient pas des meubles réels, mais des meubles fictifs qu'on avait soustrait à la catégorie des immeubles pour en rendre la disposition plus facile. Suivant Beaumanoir (2), pour qu'une chose soit réputée immeuble, il ne suffit pas qu'elle soit fixe, il faut qu'elle produise un revenu annuel « héritages s'y sont choses qui ne puent être mues et qui valent par années as seigneurs a qui ils sont ». Bouteiller (3) reprend la théorie et distingue des arbres fruitiers inhérents aux héritages « tous autres arbres qui sont tenus pour meubles ». Les étables, écuries, granges, hangars et autres bâtiments légers étaient des cateux secs (4) ; aux cateux verts appartenaient les arbres sans fruits, ormeaux, fresnes, peupliers. Les cateux étaient déférés à l'héritier mobilier et leur caractère de meubles s'affirmait également dans le règlement de la communauté conjugale.

sous le numéro 293 des consultations de St-Dizier nous trouvons que le retrait des acquets et héritages appartient aux plus prochains *amis* du lignage de sang soit de par le père ou de par la mère. Amis a ici le sens de parents. On le retrouve souvent avec cette signification au moyen-âge. V. Prou à son cours, Ecole des Chartes, 1900.

1. *Cout. génér. du Hainaut,* Ch. CXXII, Valenciennes, 34, 43, 44, 87.

2. Beaumanoir, chap. XXII, t. I, p. 332, édit. Beugnot.

3. Bouteiller, édit. Charondas, p. 434. — Ed. d'Abbeville, f° 113.

4. Roisin, éd. Brun-Lavaine, p. 72.

En dehors de ces deux hypothèses, les historiens du droit moderne sur l'autorité de Merlin (1), ont soutenu que la fiction cessait notamment en matière de retrait lignager. En d'autres termes, les cateux n'auraient pas échappé au retrait. Il y a là une légère inexactitude et c'est bien à tort que l'opinion de Maillard a été invoquée en la circonstance car le jurisconsulte artésien nous indique d'une façon précise la jurisprudence suivie (2). Ou bien les cateux se vendaient cumulativement avec le fonds et leur adhérence à l'immeuble effaçait la fiction pour les rendre à leur premier état, ou bien les cateux faisaient l'objet d'une aliénation distincte et la fiction conservant toute sa force, ils n'étaient pas susceptibles d'être retirés. Cette solution a le mérite de mieux s'accorder avec les raisons d'être de cette catégorie de biens. On a détaché les cateux pour les faire échapper aux conditions rigoureuses exigées pour l'aliénation des immeubles. Très certainement on a visé le retrait qui constitue le principal obstacle.

Des règles particulières étaient établies suivant qu'il s'agissait de fiefs, d'alleux ou de main-fermes ; elles variaient de pays à pays. Deux maximes contraires regissaient la France : Nul seigneur sans titre ; nulle terre sans seigneur. La première régnait en pays coutumiers,

1. Merlin, Répertoire, au mot cateu. — Beaune, *Droit coutumier, condition des biens*, p. 15 et ss. ; Glasson, *Histoire du droit et des Institutions de la France*, tome VII, p. 227.

2. Maillard, *loc, cit.*, p. 750. n° 35 « Si les cateux sont vendus séparément.,.. ils ne sont pas sujets à retrait parce que pour lors ils sont une propriété séparée et distincte du fonds et conservent principalement leur nature de meubles ».

la seconde dominait les contrées de droit écrit mais elle était reçue également en Hainaut où tout immeuble était réputé fief, c'est-à-dire en puissance de maître. La terre libre s'appelait alleu ; ce terme n'était pas restreint aux propriétés privées, il s'étendait à des territoires entiers, tel l'alleu de Binche près de Mons, l'alleu de Saint-Vaast en Artois. Certaines villes bien qu'en pays censuel étaient allodiales en vertu de privilèges locaux ; Tournai et Saint-Quentin étaient de ce nombre (1). En Hainaut tout immeuble était réputé fief (2) ; s'il échappait à cette présomption c'était pour retomber par une autre dans la classe des mainfermes.

On a beaucoup discuté sur le caractère des mainfermes (3) et les définitions données sont pour la plupart inexactes. L'erreur des auteurs a été de faire des mainfermes une sorte unique de biens alors que leur condition variait d'une localité à l'autre. Ainsi la mainferme du Cambresis n'était autre que ce que l'on nommait à Paris

1. Chenon, *Etude sur l'histoire des alleus en France*, p. 141.

2. Si la maxime nulle terre sans seigneur régnait dans le Hainaut, elle était loin d'être entendue avec la même largeur qu'ailleurs. En fait les esprits y étaient antipathiques, comme le démontre l'existence des mainfermes, Libres comme les alleus, supérieures à eux sur certains points que nous aurons l'occasion de relever, elles n'en différaient que par la reconnaissance purement nominale d'un seigneur direct.

3. Peut-être faut-il y voir avec Regnard, *Dissertation sur la nature des mainfermes dans le Hainaut*, des biens primitivement allodiaux transformés par influence seigneuriale en mainfermes. Telles que nous les retrouvons, ce sont des rotures et Bouthors a tort d'y voir des rotures d'une allodialité imparfaite. Cpr. sur tous ces points Rogier, *Essai sur les justices foncières*, Paris 1898, p. 133 et ss. Guérard, *Cart. de St-Père de Chartres*, prolégomènes, p. 128.

le franc-alleu roturier. La confusion des censives et des mainfermes s'était produite rapidement. D'après une enquête par turbe faite à Arras le 10 mars 1491 (1), rotures, censives, mainfermes, cotteries étaient des termes équivalents. Le président Boulé et de Ghewiet (2) à sa suite opposent à l'alleu la mainferme, c'est-à-dire « la terre chargée de redevances » et l'auteur de la *Jurisprudence du Hainaut* (3) reproduisant la confusion des chartes générales (4) s'exprime en ces termes : « l'origine des mainfermes ou censives est presque aussi ancienne que celle des fiefs ». Enfin Merlin (5), d'après tous ces auteurs précédents, pose sans hésitation l'assimilation de la mainferme et de la roture. On peut cependant ramener à quelques traits le type spécial du bien de mainferme. Bouteiller (6) relevait la différence importante des censives d'avec les mainfermes, celles-ci ressortant de l'échevinage, les premières de la Cour censière. « Mainfermes doivent à leur seigneur service d'échevinage car le seigneur de tel tenant peut faire ses échevins pour traicter et demener ses héritages entre ses tels sujets.... En censives peut le sire mander ses tenans en cense et les peut conjurer et faire dire loi ».

La coutume du Cambrésis distinguait bien les mainfermes des cotteries car elle attribuait à chacune de ces

1. Maillard, *Cout. d'Artois*, p. 217.
2. De Ghewiet, *loc. cit.*, p. 158. — Boulé, *Institution du droit coutumier du pays de Hainaut*, liv. II, tit. I, § 3.
3. Dumées, *loc. cit.*, p. 73.
4. Chap. CXXII, art. 2.
5. Merlin, répertoire au mot mainferme.
6. Bouteiller, *Somme rurale*, I, 84, p. 489, Edit Carondas.

espèces de biens des devoirs de loi particuliers (2, tit. V).
En somme c'étaient des tenures roturières mais qui
échappaient aux prestations caractéristiques du bail à
cens. A cet égard les mainfermes se rapprochaient des
francs-alleux (1) mais elles s'en différenciaient par le
mode de nantissement. Tous francs-alleutiers pouvaient
recevoir les devoirs de loi des héritages semblables aux
leurs, mais comme ils ne formaient pas de cours particulières, les devoirs de loi pouvaient se passer à l'extrémité
du pays pour un héritage situé à l'autre bout. Tandis que
la mutation de propriété des francs-alleux se constatait
sur feuilles volantes, les particuliers ne tenant pas de
registres, celle des mainfermes aliénées devant le corps
de l'échevinage était soigneusement consignée dans des
registres tenus à cet effet. Qu'arrivait-il? Les mêmes personnes vendaient trois et quatre fois des alleux, au
mépris des droits acquis, et les stellionats, impossibles
pour les mainfermes, étaient de pratique fréquente de la
part des possesseurs d'alleux. La garantie des œuvres de
loi devenait complètement illusoire.

Connaissant les diverses sortes de biens reconnues dans
les coutumes du Nord, il nous reste à examiner les règles
du retrait pour chacune d'elles. Dans le Cambrésis
comme dans la cité d'Arras le retrait lignager n'était pas
reçu pour les mainfermes, mais il ne l'était pas non plus
pour les fiefs ni pour les alleux et c'est donc à tort que
Galland avait cru voir dans le refus du retrait un des

1. Ce n'est pas suffisant de définir comme Dumées *le franc alleu
du Hainaut*, un héritage exempt de tous droits seigneuriaux, car
les mainfermes, biens roturiers, jouissaient des mêmes privilèges.

caractères distinctifs des mainfermes. Les chartes générales du Hainaut (1) distinguent autant de retraits que
de biens. Les fiefs y sont indivisibles et lorsque les
retrayants sont au même degré, le plus âgé exclut les
autres ; pour les francs-alleux et mainfermes qui sont
divisibles les plus proches concourent. Aux fiefs succèdent seulement les mâles ; les filles héritent des alleux
comme les garçons, et des mainfermes seulement pour
moitié. La reprise des mainfermes (2) n'a lieu qu'au profit
du plus proche mais elle est si avantagée qu'elle est
accordée pour 12 deniers de moins. Au retrait des fiefs
on admet tous les parents du vendeur, sauf la préférence
du plus rapproché, moyennant le prix réel d'acquisition.
Enfin opposition plus remarquable, la représentation du
contrat aux proches, l'offre, si l'on préfère, est exigée de
l'acheteur des mainfermes, mais les acquéreurs d'autres
biens sont dispensés de cette formalité.

En dehors des fiefs, à côté des alleux et mainfermes,
Bouthors (3) indique une autre tenure roturière le bourgage, bien situé à l'intérieur d'un bourg et qui devait réunir
les deux conditions suivantes : 1° être à l'usage d'habitation ; 2° être possédé par un bourgeois. Le bourgage se composait de deux éléments, le fonds et l'amasement. Le fonds
restait dans la main du seigneur et le possesseur était tenu

1. *Chartres générales du Hainaut*, VC. — Cogniaux, *Pratique du
retrait dans le Hainaut*. — Au temps de Bouteiller, le retrait lignager des fiefs était inconnu. Bibl. nat., n° 101, fonds latin, p. 256.

2. La Charte de Valenciennes est muette sur le retrait des mainfermes, elle ne le reconnaît pas. *Contrà*, Arrêt du 23 février 1601,
décidant que le retrait doit-être admis dans les coutumes muettes,
cité par Dournes *Des successions dans le Hainaut*, p. 44.

3. *Sources du droit rural*, p. 385. Rogier, *loc. cit.*, p. 135 et ss.

vis-à-vis de lui de toutes les obligations du tenancier cottier. L'amasement était grevé d'un droit supérieur de la commune. Comme pour être bourgeois il fallait avoir pignon sur rue et habiter sa maison, l'amasement constituait une sorte de garantie immobilière de la bonne conduite des habitants. Les tenures de bourgage étaient susceptibles de reprise lignagère comme tous les autres biens, seulement, à raison de l'importance de la question de résidence, le retrait n'était accordé qu'au parent qui demeurait dans la ville (1).

Après avoir vu quels biens étaient sujets aux retraits, il est intéressant de savoir ce que devenaient les biens retirés. C'étaient en réalité de véritables acquêts, car ils avaient été achetés moyennant finances, mais en faveur du sang on les regarda comme propres (2). L'héritage repris semblait moins une acquisition qu'une augmentation des biens patrimoniaux déjà possédés par le retrayant. Tous indistinctement il les détenait à titre de lignager, comme mandataire de la famille et l'accessoire devait suivre nature du principal. L'entrée du bien dans le patrimoine du retrayant résultant de la parenté et non d'un effort d'activité personnelle, on trouvait mieux conforme aux intentions de donner aux biens retraits la qualité de propres.

1. Heuchin, Art. 10. Le retrait seigneurial ne s'y exerce qu'à défaut de proxime demeurant dans la ville. Bouthors, *Cout. locales du bailliage d'Amiens*, Paris 1852, II, p. 588 et 630. C'est une combinaison du retrait lignager attaché à la qualité de parent et du retrait de bourgeoisie, privilège de l'habitant. *Id* à Bredenarde, Bouthors, II, p. 666, 18.

2. Il se peut pourtant que le statut imprimé au propre retrait la

Il n'était pas permis au retrayant de se réserver lors de son action la libre disposition de l'héritage retrait et, s'il l'aliénait à titre onéreux, les autres lignagers et le premier vendeur avaient la préférence sur l'étranger. La qualité fictive de propres entraînait d'autres conséquences. D'abord lorsque le retrait était exercé durant la communauté, l'héritage restait propre au conjoint retrayant sauf à faire raison à l'autre de la somme déplacée. Si le retrayant venait à mourir, il tombait au lot des propres, et les héritiers des meubles et acquêts étrangers à la ligne d'où il procédait n'y succédaient point. Pour qu'ils ne fussent pas frustrés, la plupart des coutumes exigeaient qu'on leur restituât le prix et Maillard (1) est le seul auteur à soutenir que l'héritier des propres ne doit aucune récompense. Le remboursement efface entièrement les dernières traces de la qualité d'acquêt, désormais l'immeuble est considéré comme un ancien bien de famille auquel les héritiers aux propres succèdent indéfiniment. Au contraire si c'est l'héritier aux acquets qui conserve l'héritage, il est dans ses mains un propre naissant qui ne remonte pas plus haut qu'au retrayant et ce sont les parents de ce dernier qui forment la ligne. Auquel des héritiers appartenait la somme consignée lorsque le retrayant mourait avant la fin du débat ? Devait-on considérer l'argent comme représentation de l'immeuble ou gardait-il sa nature de meuble ? Un arrêt de Hainaut

qualité d'acquêt. Lille Salle déclare acquêt l'héritage cottier retrait pendant le mariage par le mari et patrimonial celui qui est retrait par la femme.

1. Maillard, *loc. cit.*, p. 616.

l'avait adjugé aux héritiers immobiliers mais sur revision la Cour se décida en sens contraire (1).

Le bien avec tous les droits qu'il comporte passe par le retrait de l'acheteur étranger sur la tête du lignager, mais comme le retrayant prend le marché de l'acquéreur et se substitue à lui il est censé tenir directement l'héritage du vendeur. Il y a une seule vente, d'où : tous les droits réels constitués par l'acheteur s'éteignent avec la résolution du contrat ; tous les droits que lui-même possédait avant l'acquisition revivent.

Tels sont les biens sujets au retrait, telle est leur situation dans le patrimoine du retrayant.

§ 5. *Actes qui donnent lieu au retrait.*

Vente. — L'échange échappe souvent au retrait d'où fraudes. — Droit spécial du Hainaut. — Du retrait de mi-denier.

Selon le droit commun de la France, le retrait n'avait lieu que pour les ventes mais il était admis dans toutes. Masuer (2), tout en reconnaissant que c'est là le droit général, critique le retrait ès ventes judiciaires en faisant remarquer que le lignage est suffisamment protégé par la faculté de se porter adjudicataire. Dans la vente à réméré le droit des héritiers était encore plus étendu puisque le délai se prolongeait un an au delà de l'expiration de la clause de réméré.

1. *Commentaire manuscrit de Petit*, t. V, Bibl. de Mons.
2. Masuer, *Practica Forensis*, 1601, tit. XXX, p. 426.

L'échange ne donnait naissance au droit de reprise des parents que lorsqu'il se rapprochait intimement de la vente par l'existence d'un prix, d'une soulte. « Et n'i a point d'offre s'il n'y a entrée d'argent » dit la vieille charte de commune d'Amiens de 1209 (1). Lorsqu'aucune soulte n'a été stipulée, le contrat reste un pur échange et pas de retrait quelle que soit la différence de valeur des immeubles. « Pour escangier tel héritage contre autre piet pour piet mais qu'il n'y ait fraude il ne gist point de proismeté, ne se ly ungs en eust deux piés pour ungs et il le vausist il n'y a point proismeté mais qu'il n'y ait fraude » trouvons-nous dans un très ancien manuscrit de droit Lillois (2) et Beaumanoir nous dit de son côté: « cil qui vuelent fere loial eschanges auquel il n'a point de rescousse doivent doner eritage pour eritage sans nule autre soute de mueble et doit chascuns tenir son eschange an et jor ; et doit estre l'eschanges teus qu'on voie le pairfit à chascune partie sans barat et adonques li eschanges est tenus » (3).

Puisque la vente était le principal et pour ainsi dire l'unique contrat soumis au retrait, pour éviter la reprise de la part des parents il suffisait de déguiser la vente sous le revêtement d'un autre contrat et l'échange fournissait le meilleur prétexte aux fraudes. C'est ce que reconnaissait fort bien Beaumanoir en exigeant pour la validité de l'échange que l'immeuble ne changeât point

1. A. Thierry, *loc. cit.*, tome I, p. 162.

2. *Manuscrit,* 214, Biblioth. municipale de Lille. C'est un recueil incomplet des coutumes de la ville et de la salle de Lille, datant du XIVe siècle.

3. Beaumanoir, ch. XLIV, édit. Salmon, t. II, p. 193, n° 1362.

de mains pendant un an. L'auteur du grand coutumier (1)
ne se fait pas scrupule d'indiquer les moyens de tourner
la loi et de jouer quelque bon tour aux héritiers. Voici
comment on procédait. Vendeur et acheteur dressaient
pour le public des lettres d'échange et l'acheteur désignait
un de ses immeubles en contre partie de l'héritage vendu,
cependant qu'en secret il payait le prix convenu. L'immeuble de l'acheteur était revendu de suite à son mandataire ou ami qui le lui rendait alors. Ou bien en échange
d'un immeuble on donnait des biens mobiliers, bestiaux,
joyaux, etc. (2). En telle hypothèse, pour déjouer la fraude,
la coutume de Termonde (3) accordait le retrait bien que
l'échange n'y donnât pas lieu ordinairement. Le retrayant
n'avait qu'à payer la valeur des meubles sur prisée (4).

Les fraudes étaient si fréquentes que, suivant les dispositions des coutumes septentrionales, deux hommes d'honneur venaient affirmer que l'échange n'avait pas pour but
de tromper les héritiers. Il y avait pourtant encore bien
d'autres moyens d'échapper au retrait (5). Les conces-

1. Grand coutumier, édit Laboulaye et Dareste, p. 346-7.

2. Voy. un exemple donné par Beaumanoir, *loc. cit.*, p. 192,
n° 1359.

3. De Croos, *La coutume de Termonde, loc. cit.*, p. 193, n° 1261.

4. Beaumanoir signalait déjà l'artifice. Pour renchérir le marché
on achetait contre des denrées dont le prix était dans l'acte fraudu-
leusement surélevé. C'était au retrayant à veiller. Comme l'intention
d'éviter le retrait était manifeste, on avait reçu le retrait dans tous
les cas d'échange d'immeuble contre des meubles. Si la valeur des
denrées avait changé, on n'exigeait du retrayant que le prix au jour du
premier contrat.

5. V. aux *Olim*, t. I, p. 496, une tentative de fraude déjouée. Les
moines de Royaumont pour éviter le retrait avaient acquis un héritage
moitié en achat, moitié en échange. Le Parlement accorda le retrait

sions viagères ou d'usufruit en étaient exemptes car elles
ne dépossédaient la famille que pour un temps « En vendage d'héritage viagèrement il n'y a retrait à cause que
tel droit est réputé meuble » dit la coutume de Mons de
1534. Sous des dispositions temporaires d'apparence se
cachaient trop souvent des aliénations perpétuelles. C'est
l'espèce présentée dans un procès à Lille au xiii* siècle :
« Il fut ungs hom qui avoit acatet ung fief a le vie de lui
et de se feme et le darrain vivant tout tenant. Et ly
tuteurs et curateurs des enfans d'ycelui avoient accaté le
treffons dudit fief et sur che ung proismes vieunt a le
court et demanda tout ledit fief par proismeté et dit que
tous les deu marquiés était ung marquiés et che que fait
en avoit esté estoit par fraude, en offrant ses fais à prouver, et partie ly denia. Et requist a avoir le serment du
vendeur, del accateur, des coulletiers et de tous autres
qui de ce markiet scavoient parler (1) ». Celui qui avait
acheté le viage conteste au demandeur le droit de l'appeler en témoignage et son adversaire lui réplique. Après
plusieurs répits « sy fu dis par jugement que proismetés
estoit sy noble que avoir le doit quand elle estoit juste-
ment demandée, et que il qui estoit demandeur de laditte
proismeté il se ayderoit de tous tesmoings pour acquerre
et scavoir son droit en l'iretaige et especialement du vendeur, del accateur et de tous autres se affaire en avoit ».

« *ad amovendam fraudem* » (1260). — A Pont-Audemer toujours
dans le même but, les ventes se faisaient en cachette. Louis IX sur
les instances des bourgeois ainsi frustrés du retrait ordonne la publicité du contrat.

1. N° 214 mss. Bibl. Lille.

Cette sentence fut rendue le 20 mars 1286 (v. st.). Beaumanoir (1) prévoit un cas à peu près analogue ou l'aliénation se dérobe sous la division en deux opérations :
« Pierres offri son éritage à vendre à Jehan et Jehan dit
qu'il ne l'achèteroit pas mes les despueilles de VI ans. Et
courut marchiés desdites despueilles.... ». Peu après
Jean achète l'héritage et dans l'année du contrat un
parent se présente pour retraire. Il lui répond qu'il
reprendra volontiers son argent mais gardera la jouissance de l'héritage pendant les années d'engagement.
Beaumanoir ajoute : « Mais alors tout cil qui malicieuse-
ment vourroient débouter les eritiers des rescousses d'éritages les engageroient à VI ans ou à plus pour un petit
nombre d'argent ». Et les hommes juges décidèrent que
le parent pouvait rentrer en la possession de l'immeuble
en rendant avec le prix du tréfonds le coût de l'engagement à raison du temps qui restait à courir.

Jacques d'Ableiges n'a pas épuisé toutes les « provi-
sions » contre le retrait; il nous en signale encore d'autres. Le vendeur peut s'obliger lui et ses héritiers à une
amende au cas de dépossession de l'acquéreur. Ce moyen
nous semble toutefois d'une efficacité douteuse (2) car les
conventions particulières ne prévalent point contre des
droits publics. Ou bien la vente était faite à une personne sur laquelle le retrait est impossible. Ou bien
l'acheteur disparaissait derrière un tiers contre lequel
on intentait le retrait; lorsque l'année était passée, le
défendeur se dévoilait et démontrait que l'héritage n'a-

---

1. Beaumanoir, *loc, cit.*, t. II, p. 213, n° 1414 ; éd. Salmon.
2. Au moins à l'égard des héritiers.

vait jamais été sa propriété. Nous nous arrêtons, mais on pourrait encore allonger la liste. Que les enseignements du grand coutumier fussent mis à profit nous en avons des preuves tant dans les nombreux procès que suscitent les retraits que par les précautions des statuts locaux « pour esquiver fraudes en proismeté » (1).

A la vente on avait assimilé les baux à long temps. En Bretagne dès qu'ils dépassaient un an (2) ils étaient sujets à reprise; ailleurs on exigeait neuf ans et plus. Une seule coutume où les longs baux échappaient au retrait, c'est celle de Hainaut. Par un fait bizarre elle prend ainsi le contrepied de la coutume de Bretagne avec laquelle elle s'accorde le mieux d'habitude. L'article 8 du chapitre CXXII des chartes générales déclare meubles tous les baux à longues années et comme il résulte de divers passages que le retrait porte seulement sur les biens-fonds, les baux se trouvent à l'abri de toute revendication. Rien d'étonnant à cette disposition si l'on songe que nous sommes dans le pays du « mauvais gré » où les fermiers prétendent détenir à titre perpétuel les terres qu'ils ont louées pour un temps.

1. Sous ce titre dans le mss. 214 de la Bibl. de Lille, p. 144, pour prévenir aussi les fraudes des demandeurs et éviter les procès tendancieux on voit que les retrayants devaient nantir au change une somme égale au prix de la chose. — La ghile octroyée à la ville de Merville en 1451, se montre sévère. «..... Que par serment le retrayant soit tenu d'affirmer que ce sont de ses propres deniers et pour en jouyr par lui ses hoirs ou ayant cause sans déception de fraude, et se le contraire était prouvé, pour chacune fois qu'il doit être défaillant doit être encheu en 10 livres d'amende et apres pugniz comme parjur ».

2. Garsonnet, *loc. cit.*, p. 419.

Le droit du Hainaut restrictif sur ce point se distingue au contraire par l'application extensive du retrait à toutes les aliénations (1).

Parmi les ventes les Chartes générales ne font aucune distinction ; devant le retrait aliénations sous pacte commissoire, contrats purs et simples se valent et le proxime est libre de prendre à sa charge les risques de l'événement. Le retrait a lieu aussi bien pour les ventes publiques et par décret forcé que pour les aliénations privées. Le délai d'un an s'ouvre alors à partir de l'adhéritance et non pas du décret du juge car la rigueur avec laquelle les devoirs de loi étaient requis en Hainaut obligeait même ici à une tradition réelle, or « le coup de bâton du juge n'adherite pas ». Parfois on se passait des œuvres de loi ; la vente se faisait par contrat personnel, mais l'acheteur était lourdement puni de sa négligence, car la prescription de vingt et un ans remplaçant seule la saisine, jusqu'à l'expiration de ce délai et même un an après il était exposé au retrait des lignagers.

La vente de l'immeuble loin d'arrêter le retrait le multipliait à plaisir puisqu'à chaque aliénation apparaissait une nouvelle série de lignagers en puissance de reprendre le bien. On conservait le retrait d'autant plus volontiers qu'il s'agissait de parer à une fraude, les reventes étant consenties à dessein pour dépister le retrayant à la recherche du véritable possesseur.

Bien que la vente fut faite en bloc, la législation du Hainaut était si favorable au retrait qu'elle permettait au lignager de retirer par partie le bien vendu et dans la

1. *Chartes générales,* chap. VC, art. 5.

mesure de ses forces. De même si plusieurs choses étaient vendues par un seul contrat, faculté lui était laissée de retraire séparément. On levait ainsi l'obstacle qu'aurait rencontré le proxime en présence de deux héritages objet d'un même contrat et procédant l'un du patrimoine du vendeur et l'autre de ses acquêts.

Beaucoup de contrats ressemblent à la vente. L' « arrentement » du Hainaut est une véritable aliénation, moyennant un prix consistant en une rétribution annuelle et perpétuelle sur le fond aliéné, dont les fruits servent d'assurance jusqu'au remboursement. C'est plus qu'un engagement car le créancier dès qu'il a payé s'interdit d'exiger le remboursement, aussi donnait-on le retrait à ses lignagers.

Afin de mieux assurer la protection de la famille et d'éviter la fraude le retrait est reçu dans tous les cas d'échange. Sans doute il n'intervient aucun prix au contrat et la difficulté est de savoir de quelle nature sera l'offre du retrayant. Ceux qui n'admettent le retrait que sur les ventes font valoir qu'il importe beaucoup à l'échangiste d'avoir la chose elle-même plutôt que sa valeur, mais que le patrimoine familial ayant reçu un immeuble pour un autre, les héritiers n'ont rien à réclamer. Arguments de peu de valeur. L'acheteur aurait, aussi bien que l'échangiste, intérêt à n'être pas dépouillé et pourtant on ne lui épargne pas le retrait. Et quant à l'obstacle matériel, il est facile de le surmonter en faisant l'estimation du bien comme le prescrit notre coutume. Des auteurs ont proposé que le retrayant offrit pour l'exercice de son droit ce que l'acquéreur a donné en contre-échange, mais c'est oublier que ce bien est aux mains du premier échangiste et que le lignager est une tierce personne qui ne l'a pas à sa disposition. L'estimation se faisait en Hainaut par ceux-là même qui avaient présidé aux devoirs de loi, c'est-à-dire suivant la nature du bien par les hommes de fief, les francs alleutiers ou les échevins.

Pour en finir avec l'échange, remarquons que le retrait est nécessairement accordé aux parents lignagers des deux parties, puisqu'il n'y a plus ni vendeur, ni acheteur, et que les deux rôles se confondent. Ceci laisse entendre combien le contrat était exposé à tomber, car il courait double péril.

Comme les Chartes du Hainaut étendent le retrait à tous les modes d'aliéner, la donation y est comprise. C'est la seule coutume qui poursuive aussi loin l'application du retrait. On présente contre cette décision les mêmes observations qu'à l'occasion de l'échange, avec plus de justesse cette fois. Qu'est le retrait, sinon la faculté de reprendre le marché d'un autre ; or la donation n'est point un marché, elle repose sur des considérations personnelles qu'on viole en accordant le retrait. Voilà le contre ; en faveur de la disposition on reproduit les arguments topiques donnés à propos de l'échange. Par donation comme par vente *res exit de nomine* et le dépouillement des héritiers serait trop aisé si la donation était libre. De quoi se plaint le donataire ? Il conserve au moins l'équivalent du don, plus favorisé en cela que l'acheteur à qui le retrait enlève tout le fruit du marché. S'il a des titres exceptionnels pour être mieux

traité, la loi les prend en considération. Ainsi les donations de parents à enfants, celles par avis de père et mère
échappent au retrait. Ce sont là d'ailleurs moins des
dispositions que des répartitions et partages (1).

Sur la transaction, la plupart des commentateurs reje-
taient le retrait, d'accord avec la jurisprudence de la
Cour de Mons (arrêt de 1622), mais Cogniaux, tient
pour le droit des héritiers sans motiver sa décision. De
toutes façons pas de retrait si la transaction était passée
au profit du plus habile, car étant le premier retrayant
il ne pouvait être retrait.

Voici une hypothèse spéciale. Une société se forme et
l'une des parties apporte un héritage qui par le partage
tombe au lot de l'associé, ses lignagers ont-ils le retrait?
Oui en Hainaut où le retrait est étendu à toutes les
manières d'aliéner.

Autre société : la communauté entre époux ; elle ne
supprime pas l'exercice du retrait pour le bien qui
devient commun, mais le recule jusqu'à la dissolution du
mariage. Le retrait lignager prend alors la dénomination

---

1. Chap. XXXI, art. I. — Rapprochons quelques décisions spéciales des coutumes de l'Ouest. D'après la coutume du Maine, le don
fait moyennant une charge que les parents lignagers peuvent accom-
plir est sujet à retrait. Naturellement cette disposition qui visait les
gens d'Eglise attira de leur part de vives protestations. Ils remon-
traient que des prières ne sont pas un objet de vente et que la vente
était le seul contrat soumis au retrait. On ne tint pas compte de leurs
réclamations. La coutume d'Anjou, de son côté, en vue de l'égalité.
accordait contre le donateur héritier un retrait à ses cohéritiers
pendant un an si le don leur était signifié, sinon pendant 30 ans.
V. D'Espinay, *Réformation de la coutume du Maine*, p. 22.

spéciale de retrait demi-denier (1). C'est le droit accordé au survivant des conjoints ou à l'héritier du prédécédé, lignager du vendeur, de retirer dans l'année de la dissolution tout l'héritage acquis pendant le mariage en payant à l'autre le prix de la moitié qui lui revenait par le partage.

On appelle ce retrait mi-denier, dit Ferrière sur la coutume de Paris, parce que le retrayant ne reprend que la moitié de l'héritage et par conséquent ne rembourse que la moitié du prix (2). En réalité c'est un véritable retrait lignager malgré son nom spécial, différé seulement à cause de la situation respective des époux, et qui doit être adopté partout où le retrait lignager est reçu. Bien que la coutume d'Artois n'en fasse aucune mention, ses commentateurs étaient unanimes à l'adopter (3) et les coutumes de Vermandois, d'Amiens, de Boulenois (4) le signalaient expressément. Le retrait de mi-denier ne peut pourtant avoir lieu dans les coutumes où la règle « lignager sur lignager n'a droit de retenue » n'est point observée (5). Entre les mains du conjoint lignager le bien est aussi exposé au retrait que lorsqu'il passe à un étranger. Un proisme, dit la coutume de la Chatellenie de

1. Le retrait de mi-denier n'est pas l'action de mi-denier dont est tenu envers son conjoint celui qui a acquis durant la communauté un propre de sa ligne ce pour quoi il doit récompense.

2. Bien entendu si l'héritage échoit totalement par partage au conjoint non lignager ou à ses héritiers, il sera retrayable en totalité.

3. Maillard, *Cout. d'Artois*, p. 741.

4. Le Camus d'Houlouve, *Cout. de Boulenois*. p. 526.

5. Guyot, *Répertoire de Jurisprudence*, 1785, t. XV, p. 418.

Lille (1) qui a acheté un héritage de son parent perd le droit de proximité et par conséquent le retrait de mi-denier. Si le retrait est généralement suspendu c'est par suite de l'impossibilité de retraire, et comme la maxime précitée est inconnue à Lille, *cessante causa, cessat effectus*. Même silence dans la coutume du Hainaut ; pourtant Dumées (2) croit devoir admettre le retrait en vertu du principe de conservation des biens. Mais ce principe n'a rien à faire ici et deux considérations spéciales au Hainaut doivent écarter le retrait de mi-denier, c'est d'abord que les lignagers ont la faculté de retraire pendant la communauté, c'est ensuite que les fiefs acquis pendant le mariage ne tombent point en communauté (3).

Entre les retrayants lignagers du vendeur on préfère le conjoint à cause de la moitié qu'il possède déjà en l'héritage et qui sert d'amorce à l'autre part, mais s'il arrive que le conjoint ne veuille pas retraire, les autres lignagers jouissent du même droit sur le conjoint étranger. C'est une maxime également constante que le conjoint non lignager qui a des enfants ne subit pas le retrait. « Et où il y aurait enfants ne tombe en retrait pour l'espérance qu'il y a que tel héritage retourne aux enfants du décédé » (Vermandois 249).

1. Lille Chatellenie, art. 7. — Patou nous dit qu'il était de clause de style dans les contrats de mariage d'accorder au lignager la faculté de retenir la totalité des biens retraits. C'est que sans convention ce retrait n'avait pas lieu.

2. Dumées, *loc. cit.*, p. 392.

3. Or Dumées prévoit dans son hypothèse un fief.

Nous avons fini l'examen des contrats à l'occasion desquels le retrait prend naissance et nous voulons seulement signaler une circonstance singulière qui influe sur l'existence du contrat et indirectement sur celle du retrait. A cause de la fréquence de l'ivresse en Flandre et dans les Pays-Bas, des placards édictaient la nullité des contrats faits au cabaret par ceux qui n'y logeaient pas. Les héritiers et intéressés, les parties elles-mêmes n'avaient qu'à faire constater le lieu du contrat pour que l'opération fut sans valeur. Mais si le lendemain, le contractant ayant recouvré ses esprits persistait dans sa première résolution, alors le contrat était maintenu.

CHAPITRE II

Influence du liber Feudorum. — Groupes divers de coutumes. —
Exclusion du retrait dans quelques villes. — Rapprochements
avec le retrait lignager : 1° dans ses applications ; 2° dans sa
forme. — Appartient-il au roi et aux gens de main-morte ?

Ce titre embrasse les retraits exercés *juré domini*, le
retrait du suzerain sur les fiefs de ses vassaux, le retrait
censuel du seigneur sur les tenures en sa dépendance.

§ 1. — *Féodal.*

Les coutumes du Nord forment au point de vue du
sujet que nous étudions des groupes biens distincts :
quelques-unes suivent à la lettre le droit rigoureux du
liber feudorum qui défend l'aliénation sans le consentement du seigneur. Les villes de Bergues, Cassel, Bailleul
et Ypres, les bourgs de Bruges et de Furnes en Flandre
adoptent ce régime que suivent aussi les chartes générales du Hainaut (1). Comme la faculté de retrait a été

1. Hainaut, chap. LXXVII.— Bergues, rubr. VI, art. 1. — Furnes,

introduite pour éviter au suzerain un vassal désagréable,
il semblait inutile de la réserver ici au seigneur jouis-
sant du droit de refuser la vente. C'est ce que décident
plusieurs des coutumes précitées, mais celles de Lessines, de Courtrai et du Hainaut (1), nonobstant la nécessité du consentement, permettent au seigneur direct de
retraire contre son vassal. En Artois la transmission du
fief s'opérait avec les solennités symboliques des anciennes
coutumes germaines. Le seigneur remettait un bâton au
vassal qu'il consentait à investir. C'est seulement en
1540 quand les formes de l'adhéritance furent abandon-
nées dans la province qu'on trouve pour la première fois
mention (2) du retrait féodal.

Le *liber feudorum* est abandonné par d'autres coutumes ; moins rigoureuses pour le vassal qu'elles dispen-
sent du consentement, elles admettent la reprise du seigneur quand son nouveau sujet lui déplaît. Enfin à Arras,
à Lille et dans le Brabant (3) le retrait féodal était inconnu. Cette absence étonne à tel point les auteurs coutumiers qu'ils concluent à une erreur. Breye (4) qui a
écrit un traité du retrait féodal s'exclame à la suite de
Brodeau (5), en parlant de la coutume de Lille, que le

tit. VII, art. 1. — Cassel, 30. — Bailleul, 15, art. 1, 2, 3. — Bruges, tit. VII, art. 1.

1. Hainaut, LXXVII. — Courtrai, rub. V, art. 3. — Lessines,
tit. II, art. 1, 2, 3 et 12.

2. Glasson, *loc. cit.*, t. IV. p. 326.

3. Un placard du 19 oct. 1520 introduisit en Brabant le retrait
féodal mais il ne fut jamais observé.

4. Breye, *Traité du retrait féodal et du retrait lignager*, Nancy, 1736,
p. 104 et ss.

5. Brodeau sur l'art. 20 de la *Cout. de Paris*, n° 5, t. I. p. 163.

refus du retrait, comme il le croit, est dû à une erreur et qu'il faut lire le contraire de ce qui est écrit, ou bien que le retrait doit avoir lieu malgré le texte, car c'est là une coutume odieuse et opposée à la loi universelle. Et Breye ajoute qu'à plus forte raison il faut suppléer aux coutumes muettes. Voilà une méthode d'interprétation fort peu recommandable !

La disposition visée est trop claire pour permettre de croire que le législateur se soit trompé et la conformité voulue des deux coutumes de la Salle et de la Chatellenie (1) ne laisse aucun doute. Soutenir d'autre part qu'une décision doit être méconnue parce qu'elle est contraire au droit commun, c'est porter au comble le mépris des textes et la proposition est si ridicule qu'elle n'a pas besoin d'être combattue.

En s'exprimant ainsi Breye et Brodeau cédaient aux préjugés du temps. Le retrait féodal apparaissait comme un privilège intangible, au même titre que tous ces droits seigneuriaux, si exorbitants à nos yeux, et qui pourtant trouvaient chez les auteurs feudistes des apologistes. Les deux jurisconsultes, qu'on le remarque, n'appartiennent pas aux pays du Nord et c'est incidemment qu'ils ont abordé l'examen de la coutume de Lille. Ils ignoraient l'esprit du droit flamand plus libéral, plus avancé qu'aucun autre et c'est par cette méconnaissance qu'on peut le mieux s'expliquer leur langage. Pour nous la région du Nord est celle qui, au moyen âge, offre le plus d'indépendance. Sur le sol plantureux des vieilles cités les

1. La Chatellenie, tit. I, art. 65.

libertés se développent rapidement, les chartes de commune y trouvent leur plein épanouissement. C'est le pays des ghildes puissantes, des confréries et associations de toutes sortes. Les bourgeois relèvent la tête ; ils s'unissent, se solidarisent pour sécouer le joug de l'oppression féodale, triomphent et voient leurs revendications couronnées de succès. C'est dans les grandes villes que le mouvement communal se dessine avec le plus de force, à Lille, à Bruxelles, à Arras, c'est là aussi que le retrait est refusé au seigneur.

Quand le retrait féodal existe, ou bien il est le seul attribut qui reste au seignéur de l'inaliénabilité primitive des fiefs, ou bien il se combine avec le maintien du consentement seigneurial. Inaliénabilité, consentement, retrait, sont les trois étapes qu'a suivi la condition des fiefs. Leur importance dans la constitution d'une souveraineté était telle qu'on s'était demandé si, outre le consentement du seigneur direct, il ne fallait pas remonter jusqu'au premier concédant. D'où l'usage, lors d'une aliénation, de s'assurer du consentement de tous les suzerains en suivant la hiérarchie. A Dunkerque (1) et dans la Flandre maritime, en vertu d'ordonnances de 1366 et de 1460, on ne pouvait valablement aliéner les fiefs patrimoniaux sans l'octroi du prince et en son absence que du consentement de la Chambre des comptes de Lille, plus tard du Conseil provincial de Flandre. L'esprit de ces dispositions s'affaiblit avec le temps, on y

---

1. De Croos. *Le droit civil au* XVIIe *siècle dans l'arrondissement de Dunkerque. Mémoires de la société dukerquoise*, tome XX, p. 233.

vit moins une marque de souveraineté qu'une garantie de protection et dans le droit du xviie siècle c'est le consentement des hommes de fief de la cour qui est requis.

Sur un même fief retrait lignager et retrait féodal pouvaient avoir à s'exercer. Quelquefois le seigneur cumulait les qualités de suzerain et de lignager et son droit alors s'exerçait sans conteste. S'il se présentait comme seigneur féodal et se trouvait en présence d'un parent, qui l'emportait des deux ? D'après Beaumanoir (1), le seigneur ne pouvait se refuser à investir l'acheteur et retenir en sa main l'héritage par bourse que s'il était étranger. C'est faire entendre que la préférence appartient au lignager sur le seigneur et tel est le droit commun des pays coutumiers, comme nous l'avons dit plus haut. Mais en Hainaut, à la ressemblance des pays du Midi, le seigneur avait la préférence sur les parents et ayant cause du vendeur. C'est l'objet de l'article 3 du chapitre XCV des chartes générales. « Si le seigneur ou son bailli ne rappliquait ledit fief au gros de sa table, quelqu'un étant de la parentée du vendeur pourra le retraire ». Il est aussi difficile d'expliquer la préférence seigneuriale que la présomption réputant fiefs les terres non qualifiées, deux propositions qui ont entre elles un lien évident. Cogniaux se contente de donner pour motif de la première la convention primitive d'inféodation, mais il ne nous dit pas pourquoi le droit du Hainaut diffère des autres à cet égard (2).

Dans sa mise en œuvre le retrait féodal se rapproche

1. Beaumanoir, chap. LI, éd. Salmon, t. II, p. 287.
2. V. cè que nous avons dit déjà à ce sujet, p. 162.

singulièrement du lignage soit par sa forme, soit par ses applications.

Applications. — Généralement le retrait ne s'exerce que sur la vente, ou les actes équipollents à la vente et que l'on a déguisés, ou ceux qui participent en partie de la vente, en partie d'un autre contrat. C'est le cercle dans lequel se meuvent les lignagers, moins restreint pourtant car aux yeux du seigneur il n'y a ni propres ni acquêts, il n'y a que des fiefs. La distinction n'a de valeur que pour celui qui se présente comme parent et le retrayant féodal use d'un droit de souveraineté.

En Hainaut le retrait féodal calqué sur le lignager reçoit les mêmes extensions de la coutume. « Il sera permis comme de tout temps au seigneur, dit l'article 1 au chapitre des retraits, de reprendre les fiefs vendus, arrentés, donnés ou autrement aliénés ». Que la vente soit à réméré ou non, qu'elle se passe en justice ou entre particuliers le retrait du seigneur est toujours de droit. L'échange est le voisin de la vente, et, dans les coutumes qui restreignaient les retraits aux ventes, il servait à frustrer les seigneurs. Dans le Hainaut les seigneurs jouissaient de la reprise en tous échanges, mais ailleurs on distinguait l'échange d'immeubles avec ou sans estimation, avec ou sans soulte, l'échange d'immeubles contre des meubles, etc. Moins de diversité pour la donation. La coutume d'Auvergne était seule avec celle de Hai-

---

1. Pour qu'il y ait retrait il fallait, à Bergues, que la soulte excédât de moitié l'immeuble échangé, art. 23, à Ypres, qu'un immeuble valut plus du tiers de l'autre, etc.

naut à permettre le retrait seigneurial et elles évitaient
ainsi bien des fraudes auxquelles donnait lieu le refus
du retrait. Du moment où le retrait féodal a été introduit
pour écarter un vassal désagréable, il conserve sa raison
d'être en donation comme en vente. Si l'on se passe de
l'approbation seigneuriale, le fief peut tomber aux mains
d'un ennemi du seigneur. D'un autre côté l'admission du
retrait est grosse d'inconvénients. Rien ne doit être plus
libre que la volonté de l'homme de disposer en faveur
de ceux qu'il aime et ce n'est pas dans le seigneur dominant substitué au donataire qu'il rencontre ces sentiments
d'affection. Pour tempérer la rigueur de la disposition on
avait excepté les donations « au profit du droit et aîné
hoir » et les dispositions de fiefs par « avis et partage » (1).
Ces sortes d'actes ne sont pas des aliénations mais constituent soit un avancement d'hoirie, soit un préliminaire
du partage. Le fief ne sort pas de la famille et il eut été
injuste de détourner les parents de sages prévisions en
soumettant leurs dispositions au retrait. De même les
baux à long terme, l'aliénation d'usufruit échappent au
retrait, car à proprement parler ce ne sont pas des aliénations mais des déplacements temporaires dont on peut
prévoir la fin (2).

Forme. — Né du consentement du suzerain à l'aliénation le retrait apparaît d'abord sous la forme première de
l'offre. La nécessité de recevoir la saisine du fief des mains
du seigneur rendait inutile la formalité de l'offre et elle fut

1. Arguments de l'art. 1, des chap. XCIII et XCIV, Chart. gén.
2. V. des ex. de retrait féodal dans le Cartulaire de Guise, Fonds
Gaignières, Bibl. Nat. 822, f°s 141, 226, 228, 250.

rapidement abolie. Il suffisait au seigneur de refuser l'investiture à l'acquéreur et de lui payer le prix du fief. L'investiture disparut à son tour pour ne survivre que dans nos coutumes et le seigneur eut alors une action en retrait après la vente réalisée. Seulement quel point de départ assigner au droit du seigneur ? Comment connaîtra-t-il la vente s'il y reste étranger ? On obligea les acheteurs à notifier et exhiber leurs contrats à leurs suzerains et c'est de ce moment que partait le délai de reprise. Faute de notification le seigneur conservait le retrait tant que la prescription n'était réalisée, soit trente ans, soit comme en Boulenois vingt ans.

L'action de retrait généralement d'un an en pays de droit écrit était réduite à des délais plus courts en pays coutumiers. Des statuts donnent quarante jours, d'autres quinze, quelques-uns sept. L'article 126 des coutumes d'Artois exige que le seigneur se déclare avant d'investir le nouveau vassal. Comme il reçoit dessaisine des mains du vendeur il a droit de retenir le fief pendant quarante jours, ce qui lui permet de peser, en toute tranquillité d'esprit, les avantages et les inconvénients de l'opération qui se présente à lui. A l'expiration du délai l'acheteur doit être ensaisiné si le seigneur n'aime mieux retraire. A Mons l'offre aux proches a persisté mais non l'offre au seigneur ; c'est que les fiefs sont régis par les chartes générales qui gouvernent à la fois les chefs-lieux de Mons et Valenciennes et contiennent un droit commun pour tous les pays y ressortant. Dans les quarante jours de l'investiture (1) du nouveau vassal le seigneur jouit de

1. Art, 1, chap. XCV, Chartes générales. — Il n'en a pas toujours

son privilège. Peu importe que les droits seigneuriaux lui aient été payés ou qu'il ait reçu l'acquéreur à foi et hommage sans protestation. La loi lui accorde quarante jours utiles, il doit en user pleinement. Il ne saurait en être privé même si le vendeur lui avait présenté le marché avant de vendre à un autre puisque la loi ne nous parle pas de l'offre comme moyen d'abréger le délai.

Comme le lignager, le seigneur retrayant peut être obligé de jurer qu'il agit pour lui, mais ce serait aller trop loin que le contraindre à promettre, qu'après avoir repris le fief, il le conservera et ne l'aliénera point. Un tel serment serait captieux et porterait atteinte à la liberté de disposer. Ceci n'est pas douteux même chez nous où le retrait n'est adopté « que pour rappliquer au gros du fief et non autrement » (1). Il résulte simplement de ces termes qu'en Artois et en Hainaut le retrait n'est pas cessible (2), la consolidation paraissant avoir été le but dominant du législateur.

été ainsi. Un vieux manuscrit déjà cité, le n° 650 Bibl. de Valenciennes porte : « se ledit segneur avait passé les convens de la hirtance, jamais por ceste foix le segneur ne le poroit ravoir por rappliquer au gros de sa table », folio 222.

1. Art. 1, chap. VC, Chartes générales. Cpr. de Ghewiet, *Institution du droit Belgique*, p. 416 ; Maillard, *Cout. d'Artois*, p. 746 et 756.

2. *Cout. générales d'Artois*, Bauduin, p. 746. *Ibidem, contrà*, Maillard, p. 754. Dans l'espace qui sépare ces deux auteurs, la jurisprudence du Conseil d'Artois avait changé et s'était rallié à celle du Parlement de Paris. Voy. Brunel, *Observations sur les règles du droit coutumier*, 1724, p. 227. — En vertu de la même idée, le seigneur qui retrayait un fief ne pourrait pas exiger au contrat que le fief retrait demeurât distinct et séparé.

Dans le reste de la France où le seigneur, si bon lui semblait, pouvait tenir séparément son arrière-fief sans le ramener à sa table, la cession était d'usage notoire. La théorie de Dumoulin (1) sur l'incessibilité, combattue par tous les auteurs, avait été rejetée par la jurisprudence des parlements. Le retrait est considéré comme un droit foncier découlant de la première concession, serait-il juste d'empêcher le seigneur d'en tirer moins de profit que de ses autres droits domaniaux.

Tout seigneur, souverain ou sujet, laïc ou ecclesiastique jouit du droit de réunion. Beaucoup d'auteurs ont soutenu que le roi en était privé sur ce motif que, s'il en usait, il réunirait en sa mouvance tous les héritages du royaume. Ça aurait été un inconvénient si le roi eût abusé de ses droits mais les cas de retrait royal furent rares. Pas plus que les seigneurs, le roi ne s'en réclama que dans des circonstances de bon marché exceptionnelles ou pour des questions de convenance. A Saint-Quentin Charles VI retire un fief qui avait été vendu par le seigneur de Chin aux maire et jurés de cette ville. Son fils et successeur Charles VII par des lettres données à Châlons en 1455 permet à ses trésoriers de retraire en toutes venditions (2). Afin d'éviter les abus on tenait pour nécessaire que le remboursement se fît sur lettres patentes délivrées en Parlement, lorsque le retrait était exercé avec l'intention d'en gratifier une personne; s'il l'était en vue d'incorporer le fief au domaine du roi, les lettres patentes

1. *Traité des fiefs de Dumoulin*. Edit. Henrion de Pansey, 1773, p. 412.

2. Baquet, *Traité des des droits de justice*, p. 62 et 63, tome I.

devenaient inutiles. Henri II augmenta encore les pouvoirs de ses trésoriers en leur permettant de faire rembourser les acquéreurs par ceux auxquels ils avaient fait
bail pour dix ans ou moins, à condition qu'au bout de ce
délai le bien serait ramené à la couronne (1).

On doit d'autant mieux admettre le retrait du roi que
contre lui le retrait féodal s'exerçait de tous temps. Le
1er juin 1292 le seigneur Gauthier vendit sa châtellenie
de Noyon au roi de France pour 7.000 livres parisis.
Quelques mois plus tard l'évêque la reprit en vertu du
retrait féodal(2). L'équité exigeait que le roi jouît à son
tour du même droit.

Il n'est pas douteux que les communautés, églises et
autres gens de mainmorte aient eu primitivement la
faculté de retraire les fiefs de leur dépendance. Beaucoup des actes que nous avons retrouvés sont des retraits
exercés par des abbés et religieux (3). Mais comme
l'accroissement de leur richesse devenait dangereuse, et
que par suite de leur immuabilité les biens se trouvaient
retirés du commerce, on défendit aux communautés d'acquérir des immeubles sans l'octroi du prince. Dès le
xiiie siècle les prohibitions apparaissent et se renouvel-
lent sans cesse car elles sont l'objet de violations cons-
tantes. Une ordonnance de Marguerite de Hainaut de

1. Ord. de Blois, art. 133.
2. Lefranc, *Histoire de la ville de Noyon*, fascicule 75, Bibl. de
l'Ec. des Hautes études, pièces 59 et 60. p. 237 et ss. Le roi tout
en contestant la légitimité du retrait exercé contre lui finit par
céder.
3. Bouthors, *loc. cit.*, tome I, p. 490.

1263 (1) défendantà tous religieux et clercs des Flandres « d'acquester fiefs et rentes » marque la première étape dans cette voie.

La plus ancienne mesure en France est de Philippe le Hardi et datée des Parlements de Toussaint et Noël 1295. Au conseil d'Artois on trouve une ordonnance prohibitive de Charles-Quint de l'année 1526 (2). Malgré ces décisions, Anselme enseignait que la défense d'acquérir n'empêchait pas les gens de mainmorte de réunir les fiefs à leur table par la raison que les édits regardent bien les nouvelles acquisitions mais nullement celles qui procèdent d'un titre ancien (3).

Les lettres patentes du 9 juillet 1738, d'une application générale, ne laissent plus de doute sur l'impossibilité du retrait : « Lesdits gens de main-morte ne pourront exercer aucune action en retrait féodal ou seigneurial à peine de nullité sauf à se faire payer les droits de lods et ventes et autres » (art. 21). Cependant Maillard dans la deuxième édition de la coutume d'Artois postérieure à 1738, maintient encore le droit de retrait des gens d'église... Nonobstant les défenses répétées, remarque-t-il, les communautés continuent à acquérir des immeubles. Personne n'y trouve à redire, même le souverain assez heureux de leur demander de temps à autre des droits d'amortissement (4). Pourquoi ne pas leur permettre d'acquérir par

1. Britz, *Mémoire sur l'ancien droit belgique*, p. 322.
2. Maillard, *loc. cit.*, p. 753, n° 79.
3. Anselme, *Tribonianum Belgicum*, chap. L, § 26.
4. Maillard, *loc. cit.*, p. 754.

retrait, sauf aux officiers publics à les obliger « de vider leurs mains » ou d'obtenir des lettres d'amortissement ? Dumées (1) et Cogniaux (2), qui tous deux commentent le droit du Hainaut, se prononcent au contraire pour l'observation littérale des ordonnances.

Dans les coutumes où le retrait est cessible, les gens de mainmorte incapables de l'exercer par eux-mêmes avaient la faculté de le transmettre à des personnes aptes à acquérir, c'est la solution qui prévalait en Boulenois (3).

Contre les gens de mainmorte le retrait féodal s'exerçait sans conteste ; il était possible, nonobstant toute prescription, si l'octroi royal et le consentement du seigneur n'avaient pas été réunis ; lorsque des lettres patentes avaient été obtenues, le seigneur remboursait dans les délais ordinaires le prix, plus les dépenses faites pour l'obtention des lettres et le paiement du droit d'amortissement. Les dîmes inféodées échappaient seules au retrait féodal dans l'intérêt de la reconsolidation (4).

1. Dumées, *Jurisp. du Hainaut*. p. 375.

2. Cogniaux, *loc. cit.,*, p.

3. Une déclaration du 26 mai 1774, art. 21, confirma cette jurisprudence : « les gens de main-morte sont autorisés à céder le retrait féodal et censuel qu'ils ne peuvent exercer pour eux-mêmes, pourvu qu'ils ne reçoivent pour prix de cette cession que des effets mobiliers ou rentes de nature de celles qu'il leur est permis d'acquérir » V. D'Houlouve, *Cout, du Boulenois*. p. 55 et 208.

4. Pithou en avait fait l'article 94 des *Libertés Gallicanes*.

§ 2. *Censuel*

Il appartient encore au seigneur, *jure domini*, mais porte sur les mainfermes, alleux, censives. Exceptionnel dans les pays de droit romain, il est général en région coutumière.

Pour plus de précision (1) et quoique beaucoup d'auteurs confondent l'étude des retraits féodal et censuel, nous avons cru devoir les séparer. Mais afin d'éviter des redites, nous nous bornerons à signaler les différences qui les distinguent.

Un vieux principe du droit domanial oblige le censitaire désireux d'aliéner à s'assurer au préalable le consentement du seigneur foncier et à lui demander l'investiture de l'acquéreur ; c'est surtout pour les tenures dépendantes d'un établissement ecclésiastique que l'assentiment du *dominus fundi* est exigé. Voilà la source première du retrait censuel (2) ; ensuite vient l'offre au seigneur. Nous en avons pour le Nord des exemples qui remontent très haut. D'après les constitutions que Leduin

---

1. La complication de ces matières est telle que les auteurs sont entraînés à de grossières erreurs. Tel, dont nous tairons le nom, appelle retrait féodal le retrait des parents lignagers sur les fiefs. D'autres semblent ignorer que le retrait du seigneur s'exerce à la fois sur les fiefs et les censives.

2. Cpr. l'obligation imposée aux tenanciers des francs alleux du bailliage de St-Omer, de comparaître tous les sept ans à Edequines pour déclarer qu'ils n'alièneront pas leurs biens sans le consentement du prévot (Cout. de St-Omer, 1558, 39-40).

abbé de Saint-Vaast fit rédiger en l'an 1020 (1) et que le clerc Guiman au siècle suivant recueillit dans son cartulaire (2), le tenancier qui voulait disposer de son bien devait l'offrir d'abord à l'abbé, *emet et offeret abbati*. Pareil droit se trouve inséré dans certaines des chartes de commune du Nord au profit du seigneur dominant. La loi de Thivencelles de 1313 (3) porte : Et s'il est ensi qu'on venge yretage on doit porter l'eglise le markiet, se poent l'eglise ou aucun canon de l'eglise retenir le markiet s'il leur plaist et y ont leur plaisance huit jors après qu'on lor aura porté le markiet ». Sur ce texte trois observations. D'abord il consacre au profit de chacun des chanoines de l'église Notre-Dame de Condé, dont Thivencelles relevait, un droit de retenue qu'on né retrouve nulle part ailleurs. Ensuite on y trouve au XIVe siècle la procédure de l'offre qui a disparu depuis longtemps en France. Le village de Thivencelles ressortait au chef-lieu de Mons et dans cette ville l'offre fut toujours en vigueur, comme nous l'avons montré plus haut. Enfin le retrait de l'église et des seigneurs passe avant le retrait lignager ce qui est conforme au droit général du Hainaut. A Senlis une querelle éclate entre les bourgeois et les chanoines du chapitre de Notre-Dame qui voulaient se prévaloir du retrait domanial. Par accord de 1239 il fut convenu que le chapitre

1. Martenne, *loc. cit.*, n° 381, t. I.
2. Guiman, *Cartulaire de St-Vaast*, Edit Van Drival, p. 258.
3. *Cartulaire de Notre-Dame de Condé*, p. 74. Bibliothèque nationale. V. encore le *Cartulaire de Saint-Pierre de Lille*, édit Hautcœur; l'abbé de Phalempin en 1279 autorise le chapitre de St-Pierre à acquérir un domaine sur lequel, à raison du patronat, il avait droit de préemption.

renoncerait à la reprise contre les bourgeois acquéreurs
d'une censive dépendant de l'église (1). A Lille comme à
Arras le retrait censuel fut enveloppé dans la même disposition qui rejetait le féodal. L'article 4 du chapitre CXXX
des chartes générales de Hainaut établit « qu'entre les
cas de basse justice, il est de pouvoir par le seigneur
d'icelle retraire les heritages tenus de lui... aliénés, si
avant qu'il en aurait usance et possession ». Cogniaux (2) ne
se souvient pas avoir vu exercer ce droit ; il avait lieu
pourtant dans quelques villages des environs de Valenciennes, à Préseau notamment, et dans cette cité même
la seigneurie de la Tannerie ou seigneurie Saint-Jean
l'avait jalousement conservé (3). Le prélat de la maison l'exerçait à titre de seigneur temporel sur toute
la juridiction de l'abbaye. On l'appelait droit d'offre
et cette dénomination, souvenir de son ancienne forme
n'était plus rigoureusement exacte car la reprise se faisait après la vente. Les historiens valenciennois nous
disent que le retrait censuel constituait l'apanage le plus
important de la seigneurie et qu'elle n'oubliait pas d'en
user. Il s'intentait par sommation faite chez le sergent
d'office en présence des deux échevins ; sur le refus de
l'acquéreur le seigneur nantissait le prix aux mains du
maieur, puis adressait une requête aux maieur et échevins en y joignant une sommation. C'est en vertu d'un

1. Flammermont, *Institutions municipales de Senlis*. Pièces justificatives, p. 78.
2. Cogniaux, *loc. cit.*, p. 81. Le retrait censuel n'était plus de pratique générale, voilà pourquoi l'article subordonne à l'usage le droit
du seigneur.
3. Cellier, *Institutions municipales de Valenciennes*, p. 152.

retrait que l'abbaye Saint-Jean devint en 1545 propriétaire du local où se tenaient les séances des échevins de la ville.

En dehors de ces quelques localités, le retrait des mainfermes qui eut pu sembler comme une dépendance de leur nature, puisque le seigneur s'y réservait le domaine direct, avait disparu de l'usage. Ce que nous venons de dire suffit néanmoins à faire repousser la théorie de Ragueau (1) qui distinguait les mainfermes des censives, en ce qu'elles n'étaient pas soumises comme ces dernières au retrait seigneurial. Ragueau avait deux fois tort, d'abord parce que les mainfermes étaient assimilées aux censives au point de vue du retrait, ensuite parce que c'est exceptionnellement que les censives ont fait l'objet du retrait.

Le seigneur et maître a, d'après la généralité des coutumes, un délai de quarante jours à partir de la dénonciation du contrat pour reprendre le bien et il en jouissait malgré la réception du cens dans l'intervalle (2).

Au xviiiᵉ siècle les jurisconsultes s'élevèrent contre le retrait censuel qui gênait la liberté des transactions et la circulation des biens ruraux ; ils demandèrent qu'il fut restreint au cas d'utilité publique ou du moins qu'on le rendit incessible, pour ne pas priver le seigneur d'un droit qu'il s'est réservé lors de la concession, mais en même temps protéger les intérêts de ses censitaires (3).

1. Ragueau, glossaire, au mot mainferme.

2. Mais la perception du droit de lods et ventes entraînait au contraire la forclusion du censier. Peut-être faut-il faire exception pour le Hainaut, ou comme nous l'avons vu, le retrait féodal persistait malgré le paiement des droits.

3. Jacquet, *Traite des fiefs*, p, 307.

CHAPITRE III

RETRAITS SPÉCIAUX

Le droit coutumier septentrional connaissait beaucoup d'autres retraits qui sont : les retraits d'indivision, le retrait des rentes foncières, le retrait débital, le retrait de consolidation, le retrait de bourgeoisie et quelques autres encore.

§ 1. *Retraits d'indivision.*

a) Retrait partiaire ou de communion. — Plus particulièrement à Lille, retrait de frareuseté. — Théorie jurisprudentielle. — Différences avec le retrait lignager. — Retrait partiaire et son histoire. *b*) Esclèche, rapport avec retrait de frareuseté, confusion, règles. — *c*) Retrait successoral. — Preuve d'ancienneté. — Retraits analogues.

Retrait de communion, retrait partiaire, de comparchonniers ou de frareuseté sont des termes synonymes. Sous ces vocables variés, l'idée est la même, à savoir que les copropriétaires par indivis d'un bien ont le droit de se faire subroger à l'étranger qui en acquiert une portion. Pour éviter le prolongement indéfini de l'état d'indi-

vision par la substitution d'éléments nouveaux, on permettait de retraire la part aliénée par un copropriétaire,
et à chaque retrait, le nombre des propriétaires par indivis se trouvait diminué d'un.

A Lille et dans les cités avoisinantes on employait de
préférence le mot de frareuseté (1) en l'appliquant le plus
souvent à l'indivision des maisons et héritages. Voici de
suite, pour éclaircir le sujet, un exemple emprunté à un
registre des titres de la ville de Lille de 1404, le plus
ancien et l'un des rares qui ait été conservé. « Mikiel de
Cassel a cause de Jehenne Hersent son épouse a par
devant les eskevins demandé a avoir et reprins par retrait
de frareuseté tout tel heritage entirement que les trois
Hersent avaient eu une maison... entre l'iretage Mahieu
l'estevenon d'une part et l'iretage qu'on dit as fleurs de
lys appartenant audit Mikiel de Cassel et Willaume Salait,
naguère par eux vendu a Jehen Hersent leur frère a portion de tel querque de rente que lidis iretage doit...
Laquelle frareuseté après pluseurs delais pris et eus de
la partie dudit Jehen Hersent et certain proces sur ce com-
mencié entre les parties, ledit Jehen Hersent cognut de son
bon gré audit Mikiel de Cassel et se tint por content de la
somme de 300 l. et accorda que ledit Mikiel de Cassel fut
mis à la frareuseté demandée » (2). L'importance de la part

1. Frareuseté se rattache au mot fraternitas. V. du Cange, *Fraternitas*, 6. Le retrait de frareuseté était inconnu au bailliage de Lille.
Les coutumes d'Armentières. art. 2, Commines, art. 21, adoptaient
les règles suivies en la coutume de la ville de Lille, tit. VII.

2. Recueil des titres concernant la ville de Lille. Année 1404,
Archives municipales de Lille.

d'héritage importe peu pour l'étendue du droit de reprise. Le but est avant tout de grouper dans les mêmes mains la propriété totale et d'éviter les suites fâcheuses de l'indivision. C'est ce qui faisait limiter le retrait aux ventes car en cas de partage, l'indivision cessant, le retrait perdait sa raison d'être.

Par une déviation singulière on était arrivé à considérer les murs mitoyens « moituriers » comme frareux. Il suffisait que la muraille partageant deux maisons fut commune pour que le voisin put retraire la maison aliénée. Le dernier commentateur de la coutume de Lille, Patou (1), soutient que cette prétention était inacceptable et qu'elle ne fut jamais reçue. Autrement, ajoute-t-il, toutes les maisons auraient été sujettes au retrait de frareuseté. Son argumentation s'appuie sur les termes plus explicites de la coutume de Comines ou frareuseté s'entend des héritages. Nous ne contestons pas l'exactitude juridique de la théorie de Patou. Les textes semblent bien ne viser que la frareuseté des maisons, et prendre prétexte pour le retrait de la communauté du mur est véritablement excessif. Qu'au moyen-âge on ait pourtant accordé le retrait aux voisins en se contentant de la contiguité, cela n'est pas douteux. Nous ne citerons qu'un arrêt (2) mais fort concluant.

En 1590 une nommée Marguerite de Gand achète d'Henri le Roy une maison située rue des Bois. Le 8 mars de la même année comparait devant le prévôt et les

<hr>

1. Patou, *Commentaire sur les coutumes de Lille*, tome II, p. 84.
2. Registre aux titres de la ville, S., folio 91. Archives municip. de Lille.

échevins Jean Miroul, procureur de la ville de Lille qui vient d'apprendre le contrat. L'héritage vendu tient d'un côté à l'immeuble où se fait « l'esgard de taincture » de l'autre à le Roy et par derrière à un heritage de la ville qui sert « à l'esgard de bourgeture » (1). Qu'on le remarque bien, la ville est simplement voisine. Or comme l'héritage serait de grande utilité pour elle, le procureur Miroul en requiert la reprise à titre de frareuseté en faisant de suite à ces fins ostension d'or et d'argent pour rembourser « l'acheteresse ». Le 13 mars Marguerite de Gand comparaît, reconnaît la reprise et demande son remboursement (2). Bien que le voisin n'eut que portion frareuse de la muraille il reprenait toute la maison, ceci ressort tant de l'acte cité que de l'interprétation de l'art. 6 de la Coutume de Lille au titre des retraits (3).

La jurisprudence par cette application extensive du retrait de frareuseté mettait tous les contrats de vente à la dévotion des propriétaires ; elle créait de toutes pièces un nouveau retrait, le retrait de voisinage (4), qu'aucune or-

1. Les « esgars de bourgeture » étaient les inspecteurs chargés d'examiner la préparation et la fabrication des étoffes. Les premiers fabricants d'étoffes seraient venus de Bourges, d'où le nom de bourgeture, Brun Lavaine, livre Roisin, p. 139, note 2. Il s'agirait donc ici d'établissements où l'on procédait à l'examen des pièces fabriquées.

2. Le défendeur au retrait à Lille avait sept jours et sept nuits pour reconnaître le retrait ou soulever en pleine halle ses motifs d'opposition.

3. Lille, art. 6, tit. VII. « Qui veut vaillablement requerre à tiltre de frareuseté quelque portion de maison ou héritage vendu, il est tenu requerre et demander audit tiltre toute ladite maison et héritage vendu, combien qu'il n'y en eut que portion frareuse ».

4. A Chypres les voisins passaient immédiatement après les parents. *Assises de Jerusalem*, Beugnot, t. II, p. 260.

donnance ne prévoyait, qui n'était inscrit nulle part dans les coutumes. C'était condamner les contrats à une immolation certaine ; la rigueur de cet usage engendra une prompte réaction et on fut obligé d'abandonner l'aventureuse théorie pour en revenir à l'hypothèse normale, l'indivision d'un héritage entre plusieurs propriétaires (1).

Ainsi déterminé, le retrait de frareuseté se distingue du lignager à plusieurs points de vue qui portent à conséquences. Il n'est pas besoin d'être parent pour l'intenter, d'où résulte que la concurrence ne se règle pas sur la proximité avec le vendeur mais d'après l'étendue des droits des retrayants. Celui qui possède la plus grande part de l'héritage l'emporte sur tout autre. Il est vrai qu'ailleurs la coutume donne la préférence au plus diligent, mais cela s'entend de deux propriétaires qui ont des droits égaux. Lorsque l'égalité est rompue, celui qui a le plus de droit triomphe. Quant à l'acheteur il aurait beau acquérir la plus grande part de l'héritage, fût-ce les trois quarts, il n'exclurait pas le retrayant moins fourni mais se trouverait dépouillé par lui de la totalité. Le copropriétaire doit reprendre à titre de frareuseté tout l'héritage vendu, bien qu'il n'y ait que portion frareuse, au lieu qu'il suffit au parent lignager de demander ce qui est retrayable ; dans la coutume de la Salle (2), il peut même retraire ce qui relève d'une seigneurie seulement sans que l'acheteur puisse le contraindre à retirer tous les héritages vendus au même contrat.

1. Au temps de Patou, l'ancienne théorie n'est plus qu'à l'état de souvenir, mais on cherche à la faire revivre.
2. Cout. de la Salle de Lille, art. 8.

Le retrait de frareuseté porte indifféremment sur les immeubles propres et acquets, sur les maisons d'habitation comme sur les champs, mais nous savons qu'à Lille il en était de même du retrait lignager. Une personne peut être à la fois copropriétaire et parente, rien ne l'empêche de retraire une portion de maison à titre de proximité et de frareuseté tout ensemble. Lorsque les qualités sont séparées et que les parents de la ligne d'une part, les copropriétaires indivis de l'autre, sont amateurs du bien et se présentent au retrait, la coutume a réglé l'ordre de préférence « et frareuseté précède en ce qui serait frareux le titre de proximité du lignage » (1). En raison de ce que le retrait de frareuseté fait cesser l'indivision si nuisible à la bonne administration des fortunes le copropriétaire passe avant le lignager, lequel continuerait à posséder en commun. Et c'est juste, car le parent n'a de liens qu'avec la personne du vendeur ; par la frareuseté le copropriétaire, avant le retrait, touchait déjà au bien.

Le retrait de frareuseté comme d'ailleurs celui d'esclèche ou de proximité s'intente dans le délai de quarante jours à partir de la mise en possession de l'acquéreur et devant la justice où la saisine a été opérée. Dans les coutumes voisines d'Armentières et de Comines le même délai a été adopté.

En dehors de la région lilloise les propriétaires indivis se qualifient volontiers de parchonniers (2) d'où le nom

1. Cout. de la ville, art. 1, tit. VII.
2. En latin, *partionnarii*.

de retrait des comparchonniers pour désigner la faculté qu'avait chacun d'eux de reprendre la portion achetée par un étranger. L'indivision par ses conséquences fâcheuses a de tout temps préoccupé les législateurs qui ont cherché à y remédier. Constantin avait déjà accordé aux communiers le droit de reprendre les parts vendues de l'héritage commun, sa décision avait été reprise par les empereurs de la décadence byzantine et le livre des fiefs contenait pareille disposition (liv. V tit. 13). On connaît suffisamment par ce que nous avons dit, quel développement extraordinaire le retrait avait pris au moyen âge. Cette mesure si pratique qu'on avait toute prête sous la main sembla également propre à l'extinction de l'indivision : elle fut admise d'une façon générale dans les régions du Nord où l'activité des affaires réclamait une plus vive circulation des biens. Le retrait devait être d'autant plus recherché que l'extrême division des biens avait atteint des proportions fantastiques. Le 28 septembre 1748 on vendait à Lille 3/32 de l'auberge du cygne, qui étaient eux-mêmes indivis entre trois propriétaires (1). C'était un mal dont chacun souffrait et toute mesure de nature à faciliter la liquidation des droits était accueillie avec joie. Malines, Anvers, Bourbourg, Bergues, Hondschote, la Gorgue s'accordent avec les pays de Hainaut (2)

1. Cité par Patou.

2. Bergues, 9, 7 ; Bourbourg, 9, 9 ; Hainaut, chap. VC, art. 25. « Les biens immeubles ressortissans à la cour, possédés par indivis, étant aliénés se pourront retraire par les comparconniers endeans 40 j depuis la représentation en rendant le prix de l'aliénation cousts et frais. Ce texte ne parle que des immeubles ressortissant de la Cour et la Charte de Mons ne mentionne pas ce retrait pour les

pour faire place au retrait d'indivision dans leurs statuts.
D'Ypres (1) nous avons un acte qui nous renseigne sur
son application ; en marge d'un achat d'héritage de 1498
il est dit que le retrait du bien fut exercé par la Gilde
Notre-Dame, propriétaire de la plus grande partie, donc
à titre de comparchonnier. A Gand il était d'usage fréquent et très ancien de stipuler dans les contrats un droit
de préférence au profit du copropriétaire (2). La pratique
consacra si bien cette coutume qu'elle devint loi et fut
inscrite officiellement dans les chartes du xviᵉ siècle. La
principauté de Liège l'applique à l'une des grosses indus-
tries locales, aux mines houillères (3). Les coassociés
pour la bonne exploitation et afin d'éviter l'immixtion
d'étrangers jouissaient du droit de retrait en cas de vente
bien que les parts vendues fussent considérées comme
meubles. C'est une décision spéciale car le retrait partiaire n'avait pas lieu en ce pays. Par une autre déroga-
tion il était d'usage dans les ventes aux enchères publiques de donner la préférence au copossesseur sur l'autre
enchérisseur quand tous deux avaient offert le même
prix (4).

Entre plusieurs retrayants celui qui a la plus grande

mainfermies. Cogniaux contre Boulé (p. 148, *Institution*) généralise la disposition, mais à Mons le parçonnier n'aura que 15 jours
utiles pour procéder au retrait.

1. V. Des Marez, *loc. cit.*, p. 262.

2. Un acte de 1357 porte que si l'un des copropriétaires veut vendre ou louer sa maison, l'autre jouira d'un droit de préférence. Cité
par Des Marez, *op. cit.*, p.   .

3. Britz. *Mémoire sur l'ancien droit Belgique*, p. 704.

4. Britz, *ibid*.

part l'emporte (1) ; à parts égales le retrait n'a pas lieu à Ypres, au Franc de Bruges, à Furnes et la chose indivise est partagée à Ostende et Nieuport. Le plus diligent l'emporte à Malines (2). Entre copropriétaires et parents lignagers la préférence que la coutume d'Ypres donne aux premiers sur les seconds lui est commune avec les statuts d'Anvers et de Malines. Dans la Flandre française et en Hainaut le copropriétaire suit le parent (3).

L'article 37 de l'édit perpétuel des archiducs afin d'unifier les coutumes avait fixé le délai du retrait lignager à un an. Une déclaration interprétative du 3 décembre 1618 étendit au retrait partiaire la disposition précitée en faisant partir l'année de la passation de l'acte. A Ostende le terme était d'un mois et 40 jours, de 6 mois à Bergues, de 3 jours à la Gorgue. Les chartes du Hainaut suivent pour ce retrait une procédure qui nous est déjà familière. L'acheteur doit offrir le marché en présence de 2 témoins, à Mons devant le maire et quatre échevins et cette représentation sert d'ouverture au délai de quarante jours pendant lequel le rétrayant doit se présenter et offrir réellement le prix avec quelque autre somme pour les frais et loyaux couts. Si l'acheteur avait négligé l'offre, il semble qu'il faille décider en l'absence de texte que le retrait peut être intenté jusqu'à la représentation, c'est-à-dire à toute époque. Les termes formels dans lesquels le légis-

1. Gand, 16, 7 ; Bergues, 9, 3 ; Bourgbourg, 8, 15.
2. Malines, 11, 6.
3. Chartes gén. chap. VC. art. 25. « Sans déroger néanmoins aux retraites seigneuriaies et lignagères, lesquelles seront préférées auxdis parconniers restituant seulement le prix, cousts et frais de l'aliénation première ».

lateur pose la nécessité de l'offre autorisent cette interprétation (1).

Après le partage le retrait cesse puisque sa fin est de supprimer l'indivision. C'est en partant de ce point de vue que le droit du Hainaut écartait le retrait partiaire des rentes hypothéquées divisibles de leur nature en autant de portions qu'il y a de parçonniers. Si l'acheteur était déjà propriétaire d'une part dans la chose le retrait était impossible contre lui ; l'acquisition ne lui enlevait pas sa qualité de copropriétaire et ayant droit de retraire contre un étranger il pouvait, à plus forte raison, empêcher qu'on retraie sur lui (2).

b) *Retrait d'esclèche* (3)

C'est le droit, que les coutumes de Lille et d'Armentières (4) accordent au voisin, de reprendre la partie autrefois démembrée de sa propriété lorsqu'elle fait l'objet d'une aliénation. Il a de grands rapports avec le retrait de frareuseté ; tous deux s'efforcent de ramener le bien à son premier état et tendent à l'unité ; mais l'esclèche suppose une division, une séparation de l'héritage, la

1. *Contrà* Cogniaux, *loc. cit.*, p. 228.

2. Le retrait de communion fonctionne encore en droit égyptien et dans des conditions à peu près identiques. Il faut : 1⁰ que la cession porte sur une part indivise ; 2⁰ qu'elle soit à titre onéreux ; 3⁰ qu'elle soit faite par un des copropriétaires ; 4⁰ à un tiers étranger. V. Nasralla, *loc. cit.*, p. 328.

3. Roquefort fait dériver ce mot de glaciare. V. plutôt du Cange au mot esclichium.

4. Lille, tit. VII ; Armentières, art. 2, — La coutume du bailliage de Lille ne le reconnaissait pas plus que celui de frareuseté.

frareuseté est l'indivision même. Dans le premier cas la contiguité est nécessaire car l'héritage à retraire est le démembrement d'un autre, le voisinage n'est pas une condition obligée du second. Néanmoins comme la jurisprudence avait vu dans la mitoyenneté du mur une copropriété suffisante pour intenter le retrait de frareuseté en fait ce dernier était souvent l'œuvre d'un voisin. De là une certaine confusion dont les chartes nous apportent la preuve. Lorsqu'un propriétaire se présentait pour retraire l'héritage contigu il réclamait « à titre d'esclèche et frareuseté » (1) La coutume de Lille distinguait pourtant fort bien les deux droits et donnait même la préférence au retrait d'esclèche qui assurait la réunion des parties au tout « Et precede le titre d'esclèche le titre de frareuseté en ce qui serait escliché (2).

Pour parvenir au retrait il faut être voisin c'est la première condition. On doit de plus prouver que la portion éclissée a fait autrefois partie de la maison voisine dont elle a été démembrée ; la preuve se fait tant par témoins que par titres. De la contiguité résulte déjà une présomption que la nature et l'état des lieux peuvent facilement rendre probante. Si votre héritage était entouré de monastères et de couvents, vous étiez fortement abrité du retrait car selon les ordonnances, les gens de main-morte ne pouvant acquérir de biens fonds sans lettres d'octroi et amortissement, n'étaient pas admis non plus à exercer le retrait d'esclèche (3). Par contre les batards exclus du

---

1. Registres aux titres de la ville, S. folio 91, archiv. municip.
2. Art. 1, tit. VII. Cout. de la ville.
3. Patou, *loc. cit.*, p. 84, n° 29. — La prétention du retrayant

rétrait lignager comme des successions jouissaient du retrait d'esclèche car la parenté n'y était d'aucune considération.

La ville de Lille qui possédait beaucoup d'immeubles en titre propre à l'intérieur des murs usait souvent du retrait d'escleche. En voici deux exemples tirés des anciens registres aux titres, qui nous montrent en même temps sous quelle forme il s'éxerçait : Le premier est intitulé « Lettres de reprise et frareuseté et esclèche pour la ville de la moitié d'une maison et d'un sixième de maison, celier, échoppes achetés par Michel Bloquet » 21 janvier 1518. « Sachent tous que devant Jean Coppin lieutenant du prévot et echevins de Lille comparut le procureur de Lille qui requist d'avoir à titre de frareuseté et esclèche la moitié d'une maison et héritage habité par Michel Bloquiel et le sixième d'une maison, celier et échoppes... lesquelles quatre échoppes sont sous la maison ou demeure ledit Collard du Puich, *dont le surplus desdits appartient à la ville,* autrefois vendus et werpis à Michel B. (1). » Voici l'autre plus récent : « Le 10 mai 1693 a comparu Bruno Baiart procureur déclarant que ledit magistrat par délibération du conclave en date du 20 mars 1671 a résolu de retenir pro-

d'esclèche s'appuie pourtant sur un titre ancien. Ce n'est pas une acquisition nouvelle, et juridiquement on aurait dû accorder le retrait.

1. Nous transcrivons le reste de l'acte intéressant au point de vue de la procédure : «.... et pour ce offrir or et argent pour frais et tous remboursements. Etant oui, ledit procureur fut adhérité desdistes portions sauf tous droits pourvu que ce fera signifier audit Blocquiel afin qu'il vienne reconnaître ladite frareuseté ou par devant echevins dire cause de son refus. Registre A. B. C, f° 55.

priété d'une portion d'héritage et à cet effet de payer au roi la plus value..., ledit héritage appartenant à la ville de toute ancienneté, pour avoir été occupé autrefois par la fille X. à laquelle le magistrat de ladite ville avait fourni en échange un autre héritage pour s'établir dans la ville (1). » Ce sont les mêmes formalités que pour le retrait lignager et la même juridiction, celle du prévôt et des échevins de la ville.

Celui qui a le plus grand droit est préféré et s'ils sont tous égaux le plus diligent l'emporte (2). Voilà ce que disent les textes. Mais comment avoir un droit égal ou plus grand en cause d'esclèche ? (3) On pourrait supposer que la maison voisine appartient à plusieurs copropriétaires indivis et adjuger le retrait à celui qui possède la plus grande part, mais il est évident que la loi entend parler du plus grand droit sur l'esclèche et non sur la maison d'un voisin quelconque. Admettre avec la majorité des auteurs que la partie éclissée vient de deux maisons voisines, pour préférer le propriétaire de celle qui a subi le plus grand démembrement, c'est oublier que le retrait sert à réunir la partie détachée à son ancien tout et non à réaliser une acquisition nouvelle. Patou (4) reconnaît la valeur de l'objection et adopte pourtant cette théorie. Si on permettait à chacun

1. Registre DD, folio 38, arch. municip Lille.

2. Article 5 : « le plus prochain du lignage de quelque lez où costé qu'il soit ou celuy ayant le plus grand droict à tiltre de frareuseté ou esclèsche fait à préférer en reprinse de proximité, frareuseté ou esclesche ».

3 L'interprétation de la coutume d'Armentières ne soulève pas cette difficulté ; le plus diligent est préféré entre tous et dans tous les retraits. Armentières, 2.

4. Patou, tome II, p. 133, nº 14.

des voisins de retraire seulement sa part d'éclissement
il pourrait arriver que, l'un retrayant et l'autre non,
l'acheteur se trouvât en possession d'une portion sans
valeur. Pour prévenir cet inconvénient l'acheteur à son
gré retiendra pour lui ou contraindra le retrayant à prendre la portion démembrée de l'autre maison voisine.
L'article 7 consacre cette manière de voir : « Est requis
que cestuy qui requert l'heritage à titre d'escleche
redemande tout l'heritage esclesché. » La demande
doit comprendre tout l'héritage éclissé ou plutôt la partie éclissée de l'héritage vendu et, bien que cette partie
puisse provenir de deux maisons voisines, elle embrasse
tout l'esclèche sans distinction d'origine. Libre à l'acheteur de délaisser tout l'héritage vendu, il a ce droit s'il
y a pour lui trop d'incommodité à n'en garder qu'une
portion.

L'acquéreur se résout-il au premier parti, n'abandonnant que l'esclèche ? On procède de suite à l'estimation
par experts du prix à verser par le retrayant. Cette estimation faite, le retrayant à 7 jours et 7 nuits (1) pour consigner la somme et prévenir l'acquéreur de l'accomplissement des formalités. Au cas de délaissement total la
procédure est plus simple, le prix du retrait est celui
porté au contrat.

Lorsque la partie détachée d'une maison est assez
importante et qu'elle est devenue à son tour un héritage
particulier il n'y a plus deux parties mais deux tout. Plus
de principal, plus d'accessoire, partant plus de retrait, car

---

1. Le délai part de l'estimation, c'est exceptionnel ; il se compte
généralement à partir de la saisine.

sa seule fin est la reconsolidation de la propriété. Pour un motif semblable la jurisprudence, bien que la loi ne distinguât pas, s'était refusé à étendre le retrait d'esclèche aux champs et cultures. Rien n'est plus divisible qu'un champ et ses limites sont l'objet de fréquents changements par suite de partages, d'échanges, de redressements. Sa forme n'est point altérée par le rattachement d'une de ses parties à la propriété voisine. Diminué ou agrandi il forme toujours une unité parfaite ; le retrait n'était d'aucune utilité à son propriétaire. Disons même que pratiquement il eut été impossible car les remaniements de limites ne laissent pas de traces et comment alors prouver la possession ancienne ?

c) *Retrait successoral.*

C'est le droit réservé à tout héritier de racheter la part de succession vendue par son cohéritier à une personne étrangère. Comme le retrait partiaire il naît de l'indivision, mais il répond à un but spécial : écarter les étrangers des affaires de famille.

A Lille, nous en saisissons les traces au xiii° siècle dans le livre de Jean Roisin (1). « Et se manoirs eschiet à plusseurs hoirs qui partis soit, et aucun des hoirs voelle se partie de sen manoir vendre ou donner à rente il convient que li parchonnier le prengent en acat lequel qu'il mius ameront por tant que set echevins ensanle au mains diront que li partie de chelui vaurra. Et se li parchonnier chou ne volloient faire, chius qui se partie

_____

1. Livre Roisin, Edit Brun Lavaine, p. 59.

vorroit vendre ou doner à rente, porroit tout le manoir vendre ou doner à rente, s'il trouvait à cui, par consel de set echevins ensanle au mains, sauf chou que se li parchonnier le volloient avoir pour autant qu'il l'aroit vendut ou donnet à rente, avoir le poroient dedens les 40 jors apres chou qu'il l'aroit vendu ou donnet à rente ». Les cohéritiers ont un droit de préférence sur la part à vendre ; s'ils la laissent aliéner, pendant 40 jours ils conservent encore le droit de la retraire. Dès cette époque reculée le retrait successoral a revêtu à Lille sa forme définitive. Il avait pris place également dans les coutumes des autres contrées Flamandes, à Bruges, Ostende, Ypres (1) et s'exerçait dans tous les cas à moins que le cessionnaire ne possédât antérieurement un droit quelconque de succession. Maillard (2) sur la coutume d'Artois soutient pourtant que lorsqu'un héritier avait acquit des droits successifs de son cohéritier, il était obligé d'en faire raison aux autres, s'ils exigeaient la communication. Le retrait successoral engendrerait ici le retrait des cohéritiers où droit d'exiger que les acquisitions faites par l'un d'eux avant le partage soient mises à la masse commune à charge de rembourser l'acheteur. D'après Merlin, Maillard fait erreur et rien de pareil n'a été pratiqué ; le retrait successoral, le retrait de cohéritier ne s'exercent pas sur le même champ d'action et le cohéritier retrayant sur un étranger conserve le fruit de son opération (3).

1. Bruges, 20, 3 ; Ostende, 7, 5 ; Ypres, 10, 37.
2. Maillard, *loc, cit.*, sur l'art. 106.
3. Merlin, aux mots : retrait de cohéritier. — Nous lui donnons rai-

On aurait une tendance facile à croire que notre retrait successoral est une simple extension du retrait de communion à un des cas d'indivision les plus fréquents. Ce serait une grosse erreur. Si nous les avons rapprochés c'est qu'ils partent tous deux de l'indivision et ont pour but de diminuer le nombre des copropriétaires. Au lieu de venir du droit coutumier le retrait successif était né de la jurisprudence des parlements ; il était appliqué dans l'ensemble de la France tandis que le retrait de communion était particulier au droit coutumier du Nord et florissait même dans des villes d'où le retrait successoral était banni. Les tribunaux des Pays-Bas ne le reçurent jamais et en beaucoup de provinces il resta à jamais inconnu (1).

Peu après la rédaction de notre Code, alors que la jurisprudence n'avait point encore eu le temps de se former, on agita la question de savoir si le retrait d'indivision devait être maintenu dans notre droit. La réponse négative n'était pas douteuse et les tribunaux se prononcèrent en ce sens. Comme nous l'avons constaté les deux retraits

son ; toutes les coutumes qui traitent du retrait successoral le refusent quand le concessionnaire est déjà nanti d'un droit quelconque de succession. Le privilège des cohéritiers est l'inverse absolu du retrait successoral et de notre art. 841.

1. Guyot, Répertoire de jurisprudence aux mots : « retrait successoral. — Il ne faut pas confondre le retrait avec la simple cession de cohéritier à cohéritier. Là où la ville héritait d'une portion des biens des bâtards, on trouve dans les comptes municipaux des paiements en reprise de parts des cohéritiers « *Item* payé à X et à ses consorts successeurs et ayants droit dans les biens de M. Catarde décédée, à cause de la cession de leurs droits sur un héritage au profit de la ville ». Comptes de la ville de Bruges.

Edouard Giard   15

d'indivision et de succession ont toujours été distincts ;
la loi de 1790 les avait abolis tous deux, le Code n'a
rétabli que le retrait successoral, sans que son rétablis·
sement ait entraîné la résurrection du retrait de communion (1).

Au retrait successoral se rattache le droit attribué en
quelques provinces aux frères de racheter dans les dix ans
de l'ouverture de la succession et, moyennant une juste
estimation, la part échue à leurs sœurs dans les immeubles de la succession des père et mère (2). C'est un droit
analogue à celui dont jouit l'aîné en Flandre de reprendre avant le fief la partie assignée par le tiercement. A
Tournay, lorsqu'un seigneur a disposé en faveur de ses
mainés par donation ou testament, le fils ou la fille aînée
ont un droit perpétuel de rachat du mortgaige.

§ 2. Retrait des rentes foncières.

Importance. — Anciens titres. — Ordonnance des rois de France.
— Législation du Hainaut.

En raison de l'importance des rentes foncières comme
élément de la fortune, ce retrait joua un grand rôle dans
notre ancien droit. C'est le droit accordé au propriétaire
ou à l'héritier de l'immeuble grevé de rente de décharger
son bien en remboursant la rente, lorsqu'elle était aliénée
par le crédi-rentier. Merlin n'en fait aucune mention et

1. Vatimesnil. Rev. de leg. et de jur. t. III, 1836, p. 432.
2. Cout. de Namur, 69, 70. — Luxembourg, 12.

semble l'avoir ignoré alors qu'il était d'une pratique
constante et fort ancienne « Lois est, nous dit Roisin (1),
que se on vent ou acate rente sour yretage, que chius
cui ly yretages est qui le rente doit, est le plus proismes de la rente que on venderoit que ses heritages
deveroit, proec qu'il soit bourgeois et que chou soit
à son oes. Et est assavoir que se aucuns acate pluisseurs rentes sur pluisseurs yretaiges a ung markiet ou a
plus pour chou ne demeure mie que cascuns n'ait se
proismelet de le rente que on aroit vendut que ses
yretages deveroit et pour tant que li rente seroit vendue ».
Le débi-rentier, ce texte nous le dit, était le premier à
retraire, il passait avant le lignager à condition qu'il fût
bourgeois (2) et exerçât le retrait pour lui. Afin de faciliter le retrait, il était permis à chaque débiteur de
retraire sa rente bien qu'elles aient fait à plusieurs
l'objet d'un seul marché.

Nous voyons dans un autre manuscrit (3) qu'en 1287
fut rendue à Lille par le comte Gui de Flandres la disposition suivante : « que de toutes les rentes qu'on donne
as carités de ceste ville ou as eglises ou as hopitaulx sur
hiretages, que cieulx qui l'iretaiges est le puet racater au
vaillant de 25 liv d'Artois le mark à l'avenant et que
chieux qui l'iretage est sur qui ly rente sera donée est ly

1. Livre Raisin, p. 64,

2. Remarquez cette exigence ; tous les retraits dans nos villes
sont en quelque sorte des retraits de bourgeoisie car la qualité de
citoyen est toujours requise à l'origine. Le retrait de bourgeoisie
proprement dit diffère en ce qu'il est uniquement fondé sur cette
qualité, les autres reposent sur la bourgeoisie à laquelle est joint uu
autre titre de faveur.

3. Manuscrit 214. Arch. municip. de Lille, p. 48.

plus prochains hoirs del ravoir. Et est assavoir que cest raccat doit on avoir fait dedans l'an et le jor que li rente ara esté donée ou aumosnée ». Charte d'un intérêt exceptionnel (1) car elle accorde au retrait des rentes, dans la cité de Lille une extension qu'il n'a plus jamais connue dans la suite. Les débi-rentiers auront le droit non seulement de racheter les rentes vendues mais de retraire contre les églises et établissements charitables donataires, en les indemnisant, suivant un taux fixé par la charte, dans le délai d'an et jour depuis la donation.

L'ancienneté du retrait des rentes est donc prouvée et nous pourrions multiplier les citations. Il est bien antérieur en Flandre à l'édit du 20 février 1528 qui autorise le propriétaire à retraire les rentes grevant son fonds et auquel on a voulu à tort attribuer une portée novaloire.

La plupart des coutumes de la Flandre maritime, la coutume de Boulenois, beaucoup des chartes des villages de Picardie le reconnaissent (2). En Hainaut l'ordonnance du 3 octobre 1387 disait déjà : « Et s'il advenait que les rentiers qui cens ou rente ont ou auraient sur les dis heritages en faisoient vendage, nous voulons et ordonnons que celui qui hiretier en seroit, ou cas que le proisme se offre y appartenant avoir ne le voloit, le puist avoir se il lui plaist en décharge du lieu pour le fres qui vendut aroit este lealment et sans fraude (3) ». A Malines tout propriétaire d'immeuble grevé de charges autres que

1. Reproduite dans Roisin, p. 6o, et cité par Tailliar : *Recueil d'actes du* XIIIe *siècle.*

2. Audruick § 7. — Eperlecques, Bouthors II, p. 7o1.

3. Manuscrit 65o. folio 268, Bibl. Valenc. — *Recueil de jurisprudence de la Cour souveraine de Mons.*

rentes foncières, telles que cens, hypothèques servitudes avait le droit de les retraire lors de leur changement de titulaire (1). Celui qui avait la plus forte part de l'immeuble était préféré.

Les héritages de la ville d'Amiens étaient si chargés que leurs possesseurs préféraient les laisser tomber en ruine et déguerpir plutôt que de les entretenir. La situation était pitoyable et l'aspect de la ville en souffrait. Une députation fut envoyée à Charles VI alors à Abbeville pour attirer sa bienveillante attention et solliciter de lui une ordonnance qui permît aux possesseurs de dégrever facilement leurs biens obérés. Le roi accueillit favorablement la demande des Amienois et leur délivra lettres patentes à l'intention demandée. L'acte est de 1393 (2) ; il porte qu'en cas de vente des cens et rentes à d'autres qu'au propriétaire de l'héritage « ycellui proprietaire puist avoir et reprendre y cens ou rentes pour le prix que ils auront estés vendus dedans mi-an ensuiant et que en ce cas les acheteurs d'iceux rentes seront tenus de les rendre auxdiz proprietaires ». L'article 20 de la coutume de 1507 confirme le droit accordé par le roi aux bourgeois ; il ajoute qu'au cas où le rentier vendait directement le cens au propriétaire, bien qu'il y ait vente, par faveur pour la décharge des héritages le retrait lignager était écarté.

L'exemple donné par les Amienois ne resta pas sans

1. Appelé *Naderschap. van grontswegen.*

2. *Recueil des ordonnances du Louvre,* t. VIII, p. 617.— A. Thierry, *Monuments de l'histoire du Tiers-État,* t. I, p. 798. En même temps qu'il favorise les bourgeois d'Amiens, ce retrait est d'intérêt local, en vue d'assurer le bon état des édifices. 205 Cout. de 1507. A. Thierry. *Loc. cit.,* t. II, p. 529.

effet. Par lettres patentes de 1409 (1) Charles II accorda aux habitants de Beauvais le retrait des rentes vendues dans les quinze jours de l'achat et par préférence à tous autres. Les propriétaires Tournaisiens obtinrent le même privilège du roi en 1410 (2) et pendant un an ; pour aider encore davantage à la libération des héritages, les églises et autres établissements charitables de cette ville furent contraints de vendre leurs rentes aux propriétaires débi‐ teurs qui en offraient un prix raisonnable. En telle hypo‐ thèse la vente est ordonnée dans l'intérêt du débi-ren‐ tier ; elle échappe à tout retrait, car il serait trop dur d'accorder au propriétaire l'affranchissement de son héri‐ tage pour l'en priver immédiatement par la reprise d'un tiers.

Une seule règle à poser pour l'étude du retrait des rentes et qui supplée à toutes autres. En chaque coutume particulière on se guidait sur les usages admis pour le retrait lignager et il suffit d'appliquer, *mutatis mutandis*, ce que nous avons dit de lui. Au cas où les deux retraits se trouvent en concours, le débi-rentier l'emporte géné‐ ralement, ainsi qu'il apparaît dans les ordonnances de Charles VI, dans les Chartes lilloises et dans les statuts des villes. L'article 2 du chapitre XCV des Chartes géné‐ rales de Hainaut porte également que « le possesseur du

1. Tome IX, p. 484, *Recueil des ordonnances du Louvre*. L'édit est rendu pour parer « à la desertacion et à l'empirement de la dicte ville ». Les 15 jours du retrait partiront du werp et les juges de l'in‐ vestiture devront signifier et faire connaître la vente aux propriétai‐ res de l'héritage grevé afin de les prévenir de l'ouverture de leurs droit de rachat.

2. T. IX, p. 521, *id.*

fief sera préféré en la retraite d'icelle au parent dudit vendeur ». La préférence est justifiée ; le possesseur de l'héritage et le rentier sont liés par un contrat, tandis que le lignager n'a pour titre que la préférence générale qui de droit naturel semble revenir aux parents (1).

Nous terminerons par quelques particularités prises dans la législation du Hainaut. Le dernier article de la charte dite de nouvelle loi de 1387 n'accordait le retrait aux propriétaires qu'après les proximes et s'ils y avaient renoncé. Le débiteur devait se prononcer dans les huit jours de la signification du contrat ; mais on voyait si favorablement la décharge des héritages qu'il lui était permis de reprendre de la rente la portion qu'il voulait. Ainsi fut-il jugé à Mons, d'un achat fait par un certain Pierre Loisseau d'une rente de 23 sous ; quand il présenta le marché à l'héritier du propriétaire, celui-ci reprit et remboursa 10 sous de rente mais lui laissa le reste. L'article 35 du chapitre LXXVI des chartes anciennes (1534), l'article 13 du chapitre XCV des générales (1611) établissent le retrait des rentes hypothéquées dans les termes

1. Ajoutez à cela que le debi-rentier avait souvent le droit de rachat ; raison de plus de lui accorder le retrait.

2. La disposition était étendue aux francs-alleux et les mainfermes étaient régies par les Chartes des chefs-lieux. Mons, chap. 46. Ce qui était spécial au chef-lieu, c'est que le débiteur n'était pas obligé de reconnaître le nouveau créancier tant que la représentation ne lui avait été faite. Cogniaux cite un retrait opéré vingt-cinq ans après la vente. L'offre fut toujours considérée comme une formalité essentielle ; on voulait qu'elle se fît en personne en présence de deux échevins. La représentation par affiches au portail de l'église ou par criées était sans valeur. Si l'offre était remplie, le délai tombait à quinze jours.

suivants : « Si quelqu'un ayant rentes sur fiefs les vend, l'héritier possesseur dudit fief pourra dans l'an et jour de la vente avoir et reprendre ledit marché, payant pour la décharge d'icelui fief le prix de cette vente avec l'avenant de tems couts et frais ; mais s'il y avait offre et présentation par l'acheteur à celui doyant la rente il sera tenu de payer et satisfaire les deniers dudit marché en deans 40 jours en suivant ledit offre et delà en après ne fera plus à recevoir ». La tendance du législateur de Hainaut fut d'élargir de plus en plus les privilèges du propriétaire et d'aider à la libération des héritages. On avait compris que de pareilles mesures étaient de l'intérèt de tous. De là la préférence nouvelle donnée au débi-rentier sur le lignager, de là l'extension à 40 jours du délai de reprise, autrefois de 15 jours seulement.

A l'instar du retrait lignager le retrait des rentes prend naissance à l'occasion de toutes les aliénations, ventes, échanges, donations, aliénations volontaires ou forcées, voire même peut-être comme à Malines dans les ventes de servitudes et droits seigneuriaux.

On n'y soustrait que les rentes données aux successibles du donateur, parce qu'il y a là une sorte d'anticipation de partage, probablement aussi parce que la rente est censée ne pas changer de titulaire. Pour abréger d'un an à quarante jours le terme d'option du propriétaire de l'héritage, l'acheteur se transporte à son domicile et en présence de deux témoins lui offre le marché en même temps qu'il lui délivre copie de l'acte d'acquisition. A partir de cette démarche court un délai de quarante jours pendant lequel le débi-rentier, s'il veut retraire, doit se présenter à son tour à l'acheteur et lui offrir d'une façon réelle le prix du marché avec les dépens.

Comme souvent le prix n'est pas déclaré, s'il s'agit d'une donation ou d'un échange par exemple, ou lorsqu'il n'a pas encore été fixé, il suffit que le retrayant offre une pièce d'or et une d'argent sous offre de parfaire la somme lorsque la prisée du bien aura été faite, par experts. Les rentes foncières en Hainaut se capitalisaient au denier 18 et le débi-rentier était libre sans attendre l'estimation de présenter la rente capitalisée à ce taux. En cas de refus de l'acheteur l'argent était consigné.

La reprise par portions, quelque temps autorisée au début, fut interdite comme trop préjudiciable au rentier. Mais s'il y avait plusieurs débiteurs, *quid* ? Il suffisait en ce cas que l'offre fut faite à l'un d'eux qui avait le devoir d'en avertir les autres, et le retrait était divisé au prorata de leurs parts.

§ 3. — *Retrait débital*.

Modifications en France aux lois romaines. — Particularités de nos coutumes. — Histoire et Formalités.

Au chapitre précédent il s'est agi de rentes foncières, hypothéquées sur des biens fonds ; il est question ici de rentes constituées, dettes, actions personnelles.

Les lois romaines *per diversas* et *ab Anastasio* des empereurs Anastase et Justinien, en vue de diminuer les procès et de protéger les débiteurs contre l'avidité des créanciers, ne permettaient aux cessionnaires d'exercer l'action cédée que jusqu'à concurrence au prix de vente. La sanction ne pouvait être un retrait car par la novation les sûretés de l'ancienne obligation eussent été éteintes. Ce système passa sans chagement dans les pays de droit écrit, puis il gagna Paris mais la jurisprudence du Parlement le modifia quelque peu. Elle le restreignit, en exigeant que les droits cédés fussent litigieux, et sous un autre aspect l'étendit en y soumettant même les droits réels. On était arrivé à calquer les droits litigieux sur les droits successifs. Ces innovations se repercutèrent dans la sanction. Les Romains réduisaient l'action du cessionnaire au prix du marché, mais avec l'extension aux droits réels cette pratique devenait impossible. Qu'il s'agisse par exemple de la cession d'un droit de propriété litigieux, comment réduire l'action en revendication du cessionnaire à la somme déboursée ? D'où l'idée de permettre au défendeur d'éteindre l'action portée contre lui moyennant le paiement du prix de la cession. Ce procédé fort simple n'atteignait pas le demandeur qui recevait comme autrefois le remboursement du prix.

Nos anciens auteurs n'ayant jamais vu les retraits s'appliquer aux droits personnels n'osèrent qualifier de ce nom l'action du débiteur. Ce fut une action en subrogation pour l'exercice de laquelle le débiteur devait obtenir des lettre royaux.

Charondas et Pothier affirment bien qu'il y a là une sorte de retrait mais ils n'osent prononcer le mot et ne comprennent pas la reprise du débiteur dans l'énumération des retraits. Jamais le terme « retrait » ne fut l'expression technique et c'est peut-être à cette circonstance assez insignifiante en soi, puisque le mot ne change rien à la chose, que ce retrait doit d'avoir survécu à l'épuration révolutionnaire.

Nos auteurs coutumiers du Nord n'eurent pas les mêmes scrupules et donnèrent au droit du débiteur le nom de retrait débital. Ils y étaient amenés, et par la faveur dont jouissaient les retraits en ces régions, et par l'incontestable analogie qui existait entre l'action de subrogation et quelques-uns des retraits de bienséance. L'assimilation était d'autant plus naturelle qu'ici le débiteur était admis au remboursement de sa dette bien qu'elle fut certaine et non litigieuse. Quelle différence alors dans le mécanisme entre le remboursement des rentes et le rachat des dettes, n'étaient-ils pas tous deux au même titre un retrait ? Nos jurisconsultes étaient donc logiques en ne séparant pas ce retrait des autres. La ressemblance était si profonde à leurs yeux que l'estimable auteur de la *Pratique du retrait* associe dans un même chapitre de ses études le retrait des débiteurs et celui des habitants sur les maisons vendues dans leur cité. Des coutumes comme celles de Gand et de Bruges qualifient indifféremment de retrait débital la reprise des rentes comme celle des dettes (1). Ainsi le droit du Nord est si particulariste que, même pour des institutions reçues partout et dérivant d'une origine commune, il trouve encore à se distinguer.

Le retrait débital peut se définir le droit accordé au débiteur cédé de se libérer de sa dette en remboursant

---

1. Même association dans Maillard, *loc. cit.*, p. 741.

le cessionnaire du prix qu'il a compté au créancier. Loisel semble insinuer qu'en raison de ses avantages il doit être de droit général et commun ; mais d'autres jurisconsultes lui reprochent de violer la liberté des contrats, si bien qu'il ne fut jamais adopté partout. La plupart de nos coutumes le reconnaissent, mais dans le silence des textes, comme c'est un droit spécial, il faut le rejeter. A Valenciennes, par exemple, la coutume est muette et nous savons que les lois romaines pas plus que le retrait débital n'y furent jamais reçus (1). Même exclusion à Lille. En 1701, en 1704 quelques plaideurs le réclament en justice mais chaque fois le Parlement de Flandres écarte leur prétention. C'est exceptionnellement et en raison des circonstances spéciales de la cause, qu'un arrêt de 1698 autorisa le retrait contre un procureur qui avait racheté l'action de son maître (2).

Deux turbes d'avocats réunies à Tournai se prononcent pour le refus du retrait, mais en Artois un placard du 25 juin 1601 reconnaît implicitement son existence en permettant le remboursement en monnaie courante des dettes créées sous des anciennes espèces. Et en effet il existait dans la province depuis longtemps en vertu de dispositions qui nous sont inconnues. Une ordonnance de 1571 l'autorisait même, lorsque la cession de la dette avait été faite contre un bien et qu'il y avait eu une sorte d'échange de nature à entraver le retrait. La ville

1. Raoux, *loc. cit.*, p. 28 ; Godin, *Commentaire manuscrit sur la cout. de Valenciennes* n° 1003, p. 82.

2. De Ghewiet, *loc. cit*, p. 420. Cf. Dumées, *Histoire et éléments du droit français.*

d'Arras était également admise à exercer le retrait des
dettes cédées contre elle en remboursant le cessionnaire
dans les quarante jours de la signification du transport (1).

Souvent dans les villes les habitants furent regardés
comme obligés solidairement aux dettes de la commune
ce qui permit à un bourgeois d'Ath d'exercer, à titre de
retrait débital, la reprise d'une dette communale vendue
à un étranger, bien que le cessionnaire lui eût offert de
le décharger de sa part (2).

Les coutumes du Franc de Bruges et d'Audenarde, avec
quelques autres encore, étendaient le privilège du débiteur à la caution (3); la jurisprudence du Parlement de
Flandres le refusait au second créancier qui voulait
reprendre l'action cédée par le premier (4), avec beaucoup de raison d'ailleurs, puisque le retrait avait été
institué dans l'intérêt du débiteur. Il appartenait à l'héritier bénéficiaire, et aussi aux communautés de main-
morte et à leurs membres (5) qui n'étaient privés par
les ordonnances que des acquisitions d'immeubles.

Nous sommes persuadés qu'avant 1619 les lois *per
diversas et ab Anastasio* n'étaient pas d'usage en Hainaut (6) et ceux qui avaient acheté une action en conservaient tout le profit. Elles ne prirent pied dans cette
province qu'avec les chartes nouvelles, et l'article 3 du

1. Maillard, p. 741.
2. Arrêt d'août 1638.
3. Bruges, 20, 2 ; Audenarde, 12.
4. De Ghewiet, *loc. cit.*, p. 420. Arrêt de 1601.
5. Cogniaux, chap. XI. 8.
6. Nous déduisons cette opinion de l'absence complète de traces.

chapitre CXII fut leur lettre de naturalisation. Il est remarquable que le législateur y parle au futur : « Si seront d'ici en avant... » dit l'article 1, « si seront... » répète l'article 3, et leur tournure, les expressions qu'ils emploient indiquent fort bien un droit nouveau.

Cette opinion se consolide encore si l'on observe que nos chartes avaient fait l'objet d'un premier projet qui fut lu à l'Assemblée de 1560. Dans ce recueil l'article 3 ne s'y trouvait pas, il n'a été inséré que lors du travail de revision, peu de temps avant l'homologation des chartes. C'est un droit d'emprunt, imité des coutumes voisines, et que la pratique du pays ignorait complètement.

Lorsque Cogniaux écrivait son traité du retrait, vers 1740, le retrait débital était très répandu, car malgré la différence d'origine il s'était très rapidement assimilé aux autres droits de préférence. Contrairement au droit commun de la France, il avait conservé l'application générale des lois romaines aux cessions de tous droits personnels, litigieux ou non. Mais au lieu qu'à Rome le débiteur était libéré à toute époque en payant le prix du transport, les nouvelles lois étaient moins défavorables à l'acheteur et avaient cru bon de subordonner le privilège du débiteur à sa diligence (1).

On l'étendait à toutes les aliénations de dettes, ventes, échanges, donations sauf aux partages qui ne sont pas de vraies dispositions (2).

Quand une dette est cédée, quand une rente constituée

____

1. Le débiteur n'usant pas de son droit de retrait dans les quinze jours de la représentation doit payer la dette en son entier.

2. Cogniaux, *loc. cit.*, chap. XI, p. 262 et ss.

est vendue, le nouveau titulaire vient offrir son marché
et pour qu'il ne puisse frauder à son aise, on l'oblige à
délivrer copie de l'acte de transport. C'est la représentation. Elle se fait au domicile du débiteur, mais non à la
maison de la caution, car il est douteux qu'en Hainaut le
répondant jouisse également du retrait. Il semblerait à
première vue que la coutume, en exigeant la représentation, se conformât au droit commun qui requiert pour la
reprise des droits litigieux la notification au débiteur.
Ce n'est qu'une apparence. La représentation, c'est la
forme primitive du retrait conservée en Hainaut et appliquée au retrait débital comme aux autres. La notification, c'est l'avertissement donné au débiteur que l'action
a été cédée et qu'il doit désormais payer au cessionnaire
désigné; là où le retrait litigieux était admis, elle servait
de point de départ à l'action du débiteur et jouait un rôle
analogue à la représentation en Hainaut.

Mais il faut se garder de les confondre et la distinction ressort d'autant mieux que la législation Haino-
nienne les requiert cumulativement, et par deux articles
différents (2 et 3). L'advertence a pour objet le droit de
poursuite et touche le débiteur et l'acheteur; la représentation vise uniquement le retrait du débiteur. Quoique
les prisonniers et débiteurs saisis ne reçoivent pas, selon
la loi, la notification du transport, la représentation est
nécessaire envers eux pour les aviser de l'ouverture du
retrait. En pratique la notification et la représentation
comportant les mêmes formalités s'accomplissent en
même temps; le débiteur a 15 jours (1) pour porter ses

1. V. l'indication des autres délais les plus fréquents dans Britz,
loc. cit., p. 707.

offres réelles au domicile de l'acheteur ou lui offrir en compensation quelque action contre le vendeur, si l'on croit devoir admettre avec quelques auteurs ce dernier mode de paiement.

Le retrait cesse quand le débiteur a déjà payé une partie de la dette, car c'est de sa part une approbation tacite de la cession. Dans quelques endroits il prend fin par l'exercice du retrait lignager d'un parent du vendeur ; à Audenarde (1) le débiteur avait la préférence et probablement aussi en Hainaut par analogie avec la solution admise sur le retrait des rentes foncières.

§ 4. *Retrait de consolidation*

Est-il de droit commun ? — Son utilité.

Comme le retrait de communion il naît d'un démembrement de propriété, mais le droit des titulaires n'est plus de même nature, l'un a la nue propriété, l'autre la jouissance. C'est la faculté que possède le nu propriétaire de retirer le droit cédé par l'usufruitier à un tiers. L'article 91 de la coutume de Valenciennes (2) le consacre en ces termes : « Si un usufructuaire ou viager vend ou transporte son viage, le propriétaire le pourra reprendre et retraire pour le même prix en dedans l'an ; et se purgeront par serment l'acheteur et le vendeur ».

1. Audenarde, 12, 7.
2. Le retrait de consolidation était encore de pratique constante à Louvain, Ruremonde et dans le Luxembourg. Defacqs, *Ancien droit Belgique*, 1873, t. II, p. 124.

La disposition est reproduite mot pour mot dans la coutume de Mons (chap. LI, art. 34, chartes preavisées), mais au dire de Cogniaux, n'avait jamais été mise en pratique. Ce qui n'empêche pas ce jurisconsulte d'y voir une règle de droit général, car la reconsolidation est chose naturelle et de l'intérêt évident des propriétaires. Une raison de convenance ne suffit cependant pas pour introduire un retrait et l'extension semble difficile. A moins qu'on ne veuille considérer l'usufruitier et le nu propriétaire comme deux copropriétaires et leur accorder le retrait d'indivision, ce qui est inadmissible, il faut décider que les coutumes qui n'en parlent pas l'excluent. Dans le Brabant et à Liège, son existence était discutée, mais à Gand, dans le ressort de St-Pierre, l'usage l'avait déduit du retrait des rentes foncières et un arrêt du grand conseil de Malines de 1613 avait reconnu le bien-fondé de cette prétention. Les coutumes de Namur, de Luxembourg, le proscrivaient en termes formels (1).

Au point de vue juridique, on est obligé de reconnaître que le retrait de consolidation répond à une idée juste, la personnalité de la concession d'usufruit. Cela est si vrai que, malgré l'aliénation, le droit au regard des propriétaires reste de nos jours sur la tête de l'usufruitier. Le maintien du retrait de reconsolidation n'aurait pas déparé dans notre Code et pouvait rendre de réels services.

---

1. Il dérive du caractère personnel de la concession d'usufruit ; quelques coutumes accordant le même caractère au louage donnaient au propriétaire un retrait contre le sous-locataire. Cout. de Gand, 2, chap. des retraits.

Edouard Giard   16

§ 5. *Retrait de bourgeoisie*

Origine et motifs. — Chartes. — Extension aux meubles.

C'est le droit accordé aux habitants de certains lieux de se faire subroger dans les acquisitions d'un étranger. On l'a fait découler en ligne directe de la copropriété primitive. Un célèbre passage de la loi Salique, que nous avons expliqué plus haut, porte que l'étranger venant s'installer dans un village peut en être expulsé sur la demande des habitants (1). Comment expliquer sinon par la collectivité, cette subordination pour l'aliénation des immeubles au consentement des voisins ou des habitants ? La copropriété revivait dans la possession des biens communaux ; tous les habitants possédaient sur eux des droits de jouissance et il importait beaucoup qu'un nouveau venu ne vînt pas réclamer sa part au gâteau.

Certes la jouissance des biens communs est peut-être une des raisons de ce droit que possèdent les bourgeois, mais il y en a bien d'autres. La qualité de bourgeois conférait d'immenses avantages, tant au point de vue juridique que matériel ; auprès d'eux la participation aux terres de la commune était bien peu de chose, et ce serait faire preuve d'étroitesse de vue en assignant ici à la copropriété un rôle qu'elle n'a pas joué (2).

1. Loi Salique, tit. VL de Migrantibus.
2. La jouissance des biens communaux à son importance dans les

Seuls les bourgeois jouissent des droits politiques, des droits de succession, des droits de justice ; le forain à qui on les refuse, paie en revanche des taxes énormes. L'arrestation d'un bourgeois est une affaire grave, elle ne peut avoir lieu qu'après jugement des échevins. Qu'un bourgeois soit battu ou blessé par un forain, toute la ville est sur pied. On crie le ban, les cloches sonnent, et bannières en tête, sous la conduite des magistrats de la commune, tous les citoyens suivis de leur famille s'en vont « faire la vengeance de la ville ». On met le feu à la maison du coupable, on dévaste le terrain environnant et la vengeance satisfaite, la commune se retire. Bourgeoisie ! mot magique. Qu'un habitant en danger pousse ce cri, tous ceux qui l'entendent doivent se porter à son secours ; si en le secourant ils commettent quelques meffaits sur des forains, la loi les tient quittes car ils ont rempli leurs devoirs de citoyens (1). Les bourgeois étaient solidaires les uns des autres, quoi d'étonnant à ce qu'ils se montrassent difficiles sur le recrutement de leurs collègues.

Pour jouir de tous ces droits, participer à ces nombreux privilèges que fallait-il ? Posséder une maison dans la ville. Au forain qui sollicitait sa réception en bourgeoisie le Reward de Lille disait : « Vous volez y estre borgois, dont vos di jou qu'il vos convient que vous soies manans en cheste ville estagièrement ». L'acquisition d'une maison en ville était le premier pas vers l'obtention du

communes agricoles, elle perd toute influence dans les cités industrielles.

1. Sur toutes ces coutumes, v. Livre Roisin, *passim*.

titre de bourgeois ; quelquefois même cette qualité s'acquérait de plein droit par résidence d'an et jour. Comprend-on maintenant comment les bourgeois jaloux de leurs privilèges subordonnaient l'installation du forain à l'assentiment général. Lorsque la nécessité du consentement fut supprimée, les bourgeois conservèrent la faculté d'écarter par le retrait l'acquéreur déplaisant. Le développement du retrait de bourgeoisie concorde avec l'accroissement des franchises locales (1).

A la pointe septentrionale de la Flandre, dans les régions que borde la mer, les personnes investies de la bourgeoisie étaient qualifiées de l'expression pittoresque de « frères et sœurs de loy ». La réception à la fraternité se faisait par les échevins quand l'impétrant avait rempli la condition de résidence d'an et jour. Le magistrat le proclamait alors frère de loy et l'inscrivait sur un registre spécial (2). Armé de ce titre il pouvait à Bergues, à Bourbourg reprendre aux étrangers les héritages qu'ils avaient acquis ; la coutume d'Honschote la plus récente supprima ce privilège (3).

La charte de l'abbé de Saint-Vaast, Leduin, est le premier monument où apparaît la préférence sur les étran-

---

1. Perreciot, *loc. cit.*, t. III, p. 312, explique le retrait de bourgeoisie comme une compensation à la solidarité qui existait entre les habitants dans la défense. Merlin devant l'assemblée nationale a repris les théories de Perreciot. Voy. également Raepsaet, *Analyse du droit civil des Belges*. Cette théorie trop exagérée a ceci de juste qu'elle met en relief l'étroite solidarité qui unissait les bourgeois.

2. Decroos. *op. cit.*, p. 196.

3. Hondschote « Aux frères et sœurs de loi aucun retrait en raison de leur fraternité ».

gers des tenanciers d'un même domaine (1). Si le seigneur
abbé ne reprend pour lui le marché, *dabit ei licentiam vendendi non alicui extraneo sed proximo generis sui aut alicui
ejusdem legis.* Le privilège est répété dans la plupart des
chartes de commune du Nord soit sous la forme de l'offre,
soit sous une formule de prohibition générale écartant
les étrangers des achats. *Unusquisque vicino suo domum
suam vendere potuerit sine reditu aliquo*, dit la vieille charte
de Ramousies de 1193 (2) et la même phrase se reproduit de charte en charte dans toute la région. La loi de
Calais de 1252 (3) décide de son côté que « personne ne
pourra acheter dans l'échevinage qu'il ne soit aux couts
et aux lois de la ville ». La défense aux forains d'acquérir des héritages dans la ville de Lille était sanctionnée
par une peine de 60 livres tant pour le vendeur que pour
l'acheteur contrevenant. L'héritage était confisqué et la
ville touchait le tiers de l'amende (4). Une telle sévérité
devait faire réfléchir ceux qui étaient tentés d'enfreindre la loi.

Ailleurs on jugeait le privilège du retrait suffisamment

1. Martenne, *Amplissima collectio*, t. I, n° 381.

2. *Bulletin de la commission historique du Nord*, tome IV, p. 307.

3. Bibliothèque nationale, manuscrits. Documents réunis pour
l'histoire du Tiers État, au mot Calais, n° 3590, folio 31 et 43.

4. « Il est ordenet et estaulit que nuls n'acache yretage en cheste
ville s'il n'est borgeois ou borgeoise ou enfant de borgeois ou de
borgeoisie de cheste ville ou à leurs oes qui soit justichaules a le
ville sour LX livres fourfet et sour l'iretage à pierdre a chelui qui le
venderoit et sour LX livres de fourfet a chelui ou a cheli qui l'aca-
teroit. En ches fourfet a li ville le tierc par l'assens dou signeur. »
Manuscrit 214, Arch. municip. Lille, p. 48. — Cet acte est reproduit dans le livre Roisin édit. Brun-Lavaine, p. 69.

efficace et on accordait à chaque habitant individuellement la faculté de l'exercer. Dans tous les pays du Nord le retrait de bourgeoisie était pratiqué. Les gehöber du Luxembourg étaient des étendues de terres ou de bois que le seigneur cédait en jouissance aux habitants d'un village à charge de redevance annuelle. Aucun membre ne pouvait céder sa part sans le consentement du seigneur et après lui venaient par préférence les autres membres des Gehöber (1). En Allemagne le retrait de bourgeoisie était en grande vogue ; beaucoup de villages d'Alsace l'avaient connu (2) mais au xvii° siècle il ne subsistait plus qu'à Strasbourg (3) où la capitulation de 1681 avait conservé toutes les anciennes coutumes. Gand Ypres, Nieuport, Furnes et Bergues en Flandre, plusieurs villages de Picardie, Langle et Fillièves (4) en Artois l'avaient inscrit dans leurs coutumes. Tout achat d'héritage y était publié trois dimanches consécutifs, à son de trompe, au sortir de la messe paroissiale, afin que les habitants fus-

1. Feron, *Droit coutumier Luxembourgeois*, p. 78.

2. Les rotules retrouvées exigent que toute mutation soit dénoncée au seigneur qui a la préférence avec un prix de faveur. La gradation est la suivante : l'offre est faite d'abord au seigneur, puis aux voisins, aux autres habitants et seulement après viennent les étrangers. V. Hanauer, *Les Paysans de l'Alsace au moyen-âge*, p. 62 et s.

3. Strasbourg, v. Engelman. *De retractu locali*, p. 9 et ss. Pour y exercer le retrait local, « Marklossung », deux conditions étaient exigées : 1° que le retrayant soit inscrit citoyen au registre matricule, 2° que le retrayé soit étranger. On examinait les qualités telles qu'elles existaient au début du procès et le défendeur qui avait obtenu le droit de cité *pendente lite* n'en était pas moins évincé. Le retrayant avait un an et un jour « *innerhalb yahr und tag* ».

4. Fillieves Bouthors, t. II, p. 109, 8 ; Langle, *ibidem*, p. 688. Mêmes formalités dans la Keure de Waes de 1241.

sent avertis et à même de retraire. Au Franc de Bruges,
les francs hostes et les sujets annexes pouvaient retraire
toutes les terres vendues à des forains. Les jurisconsultes
font remonter ce privilège à la loi des métrocomies mais
il y a bien plutôt un motif politique qu'une raison financière. D'après une constitution qui persista longtemps,
les possesseurs d'une certaine quantité d'arpents étaient
seuls appelés à élire les députés aux Etats et à la Généralité. Le droit de vote était l'apanage du roturier fran-
cot qui, ayant cinquante mesures de terre, comptait parmi
les notables. Quelquefois et c'est le cas même à Bruges,
le retrait sur les forains appartenait à la commune en
tant que corps constitué et naturellement la ville avait
la préférence sur les bourgeois. L'article 20 § 9 de la coutume de Bruges consacre également le droit de la cité à
reprendre les rentes hypothéquées passées en mains
étrangères ; le retrait de bourgeoisie y avait encore ceci
de remarquable qu'il primait le droit des parents. L'ordre
inverse était plus généralement adopté, notamment à
Furnes (30 § 3).

Quelques localités du Hainaut accordaient ce bénéfice
suivant leurs coutumes particulières. Voici une charte
de 1313 accordée aux habitants de Thivencelles : « Si
voulons que home de Thivencelles y ait l'avantage et qu'il
puisse retenir le marché s'il leur plait, ch'est à savoir le
premier qui le requererait au seigneur » (1). Au XIVᵉ siècle
ce devait être une loi générale dans presque toute la
province, au XVIIᵉ siècle on peut citer les villages qui l'ont

---

1. Cartul. de N.-D. de Condé, Bibl. Nat., p. 74.

encore inscrit dans leurs franchises. Les bourgeois d'Obies, de la Longueville, de Baviseau, Bousies, Bliqui, l'avaient jalousement conservé, la loi de Prisches le mentionnait encore. Un célèbre procès se déroula à Mons en réclamation du retrait de bourgeoisie par un habitant d'un village voisin. On soutenait que suivant la loi du chef-lieu le plus proche était seul admis à retraire, que les retraits étaient de droit étroit, et que toutes les coutumes ressortissant au chef-lieu devaient se régler sur lui. L'article 1 de l'édit perpétuel ne permettait pas, disait-on, qu'un manant vint réclamer un droit sur le pied de quelque coutume particulière non homologuée. Deux turbes réunies en 1668 conclurent au retrait comme étant d'un usage immémorial. C'était moins une coutume passée en loi qu'une charge attachée aux héritages lors de la concession et ne permettant de les aliéner au profit d'étrangers qu'à péril de retraite par les manants du village. Le demandeur en retrait l'emporta.

Le retrait de bourgeoisie était un privilège de l'habitant, du « manant » et n'appartenait pas au bourgeois forain. La coutume d'Hesdin le dit en termes formels et sa disposition très juste doit être étendue. Pour se soustraire à l'oppression des seigneurs, des hommes libres sans changer de demeure se faisaient inscrire au registre des bourgeois d'une ville et devenaient justiciables de ses magistrats. Pour prix de cet avantage ils payaient un droit d'entrée de taux variable. Les bourgeois-manants se montraient défiants à l'égard de ces collègues d'occasion qui venaient prendre part à leurs privilèges et cherchaient à éviter les charges. A Lille, on distinguait les bourgeois de naissance des bourgeois par condition c'est-à-dire de ceux qui avaient acheté leur titre, et aux premiers seuls étaient réservés certains privilèges, notamment l'admission à la maladrerie de la ville. Là où le retrait local était reçu il était subordonné à la condition de résidence.

On sait à quelles réglementations étroites étaient soumis le commerce et l'industrie des villes. Les transactions s'opéraient à des lieux, à des places déterminées ; les marchandises étaient taxées, leur qualité fixé d'avance. Ce système restrictif fournit aux bourgeois l'occasion de nouveaux privilèges. On interdisait généralement aux forains non seulement de vendre mais même d'acheter au marché avant que les bourgeois de la ville aient terminé leurs approvisionnements (1). Là, les étrangers subissent *le jus emporii* (2), l'obligation de ne rien vendre et de ne rien acheter qu'aux habitants de la ville. Dans les cités du Nord cette préférence revet la forme du retrait de bourgeoisie s'appliquant alors aux meubles. A Aubigny, à Avesnes le Comte (3) toutes les marchandises, quelle que fut leur nature, subissaient le retrait des habitants bourgeois, mais seulement pour moitié. Droit bizarre et d'une application difficile ! A Hesdin (4) le privilège était aussi général et s'exerçait sur la totalité de l'acquisition. Les étrangers devaient être fortpeu tentés de faire

1. Huvelin, *Les Foires et Marchés*, Paris, 1898, p. 202.
2. *Idem*, p. 209.
3. Aubigny, Bouthors II, p. 300, 35 ; Avesne-le-comte, p. 289, 17. Pour jouir du retrait, il suffit que l'habitant ait été témoin de l'achat.
4. Hesdin. Bouthors II, p. 587.

leurs emplètes en cette ville, si l'on songe que'les bourgeois conservaient pendant un an le droit de les dépouiller. Généralement on ne soumettait au retrait que les
objets les plus recherchés 'des bourgeois soit pour leur
valeur soit à cause de leur nécessité ou de leur utilité.
C'étaient les vivres et denrées à Hiermont (1), probablement afin d'assurer dans les cas de disette la subsistance
des habitants. Ailleurs c'étaient les bestiaux (2). La
charte de Beuvrages (3) est avant tout un statut de droit
rural, elle se préoccupe d'assurer la bonne exploitation
des terres et, pour favoriser la culture, elle accorde le
retrait des fumiers vendus aux forains : « Toutes les fois
que les manans vendront quelques fiens à eulx apper-
tenans venans de leurs lateurs ou aultrement gens
du dehors... le segneur ou autres manans de ladite
justice ou les aulcuns d'eulx les polront et devront avoir
et reprendre par otel prix que vendus auront estés
ausdis gens du dehors et ne polront et debveront les
vendeurs et achateurs desdis fiens faire reffus ou contredit de les baillier sur encourir. et enqueyr en 5 s blancs
et toujours lesdits fiens baillier et avoir pour ottel pris
que vendus seraient, sy que dit est moyennant que lesdis
vendeurs soient de ce requis pár ledis segneur ou manans
en dedans la deuxième carée menée sans maise ocqui-
son (4). » Autant de variétés de retraits que de besoins
différents à satisfaire.

1. Hiermont, Thierry, *loc. cit.*, t. IV, p. 604.
2. Riencourt. Bouthors I, p. 193.
3. *Mémoires historiques de l'arrondissement de Valenciennes*, t. I.
4. La même préférence était souvent réservée dans les chartes de

Le retrait qu'ont les bourgeois sur les objets mobiliers, d'autres coutumes l'accordent au seigneur (1), la plupart le concèdent cumulativement au seigneur et aux bourgeois, avec la préférence du premier. Le seigneur jouit souvent aussi du droit de halle qui permet à ses domestiques d'exercer sur les marchandises apportées un droit de préemption, quelquefois avec diminution d'un tiers sur le prix marqué (2). Une fois entré dans cette voie le retrait dégénera en un droit fiscal, un moyen pour le seigneur d'augmenter son patrimoine par des acquisitions avantageuses et de satisfaire ses fantaisies (3).

Le retrait de bourgeoisie avec ces extensions que les usages lui donnèrent apparaît alors comme la manifestation la plus frappante de l'égoïsme des individus; c'est la substitution du moi au toi. Chacun cherche à attirer à soi les privilèges, or les avantages des uns sont au détriment des autres. A ce point de vue notre institution s'adaptait merveilleusement au cadre de l'ancien régime.

concession. Entre l'abbé de Saint-Corneille à Munster et Jean Kympe relativement à la grande dîme de Kerckem il est décidé que le concessionnaire « ne pourra laisser sortir de Kerckem les pailles provenant de la dîme, mais si cependant il doit les vendre pour payer son fermage et que personne de la paroisse ne veuille les acheter, alors il pourra les vendre à qui il voudra », cité par Poullet, étude sur la propriété à Louvain, p. 21.

1. A Authie, par exemple.

2. Raepsaet, *OEuvres complètes*, t. V.

3. Ces droits de préemption se sont développés un peu partout. L'archevêque de Vienne et l'église Saint-Bernard ont faculté de prendre au prix coûtant les objets exposés en vente dans la ville par préférence à tous autres. V. Stouff, deux chartes de franchises en Dauphiné, *Nouvelle Revue historique*, 1895. A la cote Saint-André, en Dauphiné également, un droit de préemption sur les immeuble appartenait à tous les propriétaires fonciers de la ville.

§ 6. — *Retrait de rescousse.*

Principe. — Applications.

Maillard (1) le définit : la faculté accordée au saisi de rembourser dans un certain temps celui qui a acheté ses meubles vendus en justice. Par pitié pour le débiteur on lui permet de rembourser l'acquéreur et de recouvrer ses biens auxquels il a peut-être grand sujet d'attachement. C'est toujours le même esprit de conservation, le même désir de ravoir le bien aliéné, que la loi favorise ici en créant un retrait dans l'hypothèse spéciale de la vente en justice. Les statuts locaux de Strasbourg (2) connaissaient quelque chose d'analogue ; le débiteur qui avait vendu ses biens à son créancier avait deux ans pour les reprendre au même prix s'il les possédait encore, et si le créancier les avait aliénés, il devait restituer l'excédent du prix sur la première vente. On ne voulait pas que le créancier spéculât sur le dos d'un débiteur malheureux. Le retrait de rescousse répond à ce sentiment : l'achat de biens en justice ne doit pas être une spéculation (3) car

1. Maillard, *Cout. d'Artois*, p. 742, n° 52.
2. Engelman, *De retractu locali*. Un privilège inverse dont la source remontait au droit romain donnait la préférence au créancier quand les biens de son débiteur étaient vendus. — Cpr. Stouff, *Les Comtes de Bourgogne, Nouvelle Revue historique,*, 1898, p. 529. Il est dit aux assises de 1554 que tout débiteur aura le droit de racheter ses gages, même en évinçant le tiers acquéreur, pendant un délai qui varie suivant la nature de la créance.
3. C'est plus spécialement sous l'inspiration de cette idée que le retrait des meubles a été ainsi accordé.

il se fait toujours sur les pauvres gens, et l'acquéreur retrayé n'a pas à se plaindre de perdre le bénéfice de son opération du moment où il se trouve indemne.

Dans la ghile octroyée par le duc de Bourgogne à la ville de Merville (1) on trouve déjà cette institution. Quand un condamné se refusait à exécuter la sentence des juges, le clerc qui l'avait enregistrée en délivrait une expédition et les échevins procédaient à la vente et criée des biens. L'acheteur n'acquérait pas un droit définitif; pendant sept jours et sept nuits il était exposé au retrait du débiteur. L'article 51 de la coutume de la prévôté de Montreuil (2) spécifia le même droit et dans le même délai pour tout obligé ou condamné dont les biens meubles ont été vendus. Ces dispositions n'ont rien d'anormal. Un arrêt de règlement du Parlement de Douai (3) qui réorganise la corporation des huissiers, constate que c'est le droit commun dans le ressort de la Cour. L'article 69 dit incidemment que la vente des meuble se fait à sept jours et 7 nuits de rachat en la forme accoutumée. Plusieurs coutumes de Flandres adoptent la même disposition et là où les textes étaient muets les usages de procédure y suppléaient. Ainsi

1. V. Pagart d'Hermansart, la *Ghile de Merville.*

2. Prevoté de Montreuil, art. 51. « L'usage et le style sont tels que si aucune vente de biens meubles se fait appartenans a aucun obligé ou condamné, iceux biens par justice ne se doivent vendre qu'à rachat de sept jours et de sept nuits durant lesquels l'obligé ou été condamné doit ravoir ses biens en payant le prix pour lequel ils ont vendus, et les frais et dépens de la justice.

3. Merlin, aux mots retrait de rescousse.

Maillard (1) nous dit qu'en sa province les huissiers pratiquaient souvent la vente à sept jours et sept nuits de rachat, qui pendant huitaine mettaient l'acquisition à la discrétion du débiteur.

§ 7. — *Retrait d'utilité publique, autres opérations appelées improprement retraits.*

Lorsqu'un immeuble est vendue et que par sa situation il pourrait servir à quelque œuvre d'intérêt commun, on accorde le retrait à celui qui l'emploiera à cette fin. C'est le retrait d'utilité publique, faculté qu'avaient le roi, les villes, les églises et communautés de se faire subroger dans l'achat d'un héritage nécessaire à quelque entreprise générale. Leur droit allait même plus loin, on leur permettait sous ce prétexte d'expulser les propriétaires de leurs héritages en suivant certaines formalités et moyennant indemnité. La dépossession n'ayant plus lieu en ce cas au moment d'un transfert de propriété ce n'était plus un véritable retrait mais l'expropriation telle qu'elle se pratique de nos jours (2). Comme les deux opérations étaient identiques dans leurs résultats on les confondait souvent sous la même dénomination. L'intérêt général devant prévaloir sur l'intérêt privé, le retrait d'utilité publique passait avant tout autre.

Par suite d'analogies plus apparentes que réelles

1. Maillard, *Cout. d'Artois*, p. 742, n° 59.
2. Mais notre expropriation moderne n'appartient plus aux établissements d'utilité publique.

nos anciens jurisconsultes avaient qualifié de retraits des
opérations juridiques qui n'en étaient pas mais qui aboutissaient comme eux à dépouiller l'acquéreur (1). Suivant
cet errement tous les auteurs nous parlent du retrait des
biens d'église. A la suite des guerres du moyen âge le
trésor était si épuisé qu'il avait fallu créer des impôts
extraordinaires. Pour faire face aux contributions dont
elle se chargeait, l'Eglise avait été autorisée à vendre ses
biens. Par faveur et en reconnaissance de sa précieuse
assistance, les rois lui accordèrent le rachat de ses biens
vendus. Pour colorer cette violation des contrats de légitimité on usa d'une fiction, en considérant les biens
d'église comme des gages dans la main des acquéreurs.
Une ordonnance d'Henri IV de 1600 proclama ce droit et
un édit d'avril 1667 renouvela l'autorisation (2).

Dans l'expression « retrait des rentes non payées » il
ne faut encore donner au mot retrait aucune valeur
technique. Lorsque les censitaires ne remplissaient pas
leurs obligations et qu'ils avaient cessé de payer depuis
plus de trois ans, le seigneur avait le droit de reprendre
le bien et de le rappliquer à son domaine (3). Ce droit
s'appelait réunion, en Hainaut rétablissement.

Dans le Nord, pays des censives par excellence, la réunion pour défaut de paiement des rentes constituait l'attribut le plus essentiel de la justice foncière du seigneur.

---

1. On s'attachait au résultat ; ainsi la vente à réméré était devenue
un retrait conventionnel.

2. Glasson. *Communaux et Communautés, N. R. H..* 1891, p. 465.

3. Ce délai est probablement imité de la déchéance de l'emphytéote Romain au bout de trois ans.

Il était procédé à trois ou quatre criées après lesquelles l'héritage était adjugé au maître. C'était une procédure de pratique courante et Bouteiller (1) dans sa *Somme rurale* lui consacre un long développement.

1. Bouteiller, tit. 86.

CHAPITRE IV

PROCÉDURE

D'abord simple : Coutumier d'Artois. — Complications extrêmes :
Lille, Mons. — Motifs du formalisme. — Délai normal d'un an. —
Caractère de la prescription. — Autres délais.

Nous n'entrerons point dans l'infinité des détails que
nécessiterait l'examen complet du style employé par les
différentes coutumes en matière de retrait. Au début,
chaque cité, chaque village, suit des usages particuliers.
Seulement sous l'influence de la rédaction des coutumes,
et à mesure que la souveraineté se faisant une, le champ
d'application des ordonnances s'élargissait, il y a eu tendance à l'unification ; de sorte que nous pouvons ramener notre travail à l'étude de quelques types principaux.
Comme la plupart des retraits spéciaux empruntent leur
forme au retrait lignager, nous n'avons pas à faire de
sous-distinction pour eux, ce qui simplifie notre tâche.
Et quant au retrait féodal, il était de maxime vulgaire
qu'aucune formalité n'était nécessaire pour l'intenter,
quand la coutume n'en requerrait point. Il suffisait au
seigneur de manifester sa volonté de quelque manière en

remboursant l'acheteur ; dans nos coutumes par exemple, il s'opposait à l'investiture que l'acquéreur venait lui demander. Lorsque le seigneur poursuivait son droit par voie d'action et requérait sentence, il usait de la procédure du retrait lignager mais débarrassée de beaucoup de ses formalités gênantes. Donc pas de complications.

Pour l'étude de la plus ancienne procédure, consultons le coutumier d'Artois (1). Le proisme demandeur fait ajourner le seigneur de la mouvance duquel ressort l'héritage, se présente devant lui en sa Cour, narre les faits et indique où se trouve situé l'héritage à retraire : « a Jehan, que vela, pourquoi je le requer à avoir par proismece par les deniers paians que il li a cousté en droit et pur achat et sans unsure et sans coust ». Le demandeur s'offre à prouver la parenté et présente la somme d'argent. Si l'acheteur acquiesce au retrait, il énonce alors le prix du contrat, mais pour plus de garantie le retrayant a droit d'exiger son serment et même celui du vendeur et du courtier entremetteur. Le retrait est alors clamé par trois jours de marché, si le proisme l'exige, mais après, le retrayant doit payer. Une fois le délai d'an et jour écoulé, le retrait est définitivement éteint.

Dans le cartulaire de Marchiennes (2) nous voyons le retrait d'un vivier exercé par Marie, sœur du seigneur Amaury de Landas qui l'avait vendu. La procédure est

1. Edit. Tardif, p. 65.

2. Cartulaire de Marchiennes, aux Arch. du département du Nord, p. 16. — M. Ulysse Robert a fait exouter une copie de ce cartulaire qui se trouve à la bibliothèque nationale ss. le n° 1804 fonds latin.

des plus simples : la retrayante se présente devant les juges et requiert à titre de proximité le vivier vendu en présentant le prix. Jour lui est assigné et sa parenté étant reconnue, on lui adjuge le retrait. Le jugement est du 12 avril 1260.

De 1275 nous avons retrouvé une sentence des juges du bailliage de Lille, intéressante surtout par les contestations soulevées par chacune des parties. L'acte est trop long pour être inséré ici, nous le reproduisons aux pièces justificatives (1).

Ces quelques citations suffisent à montrer ce qu'était primitivement l'action du retrait. Dès cette époque se dévoile la sévérité avec laquelle on exige dans l'action du retrait l'accomplissement des moindres formalités (2). Faut-il voir dans ce formalisme un piège contre le plaideur? Non, c'est plutôt une garantie des droits de l'individu en face de la puissance seigneuriale justicière. L'ajournement se fait par le demandeur accompagné de deux sergents ou tenanciers ; le défendeur ainsi convoqué doit répondre en personne, sinon présenter des « essoines ou contremands ». Les procès traînaient en longueur, car on ne passait à la condamnation du défendeur qu'après trois défauts et souvent l'attente était encore plus longue (3).

1. V. pièce n° 3.

2. Un acte de 1354 nous parle « de toutes les solempnités qui à proximité demander puent et doient apertenir » Roisin, p. 398.

3. A Merville nous savons par la ghile de 1451 que le défaut ne pouvait être prononcé qu'après deux heures d'attente et que la partie assignée pouvait faire défaut jusqu'à quatre fois. — Comme le retrait causait de graves perturbations, celui qui abandonnait sa

En causes de retraits et dans tous les litiges relatifs aux tenures, on se transportait sur les lieux pour que les juges pussent prononcer en connaissance de cause. C'était le jour de vue ou de montrée. Il se faisait en présence du seigneur ou de son bailli et de deux ou trois hommes de fief ou tenanciers. La partie qui avait réclamé cette démarche prononçait certaines paroles solennelles : « Sire baillus, je te dis que de ci dusques là et de là dusques ci et tout entour, si comme cette terre se comporte de lonc et de lé je fais veue (1) ».

Coutume de Lille (2). — La procédure requise à Lille en matière de retrait est des plus compliquées.

Le droit d'action du retrayant commençait avec l'accomplissement du werp. Le werp c'était la tradition, la

poursuite en cours d'instance était puni d'amende ; de même du retrayant qui ne versait pas la somme dans les délais prescrits. Les amendes étaient de taux variable, 42 s., 62 s., 10 liv. V. Enquêtes du Hoop de 1291 § 40 dans *Annale du Comité flamand*, t. XI.

1. Maillard, *loc. cit.*, p. 23.

2. Au cartulaire de Saint-Pierre (Hautcœur, p. 771), acte contenant de nombreux détails de procédure : La colligrale mise en possession d'un héritage depuis treize mois est menacée d'une demande en proximité d'un frère de la venderesse. Le demandeur en retrait avait tant « demené » qu'il était sur son « tiers jour » c'est-à-dire, selon nous, qu'il en était à la troisième quinzaine au bout de laquelle l'ajourné ne comparaissant pas est débouté. L'homme de Saint-Pierre comparait devant le bailli et les échevins de Frelinghien, requiert qu'on lui donne un avoué et avec lui se présente pour procéder contre le demandeur. Comme celui-ci ne se présente pas, on envoie « scavoir as personnes voisines demeurant entour les bans devant dis où on a accoutumé de plaidier, se lidis Henri avait là esté ou aucune personne pour lui, qui répondirent que en rien ne l'avait vu ne oy aucunes nouvelles ». Après plusieurs défauts constatés les échevins

saisine faite à l'acheteur. Elle servait de point de départ
aux oppositions qui pouvaient s'élever contre l'aliénation et à ce titre avait grande importance. C'était une
formalité gênante et on cherchait à s'en passer comme
on le voit dans des lettres du duc Philippe de Bourgogne (1421) où il est dit que malgré la nécessité de procéder devant l'échevinage beaucoup de personnes se
permettaient de faire des ventes sous seing privé (1).
De pareilles ventes restaient ignorées du public et des
parents qui se voyaient frustrés de leur droit de retrait.
De fortes amendes édictées contre les contrevenants rame-
nèrent à la pratique du werp.

Le retrayant dans les quarante jours (2) qui suivent
cette formalité se présente devant le prévôt assisté de
quatre échevins au moins (3). Il réclame l'héritage à
titre de proximité en faisant ostension d'or et d'argent.
L'ostension d'or est une formalité symbolique, un pur

décident, (le bailli ne juge pas) que le demandeur en raison de sa
négligence et de la diligence du mandataire de Saint-Pierre « est
escoulx de la proismeté » et l'église est confirmée dans sa possession.

1. Livre Roisin, p. 444, Cpr. charte de l'empereur Rodolphe de
1284 condamnant l'usage qui s'était introduit à Cambrai d'aliéner les
immeubles sans le consentement des echevins.

2. La coutume de la Salle de Lille donna un an au lieu de 40 jours
car elle s'applique à des immeubles ruraux. Nous soulignons au passage cette différence. On pourra lire à ce sujet un intéressant article de M. Bouthors dans le premier volume de la *Revue Historique de
droit Français*, 1855.

3. Ce chiffre de quatre échevins n'est pas quelconque ; c'est le
nombre requis pour la validité des œuvres de loi. Or le retrayant à
Lille est de suite investi de sa propriété par werp, d'où cette
nécessité.

simulacre du remboursement réel à faire dans la suite. Elle consistait dans la présentation d'une pièce d'or et d'une d'argent. En même temps le retrayant énonce à quel titre il retrait, si c'est à titre de frareuseté, d'esclèche ou comme parent. Immédiatement le prévôt investit le demandeur du bien qu'il réclame, sauf à ce dernier à faire signifier le retrait à l'acquéreur par un sergent de la prévôté.

La signification donne sept jours et sept nuits à l'acquéreur pour délibérer s'il veut reconnaître ou s'opposer au retrait. Au second cas assignation est délivrée pour comparaître en halle devant les échevins. Le demandeur expose sa cause, renouvelle son offre et la cause est remise à quinzaine pour être instruite et jugée définitivement. Si le défendeur acquiesce au retrait ou s'il fait défaut la propriété de l'héritage est transmise irrévocablement au retrayant. Ainsi le décrète la coutume de la ville, mais au bailliage après le défaut de l'acheteur, le retrayant est « réglé à preuve », au quatrième défaut ou à la quatrième quinzaine, en d'autres termes il doit prouver la patrimonialité de l'héritage et sa parenté avec le vendeur (1). S'il en est requis, il doit aussi jurer qu'il agit pour lui et non pour autrui. Dans un nouveau délai de sept jours le retrayant doit ou payer à l'acheteur (2)

1. C'est la principale différence entre les deux coutumes ; au bailliage le demandeur doit déclarer formellement sa parenté et désigner la situation de l'héritage par « tenans et aboutissans ».

2. Si le retrayant ne s'exécute pas dans le délai, il est débouté du retrait. L'obligation du rembourgement dans les sept jours et sept nuits était générale en Flandres. Voy. acte de 1291 ou le retrait est nul pour retard dans le paiement, dans les mémoires de la Société

ou consigner le prix du marché avec les deniers à Dieu, carité et loyaux coûts (1). Si le prix est encore illiquide il baille caution solvable. Le tout est signifié à l'acheteur (2).

Beaucoup de coutumes locales environnantes de Lille cherchaient à abréger le délai du retrait en faisant procéder pour les actes de vente à des publications destinées à avertir les intéressés. Ou bien l'acte était publié au prône du dimanche par forme de monitoire ou bien il était clamé par sergent à la porte de l'église, au sortir de la messe paroissiale. Ordinairement ces criées se répétaient par trois fois, trois dimanches consécutifs. La proclamation devait énoncer toutes les conditions du contrat de façon que les parents du vendeur pussent savoir en quoi consistait le bien, où il se trouvait et à quel prix il leur était donné de le reprendre. Les criées accomplies, le retrait était éteint (3) ; à leur défaut les intéressés jouissaient du délai normal d'an et jour.

Mons. (4) — L'acheteur de mainfermes (5) à Mons et dans les localités du chef-lieu se présente chez le plus pro-

académique de Boulogne, t. XIII, cité par Haigneré, *Chartes de Saint-Bertin.*

1. La carité était une sorte de pot de vin et le denier à Dieu une part faite aux pauvres de la ville.

2. Art. 2 et ss. tit. VII, cout de la ville.

3. Lorsqu'un domaine consistait en plusieurs villages distincts, il n'était pas besoin de faire les proclamations dans chaque village mais seulement au principal. En ce sens, arrêt du cons. de Malines du 29 oc. 1618 sur le retrait exercé par le prince de Condé de la baronnie de Rhodes vendue par Henri IV.

4. Chap. IL des chartes échevinales.

5. Le retrait des fiefs et francs-alleux se réglait suivant les chartes

che ou les plus proches parents du vendeur, s'ils sont plusieurs au même degré, pour leur offrir le marché. Lorsque le premier en degré est mineur ou absent du pays, c'est au suivant dans la hiérarchie familiale que l'acheteur s'adresse. La représentation se fait en grande solennité car doivent y assister le mayeur et quatre échevins. Si l'homme est absent, l'acheteur s'adresse à la femme. Il interpelle verbalement le parent en lui annonçant qu'il se propose d'acquérir tel bien à tel prix, mais qu'il lui offre le marché parce qu'à titre de parent il a la préférence sur lui. Si lors de sa démarche l'acheteur ne trouve à qui parler, le maire publie l'achat par 3 dimanches consécutifs à l'issue de la messe paroissiale et chaque fois affiche au portail de l'église un brevet invitant les ayant droits « à venir dire a loy si ravoir veulent le marché pour le même prix, voir pour douze deniers moins, à peine d'en être exclus ». Dire a loi c'est se présenter devant le maire et les échevins et leur déclarer l'intention qu'on a de retraire. Depuis la présentation à domicile ou le dernier dénoncement les proximes ont quinze jours (1) pour rembourser l'acheteur. Pendant ce court délai ils doivent se présenter chez lui et

générales de Hainaut, le retrait des mainfermes suivant la loi échevinale de Mons, c'est donc de ces derniers biens que nous nous occupons. Voy. Cogniaux, chap. VII. p. 169 et ss.

1. Avant la coutume de 1534, le proisme sur l'offre devait immédiatement agir « lors celui proisme ne a jour ni heure et convient se avoir le voet que prestement il paye ses deniers ou présente le pan de sa robe avec or et argent pour aller prisonnier jusques au plain paiement d'icelle reprinse se ainsi n'est que ledit maire ne voeille se tenir pour nampti »,

offrir le prix du marché moins les douze deniers, mais avec tous les frais et loyaux cousts (1). Cette démarche au domicile de l'acheteur est moins solennelle car elle ne demande que la présence de deux témoins quelconques. Si l'acheteur est un étranger, les formalités s'accomplissent alors à la bretecque (2). Lorsque l'acheteur se refuse à recevoir le prix, il faut consigner en mains de « cour complette » composée du maire, de son lieutenant et de quatre échevins et signifier le dépôt. L'acheteur persiste-t-il dans son refus, alors le retrayant, toujours dans le délai de quinze jours, fait « plainte a loy » ou il énonce ses titres de proximité et demande aux échevins de lui adjuger l'héritage. La signification de cette requête sert de citation (3). Le maire avec quatre échevins se transporte au domicile de l'acheteur et lui délivre à personne ou à sa femme ou à ses domestiques copie de la plainte ; s'il trouve porte close, il attache la copie à la porte en avertissant deux voisins. Quand l'acheteur est étranger, on renouvelle pour la citation, les proclamations au portail de l'église. Le procès suit alors le cours normal de tous les débats judiciaires. Pour se prémunir contre les fraudes, le retrayant peut être requis de jurer qu'il retraie pour lui et l'acheteur et le vendeur de leur côté doivent, si le

1. D'après un manuscrit de la bibliothèque de Mons, l'offre des loyaux couts semble avoir été tarifée uniformément à douze livres. Le retrayant n'avait qu'à ajouter cette somme au prix de l'héritage diminué de douze deniers.

2. On appelait bretecque une espèce de tribune élevée près de la maison commune et où montait le crieur juré pour se faire mieux entendre, quand il faisait des publications.

3. L'assignation par les pairs de l'assigné est déjà dans la loi Salique, tit. I,

retrayant l'exige, affirmer par serment le juste prix de l'héritage. La coutume de Hainaut fort défiante permettait à l'une des parties, malgré le serment de son adversaire de faire la preuve contraire. Quand l'acheteur n'avait pas accompli la représentation, il était exposé à se voir reprendre son acquisition par les parents lignagers du vendeur.

Des quelques exemples que nous venons de donner il est permis de juger à quel luxe inouï de formalités les actions de retrait étaient soumises. Ces formes étaient d'autant plus gênantes qu'elles devaient être observées à la lettre. Le moindre manquement se traduisait par la nullité de l'action « *qui cadit a syllabâ cadit a toto* » et tous les auteurs coutumiers recommandent aux retrayants de veiller avec la plus grande diligence à l'accomplissement des moindres règles. C'est un droit *stricti juris*, disent les uns ; aussi, ajoutent les autres, faut-il observer la coutume *ad litteram et ad unguem et in formâ specificâ*. Ces termes usités doivent être employés avec une rigoureuse exactitude, *nec licet illis detrahere nec alias interpretari quam loquuntur* (Dumoulin). Nous voilà renseignés. Comment expliquer cette sévérité ? Primitivement la forme du retrait était simple, mais chaque formalité répondait alors à une nécessité et la rigueur était de bon aloi. A l'époque où le retrait subit un arrêt dans sa marche et devient « droit haineux » les formalités sont multipliées à plaisir dans le but de décourager les retrayants et la procédure se transforme en un maquis où le demandeur va se fourvoyer sans grande chance d'en sortir. Cette évolution se pressent déjà dans la *Somme rurale*. Lorsque le retrait reprit sa vogue et son influence, par la force de l'habitude on conserva cette procédure fortement enracinée dans les mœurs et qui faisait le bonheur des avocats.

La prescription d'un an et un jour est le délai normal du retrait. C'est au bout d'un an que l' « *homo migrans* » de la loi salique était reçu au sein de la villa (1) ; l'institution s'est évidemment perpétuée ; la réception de l'étranger aux xiᵉ et xiiᵉ siècles comme membre de la bourgeoisie d'une ville s'obtenait au bout du même temps. On pourrait de là conclure au caractère germanique de cette prescription ; mais le tout est de savoir si elle n'a pas des racines plus lointaines encore et nous croyons à son antiquité. C'est le délai d'exercice du retrait chez les Hébreux ; lorsqu'un habitant d'une ville vendait sa maison, la vente pendant un an était à la discrétion de ses parents lignagers (Levit, XXV, 32 et 33). Conclure que là est l'origine directe de notre prescription du retrait, nous ne le ferons pas, parce qu'à notre avis c'est un usage absolument général et primitif dérivant de ce que l'année apparaît comme mode naturel de comput (2).

La prescription annale est un mode d'extinction général de toutes les actions, tant de celles qui s'attaquent aux personnes que de celles qui regardent les biens ; c'est une prescription extinctive, en un mot certains droits, en notre espèce ceux des lignagers, se trouvent

1. Tit. VL de *Migrantibus*.
2. Cf. Viollet, *Histoire du droit privé*, p. 570, note 2.

anéantis à l'expiration du délai. A toute perte d'un droit est corrélative son acquisition par un autre, à une prescription extinctive correspond forcément une acquisitive, mais secondaire celle-là, et qui ne doit pas faire oublier le vrai caractère de la première, l'effet extinctif. Ce point qui a été récemment mis en lumière et avec une grande compétence (1) se déduit en notre matière des remarques suivantes : 1° D'abord le retrait ne court pas contre les personnes absentes. « Se aucun achetoist d'autre qui aust lignage hors de l'evéché et cil venist demander l'achat emprès ce que li anz et li jorz seroit passez, cil qui auroit acheté ne s'en passeroit pas envers lui par le terme ; aincois auroit l'achat, cil qu'il le demanderoit o les deniers paienz (2) ». Les autres coutumiers répètent les Etablissements de Saint-Louis. Si la prescription était acquisitive une seule chose importerait, la possession de l'acheteur, et la situation des autres prétendants serait indifférente ; 2° Une cérémonie de publicité criées, bannies, adheritance sert toujours de point de départ au délai du retrait. Cette solennité se pose en contradiction des droits que d'autres viendraient prétendre dans la suite et ne s'explique que comme base de la prescription (3) ; 3° Il est remarquable d'ailleurs que l'acheteur n'a pas à prescrire vis-à-vis du retrayant ? Que prescrirait-il ? La propriété ? Mais il la

1. Champeaux. *loc. cit.*, p. 378.

2. *Etablissements de Saint-Louis*, t. II, p. 303. — La règle a passé dans beaucoup de coutumes. Les enfants mineurs avaient un an à partir de leur majorité, les absents un an depuis leur retour pour pratiquer le retrait. Voy. par exemp. Bredenarde Bouthors, t. III, p. 593.

3. Champeaux, *loc. cit.*, p. 409.

tient pleine et entière, dotée de tous ses attributs. Seulement en face de son droit il y a un droit rival existant et qui disparaîtra s'il n'est pas exercé dans le temps voulu. 4° La prescription acquisitive résulte surtout de la consécration du temps, l'extinctive de l'inaction du prescrit pendant un certain délai. Dès lors on s'explique parfaitement que l'offre abrège le délai de prescription extinctive parce qu'elle avertit le retrayant et lui accorde toutes facultés d'agir, on ne comprendrait pas du tout son influence sur une prescription acquisitive.

A côté apparaît la prescription acquisitive d'an et jour avec tendance à s'allonger suivant les modes Romains.

Les délais sont extrêmement variables mais il en est quelques-uns qui ont prédominé. Inscrits dans une coutume plus influente ils ont passé avec elle dans les statuts voisins.

Le plus commun sans contredit est celui d'an et jour (1). D'où vient ce complément d'un jour ? La plupart des commentateurs laissent entendre qu'il a été accordé pour mettre fin à des controverses qui auraient pu s'éterniser (2). On se demandait si le *dies a quo* était compris dans l'année. Les uns étaient pour l'affirmative,

1. Prevoté de St-Donas, rub. 4, a. 1, Cassel, 46. Devant la cour des bourgeois, ch. XXXI, pour échapper au retrait il faut que l'acheteur ait tenu l'héritage un an et un jour sans chalonge.

2. Ce qui nous confirme le caractère purement procédural de ce délai d'un jour c'est que primitivement on ne trouve que la mention d'une année. Voy. Levitique, XXV, 32. Le jour est une addition postérieure sans signification spéciale et qu'on ne peut mieux expliquer que pour une raison pratique.

les autres soutenaient que le précompter c'était réduire le délai à moins d'un an. Avec l'addition d'un jour, en supposant que le *dies a quo* fut inclusivement compris, il restait toujours une année pleine.

L'édit perpétuel rendu par les archiducs en vue d'unifier la législation des Pays-Bas portait en son article 37 que le retrait devait être exercé en dedans l'an. D'où des difficultés qu'une interprétation du 21 juin 1614 résolut en décidant que le temps utile est d'un an et d'un jour. L'article ajoute qu'il en décide ainsi pour résoudre la question de savoir si le jour du départ devait être compris dans le terme. Voy. en sens contraire. Et. Pasquier, liv. IV chap. XXXII.

Lorsqu'une coutume était muette sur le délai du retrait on regardait tous les droits comme éteints au bout de l'an et jour. De plus dans les coutumes ou existait l'usage des proclamations et criées, l'acheteur qui les avait négligées, restait un an soumis au retrait.

La prescription de quarante jours jouit aussi d'un caractère antique. On la retrouve peut-être, mais ce point est contesté, dans la loi salique et la loi ripuaire (1). Elle est courante au moyen âge et fut reçue à Lille (2) et dans beaucoup des localités environnantes pour l'exercice des retraits. Quelques statuts des Flandres adoptaient le délai de quatorze jours (3) mais l'acquéreur devait faire trois proclamations dans les églises pour

---

1. Loi Salique, 475 ; Loi ripuaire, 33, 1. V. Champeaux, *loc. cit.*, p. 375. *Contrà* Glasson, III, p. 302.

2. Lille, art, 2, tit. VII ; Bourbourg, rub. 8, art. 1 et 2.

3. 14 jours, Gand. 16. 7 ; Assenede, 10, 3 ; Naes. 10, 15 ; Bailleul, 20-2.

mettre en demeure tous les ayants droit. D'autres
réduisaient de moitié le délai ; le retrait devait être
exercc dans les sept jours et nuits (1). C'était un usage
ancien. Avant 1380, les échevins de Bailleul, notifiant une
vente à l'hôpital Saint-Jean-d'Arras relatent « qu'elle a
été criée et huée en sainte église par trois jours sollemp-
neux et aucun proisme ne s'étant présenté sept jours et
sept nuits étaient passés après les cris (2) ».

Les coutumes de Picardie établissent presque toutes
la nécessité des proclamations et criées des ventes à
l'église ou devant l'église les dimanches et fêtes ou sur
les places publiques les jours de foires et de marchés. Il
fallait le plus souvent trois criées, c'est-à-dire généralement quinze jours et, passé ce délai, le retrait ne pouvait
plus être exercé. Quelques-unes des chartes de ces villages sont vraiment curieuses. A Ecourt et Saudemont
la vente se faisait par courtier qui affirmait solennellement
la valeur de l'héritage pour éviter que les proches ne
soient victimes de fraudes (3).

C'est encore une vieille prescription que la prescription extinctive de trois jours ; on la retrouve chez les
Grecs et les Hébreux (4). Dans la vente d'immeubles
chez nous elle correspondait avec l'habitude de faire
durer trois jours les assises. Dans ce délai un bien pou-

1. Termonde, II-II, Termonde féodale, 8.13. — C'est le délai
pratiqué dans le royaume de Jerusalem et il y fut probablement im-
porté par les seigneurs Flamands, dont on connaît le rôle prépon-
dérant dans les premières croisades.
2. Cartulai de l'hôpital St-Jean d'Arras, p. 84.
3. Bouthors, t. II. p. 522.
4. Champeaux, *loc. cit.*, p. 372.

vait donc être définitivement acquis et à l'abri du retrait, et tels étaient les usages à Estaires.

Dans le pays de l'alleu la durée du retrait n'est pas chiffrée, il doit être exercé dans les plaids les plus prochains qui suivront les criées. A Emmerin (1) et Haubourdin le retrayant devait faire sa demande sur-le-champ au moment de l'adhéritement, au plus tard le même jour avant le coucher du soleil. C'était là le délai réduit à son minimum. A Avesnes-le-Comte (2) le retrayant devait même faire ses diligences avant la saisine, au moment où le contrat se reconnaissait publiquement devant les échevins. On pourrait se demander comment le retrayant apprendra le retrait, si une main secourable n'avait ajouté en note de la charte communale que le plait était publié huit jours avant la saisine et en jour solennel.

En général là où le commerce est plus actif, le délai est plus restreint. Cette différence est bien sentie à Lille ; à la ville le retrait dure quarante jours et dans les villages du bailliage un an (3). La fixation de la durée peut dépendre de motifs spéciaux. Sur les terrains de rencloture des environs d'Abbeville et de Saint-Riquier l'héritier qui voulait retraire devait agir avant le retour de la

1. A Saint-Simon également les lignagers n'ont que le reste du jour. — A Mortagne, le vendeur, au plus tard le premier mercredi de marché suivant la vente, devait avertir l'héritier, qui avait à prendre immédiatement parti. Si la dénonciation n'était faite, l'héritier jouissait d'un temps illimité. Bouteiller, Mss. 101, Bib. Nat., p. 256.

2. Bouthors, II, 288.

3. La Salle de Lille, tit. II, art. 1 ; Echevinage. tit. VII, art. 2.

troisième marée. Ces terrains étaient une conquête des
habitants sur le domaine de la mer ; pour les récompen-
ser de leurs peines on assurait plus fortement leur propriété. Ce délai varie aussi suivant la nature des biens ;
l'héritage cottier plus mobile que le fief n'est soumis au
retrait que pendant quarante jours, le fief pendant
un an (1).

Le délai écoulé l'acquéreur était débarrassé de tout
souci d'éviction en même temps qu'il recouvrait la liberté
d'action sur l'héritage et pouvait lui apporter les modifications qui lui plaisaient ; jusque-là et sous des peines
très sévères il avait du s'abstenir d'y toucher en rien (2).

Dans toutes ces coutumes le délai de retrait ne dépasse
pas l'an et jour et cependant fréquemment des actions
en retrait s'introduisaient bien des années après la vente
et troublaient les acheteurs dans leurs possessions. C'est
que la prescription extinctive du retrait subissait des
interruptions nombreuses. Les mineurs conservaient
leur action tant qu'ils n'étaient en âge de l'exercer (3).
De droit commun les absents après leur retour étaient
fondés à réclamer leur héritage pourvu qu'ils le fissent
sans retard. Plusieurs chartes de Picardie disposaient
formellement en ce sens à l'imitation des lois allemandes,
lesquelles ordonnaient aux proismes retrayants de se mettre immédiatement en route à la nouvelle de la vente (4).

1. Croisettes, Bouthors II, 95 ; Epinoy et Carvin § 22 et 23.

2. Arrêt de 1272 déclarant l'acheteur retrait non recevable à réclamer le remboursement de ses dépenses. Cité par Buridan, Cout. de
Vermandois, p. 552.

3. Bredenarde, Bouthors II, p. 593.

4. Bouthors, II, p. 182, note.

Edouard Giard   18

Tous les biens de croisés étaient sous la protection de l'Eglise. Comme « le service de Dieu ne déshérite nului » le croisés conservaient à leur retour le retrait des biens vendus en leur absence. Pierre de Fontaines (1) en raison de la trop grande gêne qui pouvait en résulter, semble toutefois restreindre cette solution aux biens de ligne directe.

Les fraudes fort fréquentes à l'encontre des parents occasionnaient aussi un prolongement indéfini des actions. Le lignager privé de son droit par l'exagération du prix de vente ou la fausse qualification du contrat pouvait reprendre le bien dès qu'il était à même de prouver la lésion.

. 1. Conseil de Pierre de Fontaines, p. 172.

CHAPITRE V

JURIDICTION (1)

Jugement par les pairs. — Constitution des cours de justice, —
Fonctionnement en matière de retraits. — Lieu des assises.

L'action de retrait est réelle, c'est devant la Cour
laïque qu'elle est portée ; il n'y a d'exception que pour
les dîmes inféodées sur lesquelles l'Église avait un intérêt trop direct pour ne pas exercer sa juridiction. On
avait abusé de l'inféodation des dîmes et en beaucoup
d'endroits les seigneurs ne s'étaient pas fait faute de les
usurper. Créée pour l'entretien du culte la dîme était
devenue un revenu seigneurial. Les conciles, les évêques
firent de grands efforts pour rétablir les églises en la
possession de leur dîmes. Saint Louis les seconda géné-
reusement et rendit une ordonnance générale de 1269.
C'est de son interprétation que le Parlement déduisit la
juridiction de l'Église sur les dîmes inféodées (2).

1. Pour ce chapitre nous avons mis à profit l'excellent travail de
M. Rogier, *Essai sur les justices foncières principalement dans le Nord
de la France*, Paris, 1899.

2. Voy. Roy. Cours à l'Ecole des Chartes, 1900. — Pierre de
Fontaines nous dit d'un clerc qui avait porté son retrait « en chré-

L'exception est très spéciale et nous n'avons à nous occuper que des juridictions laïques. Mais il importe au début de dissiper toute confusion. Les chapitres des églises, des communautés ont justice et souveraineté sur les héritages, ils ont des baillis et prévôts pour diriger la procédure, mais en ce ils font œuvres de juridiction laïque et ne s'occupent que des affaires temporelles.

C'était un usage général chez les Francs que chacun eut le droit d'être jugé par ses pairs et dans les premiers temps de la monarchie telle était la condition de tous les hommes libres. Au mallum siégeaient les *boni homines* et le comte ou son représentant présidait l'assemblée, recueillait la sentence des juges, mais sans y prendre part.

La pratique du jugement par les pairs disparut insensiblement en France avec l'agrandissement du pouvoir royal et l'apparition d'hommes de loi de profession. Les coutumes de nantissement seules conservèrent le jugement par les pairs (1). Les habitants de ces régions avaient soif de liberté. Ils regardèrent comme une garantie d'indépendance d'avoir des égaux comme juges et résistèrent à l'établissement des justices royales qui devaient être ailleurs une cause d'asservissement.

Au Nord nous trouvons des Cours d'hommes de fief, d'hommes cottiers et des échevinages restes des anciennes juridictions foncières (2) disparues. Le seigneur vicom-

tienté. « Cil ne requiert mie soufisament la chose qui en court avenant ne la requiert » p. 169, éd. Marnier.

1. Le jugement par jurés ne fut aboli en Artois que par arrêt du du 2 novembre 1710.

2. Sur les justices foncières, sur le problème de leur origine,

tier pour la solution des litiges relatifs aux fiefs convoque ses vassaux; les cours cottières ou censières sont composées de tenanciers qui, outre les attributions de basse justice dont ils ont hérité, sont juges des relations foncières. Les échevins ruraux forment encore une Cour des pairs, car leur qualité de juge est subordonnée à la possession d'une tenure et s'ils réunissent des attributions multiples, les litiges auxquels donnent lieu les héritages fonciers forment le principal élément de leur juridiction. Dans les villes les échevins ont pris ou reçu très anciennement du seigneur le jugement des litiges fonciers. Ce sont encore des pairs des parties et ils ne diffèrent des autres juges que par la continuité de leurs fonctions. Les justiciables trouvent auprès d'eux autant de garanties d'indépendance et de liberté et rencontrent de plus le savoir et la connaissance des affaires.

Le rôle des échevins urbains est connu et nous n'insisterons pas. Il n'y a pas pour les villes du Nord un type unique d'administration locale et il faut recourir aux monographies spéciales sur chacune d'elles. (1). Il est plus facile de présenter une théorie d'ensemble des autres Cours de justice.

v. Flach, *Les origines de l'ancienne France : le régime seigneurial* ; Esmein, *Cours élémentaire d'histoire du droit*, p. 251 et ss.; Championnière, *De la propriété des eaux courantes*, p. 391. M. Brissaud, *Manuel d'histoire du droit*, p. 669, conteste l'existence des cours foncières proprement dites. La justice foncière progressivement se confond avec la basse justice et beaucoup d'anciens auteurs ne les distinguent plus. Cependant l'existence des justices foncières est attestée par nombre de coutumes.

1. Les principes à suivre ont été posés par M. Giry dans ses remarquables travaux.

Le devoir de justice était obligatoire pour les propriétaires, on l'appelait service de plaids. Les plaids avaient lieu de quinzaine en quinzaine, parfois tous les huit jours. Au début tous les féodaux ou tous les censitaires étaient réunis en Cour, mais ces convocations fréquentes étaient préjudiciables aux intérêts de la culture et pour alléger la charge de justice le seigneur suivit un tour de rôle établi par ses officiers. L'unique condition pour être juge était la possession d'un fief ou d'une tenure. Cette qualité des femmes pouvaient la remplir, aussi voit-on des femmes présidant des Cours de justice ou siégeant comme assesseurs (1).

Pour la validité d'un jugement il fallait au moins trois hommes de fief et probablement le même nombre de censitaires (2). Lorsque le seigneur manquait d'hommes de fief pour assurer le service de justice il en empruntait au seigneur dominant ou bien donnait son fief à bail et se créait ainsi des hommes de fief. La plupart des coutumes autorisaient l'aliénation jusqu'à concurrence d'un tiers. Dans les Flandres la mesure était encore plus simple, on créait des hommes de fief de plume, fictifs, ce qui permettait d'étendre considérablement le nombre des jugeurs. Mêmes procédés dans les Cours cottières. Ou bien le seigneur empruntait des hommes au seigneur

1. Mahaut comtesse.

2. Il y avait des échanges de juges entre les deux sortes de cours. Rarement les hommes colliers étaient appelés à juger des fiefs ; v. cependant Villiers Castel, Bouches-du-Rhône, 1, 4o3. Mais très souvent des hommes de fief figurent comme juges auprès du seigneur foncier.

dominant ou bien il partageait sa terre qui, à la différence du fief, était divisible.

Le seigneur laissait à ses officiers, bailli, lieutenant
de bailli le soin de diriger la Cour de justice. C'était à la
semonce du bailli que les hommes de Cour se réunissaient, c'était lui qui dirigeait les débats, réglait la procédure, mais au moment de la sentence après avoir
recommandé aux juges de décider selon le droit et
l'équité il se retirait afin de leur laisser pleine liberté de
décision « li home des gentisch font les jugements et ne
mie le bailly ». Il reparaissait seulement au moment de
la sentence.

A côté du bailli sont des greffiers. Les procès étaient
si nombreux qu'il y a des greffes spéciaux pour chaque
catégorie d'affaires, et notamment des greffes des
retraits, les archives nous en ont laissé la trace (1).
Enfin il y a des sergents chargés de porter les exploits.

Le corps des échevins ruraux cumule dans le village
les fonctions administratives et judiciaires, mais si on
l'envisage comme juge des relations foncières il a des rapports fort étroits avec les Cours cottières. Le mayeur qui
le préside est le représentant du seigneur et les échevins
tiennent leur qualité de la possession d'une tenure. La
constitution de Leduin qui signale dans nos régions l'apparition du retrait du seigneur, des parents, des tenanciers nous indique que le jugement des tenures était
remis aux tenanciers de l'abbaye sous la présidence de
l'abbé, *circum sedentibus scabionibus.*

1. Registres de greffes des retraits à Bergues depuis 1601.

Les échevins recrutés parmi les possesseurs des biens d'échevinage et généralement annuels étaient nommés par le seigneur ou élus par leurs collègues ; ils étaient présidés par le mayeur ou prévôt délégué du seigneur souvent à titre héréditaire. Lorsque les échevins faisaient office de justice ils étaient conjurés par le bailli qui, au nom du seigneur, dirigeait les débats. En somme ce sont là tous les caractères des Cours censières; la différence n'existait que sur le mode de recrutement et à ce point de vue la supériorité de l'échevinage s'affirmait. Les échevins étaient juges permanents et par la pratique acquérait une compétence qu'il était impossible d'exiger des hommes colliers, juges d'occasion. A mesure que la procédure allait se compliquant les juges censiers voyaient leur infériorité s'accroître.

L'obligation d'assister aux plaids qui les contraignait sans cesse d'abandonner leurs travaux devenait pour eux de plus en plus gênante. Ils demandèrent d'eux-mêmes à être relevés de leur mission de juges. C'est ainsi qu'une charte de 1414 autorisa le seigneur de Roubaix (1) à remplacer les hommes colliers par sept échevins et cette mesure dut recevoir d'autres applications, car elle correspondait au mouvement général qui, dans le reste de la France marquait l'arrivée des légistes.

La justice compétente en matière de retrait est celle de l'adhéritement ou de l'investissement. Voilà le principe formel et il fut toujours appliqué. Ainsi la terre de Cou-

---

1. Leuridan, *Histoire des institutions communales et municipales de Roubaix*, 1863. Le seigneur de Roubaix supplie le duc Jean de l'autoriser à créer des échevins.

pigny exceptionnellement vendue par décret en Conseil de Malines fut retraite devant le même Conseil (1). Comme les œuvres de loi constituaient l'attribution ordinaire des Cours foncières, c'est devant elles que s'intentaient les actions en reprise des biens qu'elles avaient transférés. Nuls ne sont plus à même de juger d'une question que ceux devant qui elle s'est déjà présentée.

Une miniature qui accompagne le coutumier d'Artois nous dépeint très naïvement la cérémonie de l'investiture. Le juge assis sur un siège doré tient de sa main droite un bâton dont l'acheteur devant lui à genoux tient de sa main gauche l'autre bout. Le vendeur et les jugeurs sont debout derrière lui et en face du juge.

C'est la cérémonie de l'adhéritance et elle a été précédée du dessaisissement du vendeur sur le lieu même de l'héritage en présence du bailli et de 2 hommes de fief. Des édits et placards des princes avaient exigé en outre l'enregistrement au greffe des devoirs de loi.

Dans les villes les magistrats municipaux s'étaient emparés de la juridiction foncière qui comprenait les dessaisine-saisine et ce d'autant plus facilement qu'on avait oublié le caractère primitif de la formalité, la suprématie du seigneur pour ne voir que le côté pratique, la publicité à l'égard des tiers. C'était à eux que compétait le retrait.

Appliquons ces principes : Le retrait féodal se pratiquait devant la Cour des hommes de fief. Beaumanoir dit

---

1. Commentaire manuscrit des coutumes du bailliage de Lille, du XVIIe siècle, en notre possession.

à ce sujet : « Bien se gart li sires qui veut avoir l'iretage mouvant de li par le bourse que il retiengue la saisine en se main quant le venderes en est dessaisis et qu'il n'en saisisse pas le persone estrange qui l'aceta. » Plus tard par ressemblance avec le retrait lignager on accorde au seigneur féodal un délai de quarante jours ordinairement pour retraire le fief même après qu'il a reconnu son vassal. Le seigneur ou son mandataire en présence de deux hommes de fief se présente chez le vassal et lui offre le marché avec un écu et une demi-pistole pour les frais. Si le vassal refuse, l'offre et la consignation sont faites devant la Cour féodale au complet, c'est-à-dire quatre hommes de fief. Chose remarquable, le seigneur portait le débat devant ses propres juges, mais comme il ne prenait point part au jugement et était censé n'exercer aucune pression sur eux, on ne trouvait pas là une violation des droits. Peut-être même regardait-on le vassal comme plus favorisé puisqu'il était jugé à l'encontre du seigneur par ses égaux. Le retrait censuel se poursuivait dans les mêmes formes, mais devant les maire et échevins juges des mainfermes.

Pour le retrait lignager et les autres retraits accessoires qui s'y attachent il y avait autant de juridictions compétentes que de catégories de biens divers. L'héritage à retraire était-il un fief, il était du ressort de la Cour féodale. Deux hommes de fief assistaient à tous les exploits et la consignation des sommes se faisaient en mains de Cour complète.

S'il s'agissait d'alleux les témoins étaient des alleutiers. Dans les retraits de mainfermes le maire et les échevins étaient nécessairement présents à tous les actes de procédure. La coutume de Valenciennes plus rigoureuse que toute autre exigeait la présence de sept échevins. Là où le retrait s'opérait avant la saisine il convenait aux parents d'apporter les deniers en pleine halle et de les présenter sur le bureau au prévôt au moment de l'ensaisinement. Le retrait n'était plus possible une fois que le prévôt et les échevins avaient « vuidé hors de ladite hallé ».

Les questions de retrait étaient souvent très compliquées, des doutes pouvaient s'élever sur l'interprétation d'un texte ou d'un usage, on allait à l'enquête. Chaque ville avait ainsi une ville « sœur » aux magistrats de laquelle ses échevins allaient demander la solution des problèmes difficiles (1). Nous avons l'exemple ancien d'une démarche des juges de Saint-Dizier-en-Champagne auprès de leurs collègues d'Ypres demandant si le retrait était applicable aux acquêts. Ces enquêtes étaient l'occasion de déplacements coûteux, de réceptions et de fêtes qui produisirent de grands abus. On les remplaça par des consultations d'avocats.

Demandons-nous pour finir où se tenaient les assises de justice? Le tribunal seigneurial se réunissait dans une des salles du château, la justice seigneuriale était, à proprement parler un service de Cour. Dans les villes les échevins rendaient leurs sentences à la maison com-

---

1. Les tenanciers de St-Amand en cas d'indécision demandaient conseil aux magistrats de Courtrai et les échevins et jurés de Lieu St-Amand allaient à l'enquête à Valenciennes. Wauters, *Libertés Communales*, Preuves, p, 74 et 118.

mune ou aux halles. A la campagne la justice était rendu en plein air. Il semble qu'on ait recherché pour la tenue des sessions le voisinage des églises. Leur parvis se prêtait à l'installation du juge. Le dos tourné au sanctuaire le juge siégeait sous le portail. De là sans doute l'usage de représenter l'image du jugement dernier au porche des nos vieilles églises. La justice se plaçait d'une manière plus sensible sous la protection divine et ses sentences empruntaient à cette circonstance plus de majesté. C'était bien l'esprit du temps de voir dans les décisions de la justice des jugements de Dieu. Quand le plaid se tenait en rase campagne l'enceinte réservée au tribunal était marquée par une rangée de pieux fichés en terre et reliés par des cordes pour éviter la pression de la foule. La place réservée aux juges se composait de quatre bancs de pierre en carré d'où est venu le nom de vorxhaere pour désigner en certains endroits le tribunal inférieur.

Vu, le Président de la thèse,

CH. LEFEBVRE.

Vu par le Doyen,

GLASSON.

VU ET PERMIS D'IMPRIMER :

Le Vice-Recteur de l'Académie de Paris,

GRÉARD.

CONCLUSION

Le retrait féodal n'avait plus de raison d'être depuis
l'abolition générale de tous les droits féodaux dans la
célèbre nuit du 4 août. Il disparut sur le rapport de Merlin qui se borna à constater la destruction du régime
féodal et réclama en conséquence sa suppression (25
février 1790). La loi du 13 juin 1790 abolit tous les retraits
de convenance sur ce seul motif proposé par Merlin qu'ils
auraient entravé la vente des biens nationaux. C'est
encore le Comité d'aliénation des biens nationaux dont
Merlin était rapporteur qui demanda l'abolition du retrait
lignager. Cette fois Merlin ne se contenta pas de démontrer combien les avantages de cette mesure attireraient les
acquéreurs, il demanda à l'assemblée d'affranchir tous
les biens du retrait puisque les causes du retrait avaient
cessé. Après avoir attiré l'attention sur les villes du Nord
qui, ayant exclu le retrait, n'en étaient pas moins prospè-
res, il terminait sur un ton emphatique en dénonçant les
fraudes que la crainte du retrait suscitait et en invoquant
les considérations de justice et d'équité de la célèbre loi
dudum. Le 17 juillet de la même année le retrait lignager fut supprimé comme contraire à l'état social nouveau.

Le retrait avait vécu. De cette théorie si puissante, qui sous notre ancien régime jouait un si grand rôle dans l'organisation de la propriété, il ne reste plus qu'une épave. Les retraits successoraux et litigieux subsistent, mais combien amoindris dans les articles 841, 1699, 1700, 1700 du Code civil.

Est-ce à dire que parce que le retrait a disparu de nos lois, son souvenir soit entièrement effacé ? Non, les traditions et les mœurs l'ont conservé. Même au point de vue purement utilitaire on a maintes fois cherché à le rétablir. Les Commissions consultées sur le projet du Code rural de 1808 proposaient le rétablissement des retraits de convenance en vue de mettre un terme au morcellement si dangereux des cultures. Le projet de Code rural de 1868 créait encore certains droits de préférence. Lorsque des terrains utiles à certaines catégories d'habitants venaient à être aliénées par l'autorité, elle devait procéder à trois publications de quinzaine en quinzaine qui rappellent les trois criées précédant les aliénations dans nos coutumes du Nord. Les propriétaires intéressés étaient mis en demeure de s'opposer à la vente ou d'exercer le retrait. Dans les Etats d'Allemagne le retrait n'a disparu que dans le courant de ce siècle. Sa suppression est toute récente et voici qu'une réaction violente provoquée par les crises agricoles met à l'ordre du jour son rétablissement. On veut protéger le domaine rural, on veut conju-

1. Mavidal et Laurent, 1ʳᵉ série, t. XI, p. 688.
2. Mavidal et Laurent, 1ʳᵉ série, t. XVI, p. 206.
3. Mavidal et Laurent, 1ʳᵉ série, t. XVII, p. 168.
4. V. Verdelot, *Du bien de famille en Allemagne.*

rer les résultats mauvais du système partageux et égali-
taire, le courant national se prononce fortement contre
ces théories importées en Allemagne par notre Révolution
française ! Or, le retrait s'offre comme un instrument
puissant de reconstitution des domaines.

Quoi qu'on ait dit, il existe encore chez nos paysans
un profond attachement au domaine familial. Personnellement nous nous sommes livrés à une enquête, nous
avons visité et questionné les villageois de nos régions et
il nous a été donné d'éprouver quelle affection ils portent
à la terre qui les a vu naître. De temps immémorial des
générations se succèdent adonnées à la culture du même
sol vivant au même foyer. Des fermiers, occupant de père
en fils le même héritage, se sont habitués à le considérer
comme un bien de famille. Ce sentiment se traduit avec
une énergie qui touche à la violence dans cette coutume
bizarre et toute spéciale au Nord qu'on nomme le « mauvais gré de famille » (1). C'est le droit exclusif pour
l'habitant d'une commune d'acheter les biens ayant appar-
tenu en propriété ou en location à un membre de sa
famille lorsqu'ils viennent à être vendus. Qu'un propriétaire veuille aliéner la ferme occupée depuis des années
par une famille, le fermier et ses parents se considèrent
comme ayant seuls le droit de la reprendre. Aussitôt le
projet du propriétaire connu, il suffit à un parent de
manifester son intention d'acheter, nous allions dire de

1. Le mauvais gré a fait l'objet de différents travaux de la part de
M. Laurent-Prache, Lefort, Vion. Récemment M. Delouray a
repris la question et l'a excellemment traitée. V. Delouvy, Le mauvais
gré. Thèse de doctorat, Paris, 1899.

retraire, pour que tous les prétendants s'effacent devant lui. Personne n'oserait lui faire opposition car on a vu des tragédies sanglantes nées de tentatives d'intrusion de la part d'étrangers. Cette coutume qu'est-elle sinon le retrait lignager conservé par les mœurs sous la forme même qu'il revêtait en Hainaut, l'offre aux parents. L'exercice du droit de famille y suppose aujourd'hui, comme autrefois, la vente non accomplie et à l'état de projet. Si l'on songe que le Hainaut où s'était réfugié le droit d'offre est, de nos jours, le centre des pays de mauvais gré, on est obligé de reconnaître dans le mauvais gré une persistance du retrait.

Le mauvais gré ne contient pas seulement la trace du retrait de famille, il fait revivre une autre institution bien connue, le retrait de bourgeoisie. La préférence appartient au parent qui habite le lieu de la situation du bien sur tout autre, même plus rapproché, mais étranger au village. C'est un privilège mixte reposant tant sur la parenté que sur la communauté de résidence. Après les parents les voisins puis les autres habitants ont la préemption, voilà le retrait de bourgeoisie dans toute sa pureté.

Ainsi le retrait a reparu malgré l'abolition légale parce qu'il est des traditions qu'un texte de loi est impuissant à étouffer.

Certes l'attrait qu'offre la vie facile des villes a détourné bien des paysans de la culture des terres. C'est là qu'est le danger. Mais nous sommes persuadés que ce double sentiment, l'amour du sol natal, l'attachement au foyer paternel n'est pas près de disparaître malgré tous les efforts pour le déraciner et qu'il servira de frein à l'émigration. Les retraits contribuaient à le perpétuer, c'est un titre qu'il est juste de leur reconnaître.

———

PIÈCES JUSTIFICATIVES

Numéro 1,

circa 1020

Constitutio Leduini abbatis sancti Wedasti Attrebatensis.

... Non licet homini de placito generali rendere aut in vadimonium alodium placiti nisi per licentiam abbatis vel propositi verum si qua necessitate compulsus vendere vel in vadimonium mittere illud voluerit, veniet et offeret albati ; si placuerit illi ut redimat, levius habere debet, quam quilibet alius ; si noluerit vel non potueri redimere, dabit ei licentiane vendendi, non alicui estraneo, sed proximo generis sui, aut alicui ejusdem legis, ne alodium placiti videatur exheredari. Quod si nesciente abbate el prepositi hoc fecerit vete abba cognoscens hoc insequi voluerit nec illi remanebit qui emit nec ad illum revertetur qui vendidit sed ecclesia alodium suum jure sibi vindicabit.

Guiman. Cartulaire de Saint-Vaast, Edit. Van Drival, p. 258. reproduite dans Martenne. Amplissima collectio, col. 381.

Caillar, *Recherches pour servir à l'histoire de l'abbaye de Saint-Vaast,* 2ᵉ appendice.

Numéro 2

1094-1096

Wicart de Court avant de donner à l'église de Mâcon le quart d'une dîme qu'il possédait, la fait offrir à son frère Ponce.

In nomine Domini. Notum sit omnibus tam presentibus quam et futuris fidelibus quod Wicardus de Curte, frater Pontii, filius Gualdi de Curte, qui quasi hereditario jure possidebat quartam pacem decimarum ecclesiae de Mardubrio, per manum domni Landrici Malixonensis episcopi reddidit sancto Vincentio pro remedio sue anime et antecessorum suorum ipsam pactem quartam cum assensu uxoris sue Ardegaldis, eo tenore ut nullus heredum suorum sive aliorum propinquorum aliquam calumniam ecclesie Malixonensi ulterius inde faciat. Quoniam ipse et hec redditio per eum rata fieret prius inde fratrem suum Pontium qui aliam quadam partem in eisdem decismis habebat per se et per amicos suos movit, ut suam si vellet ab eo emeret ; quod postquam in eo remansit ipse supradicte ecclesie jus suum quod ei injuste ab antecessoribus suis abbatum cognoscebat ut prediximus, reddidit et hoc cum consensu Humberti Beljocencis, cujus quasi feodum erat qui canonicis sancti Vincentis castam fecerat. Cestes hujus redditionis fuerunt Girardus de les Sallas propinquus, ejusdem Vicardi, Ugo Fuldiadus, Berardus Verrinii Pontius de Marinse Stephanus Buterie.

Pièce publiée par Bouhier et par Rayul, *Cartulaire de Saint-Vincent de Macon.*

Numéro 3.

Manuscrit 214, Bibliothèque municipale de Lille.
Instance en retrait (p. 115).

Il avint que Collard de Lyes vint à demander tel proïsmeté
rue Cartaires ses frere avait vendu à Jehan de Buvery et à mi
dame se femme ou à Jehan leur fils et demandaient à avoir le
serment du vendeur et de l'accateur et de tous ceux qui scavoient
parler du markiet et les biens mis par sauve mains. Ils furent
ensigniet a adjourner contre le demandant à le quinzaine à che
jour Jehan de Buvery vint en Court et dist qu'il avoit accate
che fief à vie et estoit mis ens par loy et par jugement. Et
dist que viages est cateux et que en cateux n'a point de proïs-
metet.

Ly demandans dit que lydis Jehan accata ledit fief tout a
ung denier Dieu. Et quant vint au werp faire lydis Jehan dit
au vendeur qu'il voloit avoir les prouffis de che fief tout le
cours de se vie et de me dame se femme et que ses fieulx fust
ahiretés du treffons. Ly vendeurs dist qu'il avait vendu tout à
ung denier Dieu audit Jehan et que ainsy en vouloit il yssir. Et
lydis Jehans dist qu'il ne le prendroit autrement que ensy qu'il
avait dit. Quand le vendeur vit qu'il n'en feroit el pour chou
qu'il voloit son marquiet oultrer, il dit qu'il feroit che qu'il
volroit. Pour quoy ly demandans dist que le départemens du
viage et del héritaige furent faits par fraude et pour le proïsmeté arriérer. Le lydis Jehans voloit cognoistre que lidiz
markiet fut telz il feroit bien sen devoir ; s'il le nye il l'offre
bien à prouver. Lydis Jehan le nya. Ly demandans fut mis à
se proeve et li devoit en oïr en bas et che fut dis par loy. Ly
demandans voult conduire Gillion de Dvupret à tesmonaige.

Jehan de Beuvery dit que ses témoinaiges ne ly devoit nient grever car il estoit escommuniés de le Court de Tournay et l'offroit à prouver. Chilz Gille le noya et dist Gilles qu'il n'y voit mie à le vretet de sy adont qu'il seroit dit se chis estoit escommuniés ou non. Lydis Jehan fut mis à se proeve et en requist—on a avoir journée. Quant ly per vuent que ly principaux arrestoit pour ce débat il requirent as partie et au seigneur qu'il se voloissent assentir que on par oyt les tesmoings avant et bien vausist ly debas de Gillion tant que valoir deust par droit les parties s'y assentirent. Che fu fait et jugiet en le salle à Lille en l'an 1275 le jour Saint-Pol en Yver. Sy rendy che jugement messire Waliers castellains de Douay.

Numéro 4.

Loc de Chivencelles 1313

Et si les échevins n'en savaient loi dire et il n'en estoit sage, mener les doit le maire Valenciennes et celui qui sera trouvé en tort paiera les dépens. Et s'il est ainsi qu'on veut héritage, chins qui vent est à XII et s'il est ainsi qu'on venge toute yretage on doit porter l'église le markiet, se poent l'églize ou aucun canon de l'église retenir le markiet, s'il leur plaist, et y ont leur plaisance 8 jour après qu'on leur aura porté le markiet et le doivent prendre pour autant loialement sans engin comme il sera vendu et par le serment du vendeur et de l'acateur. Et après les 8 jours doit-on renoncer le prendre ou le laisser. Et si l'église ne voulait prendre le marché et ung forain l'accatast. si voulons que homme de Chivencelle y ait l'avantage et qu'il puist retenir le marché s'il leur plaist. Chest à savoir le premier qui le requereroit au seigneur, si celui qui hiretage avait vendu n'avait frère ou sœur ou cousin ou cousine german manant à Chirencelles lequel en aurait l'avantage de surtout après l'église et les seigneurs. Et si aucun l'acheteur devrait avoir son marché. Et le seigneur ne pourra prendre des héritages qui seront rendus desous l'église que XII deniers.

TABLE DES MATIÈRES

INTRODUCTION

PREMIÈRE PARTIE : Origines du Retrait

CHAPITRE PREMIER. — Retrait biblique

CHAPITRE II. — Droit romain et byzantin

CHAPITRE V. — JURIDICTION

Laval. — Imprimerie parisienne, L. BARNÉOUD & Cⁱᵉ.

www.ingramcontent.com/pod-product-compliance
Lightning Source LLC
LaVergne TN
LVHW051050060726
842525LV00003B/593